小学科学课程的科学哲学研究

Xiaoxue Kexue Kecheng de Kexue Zhexue Yanjiu

教育科学出版社
·北 京·

序一

“科学”是当今社会使用频率最高的词汇之一，科学概念已渗透到社会生活的方方面面。科学就其本质讲，是人类对所观察或认识的自然现象进行的合理解释或说明。科学哲学的本质及特征，以及科学哲学的发展与演变，深刻地影响着科学教育及小学科学课程的变革。在科学哲学的指引下，人们对科学本质的认识及其方法论都发生了深刻的变革，小学科学课程的性质、目标、内容、实施与评价等也发生了根本性的变化。20 世纪 90 年代末，我国新一轮基础教育课程改革在小学科学教育领域以与国际接轨的“科学”课程取代开设了近 20 年的“自然”课程。这次改革充分体现了“科学课程面向全体学生”的理念。正如《全日制义务教育科学（3 ~ 6 年级）课程标准（实验稿）》指出的，“科学课程要面向全体学生”“为每一个学生提供公平的学习科学的机会和有效的指导”“充分考虑到学生在性别、天资、兴趣、生活环境、文化背景、民族、地区等方面存在的差异，在课程、教材、教学、评价等方面鼓励多样性和灵活性”。这既体现了义务教育的公平性原则，保证每个学生有平等地接受教育的权利，又反映了现代科学教育面向全体学生的思想。从“自然”到“科学”这一名称的变化，充分反映了我国小学科学教育的价值取向、目标、内容、实施及评价的变革。同时，这也是科学哲学本质在小学科学课程中的充分体现。科学哲学深深地影响着科学教育的发展，影响着小学科学课程的变革。然而，新课程改革以来，很少有学者研究小学科学课程中的科学哲学问题，探讨科学哲学对小学科学课程变革的影响，并用科学哲学的基本理论去指导小学科学课程的改革和发展。

本书作者沿着科学哲学的发展路径，探寻科学哲学在哪些方面构成了小学科学课程的性质、目标及内容等的理论基础，在哪些方面对小学科学课程的建构产生了深远的影响。在深刻阐述科学与哲学的关系、系统分析科学的本质特征的基础上，作者运用最新的科学哲学认识论和方法论，全面审视我国小学科学课程的嬗变；从科学哲学的演变与发展历程出发，采用归纳的方法，解读小学科学课程改革中的性质、目标、内容，以及教与学的基本问题；运用反思的方法对小学科学课程展开科学哲学探究，从科学文化哲学的视角检讨当今小学科学课程改革中的问题，反思小学科学课程的改革，建构符合经济社会发展和科学技术进步要求，满足儿童发展需求的小学科学课程性质、目标、内容及评价体系；运用演绎的方法探讨小学科学课程未来发展的方向，促进小学科学课程随着科学哲学理论的发展而变革。

本书作者运用科学哲学基本理论、课程基本原理对小学科学课程进行了较深入的研究，其成果对小学科学课程标准的制订和完善，以及小学科学教材的编写具有一定的参考价值；有利于人们把握小学科学课程改革的理论基础，加深对科学哲学基本理论、课程基本原理的认识，深化对小学科学课程的性质、目标、内容、实施与评价的理解；将促进小学科学课程变革的理论研究深入开展，推进小学科学课程在科学哲学基本理论指引下的进一步改革和发展。

中国教育科学研究院院长

博士生导师　袁振国

序二

小学科学课程改革的目的是以培养小学生科学素养为宗旨，积极倡导学生亲身经历以探究为主的学习活动，培养他们的好奇心和探究欲，促进他们对科学本质的理解，使他们学会探究解决问题的策略，为他们终身学习和生活打好基础。但要实现小学科学课程改革的目的，必须确立新的课程目标，构建新的课程内容及评价体系，实施新的教学方法。只有这样，才能促进科学课程文化的深刻变革。

20 世纪以来，科学哲学的兴旺发达，引发了对课程研究认识论、方法论等方面的深入思考，导致人们对科学本质的认识发生了深刻的变革，促进了世界各国科学教育的改革和发展。科学课程的目标由经验知识转向科学过程，最后转向了科学素养的培养。科学哲学的认识论和方法论是建构科学教育知识观、价值观及学习观的理论基础。培养科学素养需要以学科科学知识为基础，这是科学教育的基本特征。科学哲学有关科学探究发现的认识论和方法论是建构科学素养教育“方法论”的重要来源。科学方法是形成良好科学素养的基础，为此，当培养的重心趋向于理解“科学过程”的能力时，需要重视建构科学方法教育的基本原则。

科学哲学的变革，影响着科学教育的深层次改革。当前，我国学者中很少有人从哲学角度去审视课程改革的理论基础，用科学哲学理论去指导小学科学课程改革。本研究运用科学哲学最新观点、立场、方法，全面审视我国小学科学课程的嬗变，有助于广大科学教育工作者理解科学丰富的内涵，将为小学科学课程研究提供多种视角和全新的研究思路。

本书首先对科学与科学哲学的基本概念、内涵、特征进行了详细阐述。科学是哲学的基础，哲学是科学的指导。随着科学技术的发展，哲学与科学必将走向内在的融合，使人们从哲学的角度去研究科学，这便产生了科学哲学。科学哲学的研究对象是科学，其研究目的是增进人们对科学的理解，通过对科学本质、科学知识、科学结构、科学发现等科学问题的研究，形成科学的认识论和方法论，从而使人们认识科学和科学哲学的本质及特征。其次，对小学科学课程进行科学哲学解读，分析科学哲学的“文化的转向”对科学本质观、科学知识观、科学价值观、科学方法观的影响，阐述了小学科学课程改革中的科学哲学思想。第三，从科学文化哲学的视野审视小学科学课程改革的情况，检讨小学科学课程改革中的主要问题，以及产生这些问题的哲学根源。第四，运用现代科学哲学理论建构小学科学课程的性质、目标、内容、实施及评价体系。第五，讨论了科学哲学中的相对主义对小学科学课程提出的挑战，以及科学方法多元化困扰下的小学科学课程改革，提出了要正确处理科学哲学中的几个关系问题，主张用多元化的科学方法进行小学科学课程研究，推动小学科学课程的进一步改革与创新，促进科学教育与人文教育的融合。

本书是科学哲学与课程理论研究相结合的典范，是科学课程文化创新的成果。作者曾在英国剑桥大学教育系进行为期一年的访问学习，汲取了世界发达国家对科学哲学和科学课程改革研究的最新成果，极大地丰富了本研究的内容。本书是在作者博士学位论文基础上修改而成的，内容更显丰富，论述更加充分，观点更加鲜明。本书在认识论和方法论上对小学科学课程改革研究提供了一种全新视角，即从科学哲学的视角去研究科学课程改革，这必将对小学科学课程改革的深入开展提供理论支持，是对课程理论的丰富和发展。

西南大学副校长

博士生导师　靳玉乐

目录

第一章 绪论

教育是使哲学的特质得以具体化和得到检验的实验室。

——杜　威

2001 年 6 月，《国务院关于基础教育改革与发展的决定》明确了“加快构建符合素质教育要求的基础教育课程体系”的任务。我国新一轮基础教育课程改革在世纪之交启动。经过充分酝酿和研究，教育部制定了《基础教育课程改革纲要（试行)》（以下简称《纲要》)，进一步明确了改革的目标与任务，研制了各门课程的标准。遵循“先实践，后推广”的思路，新一轮基础教育课程改革于 2001 年 9 月开始在全国逐步推广，经过 8 年的教育改革实践，已取得了预期的成效。这次课程改革采取九年一贯整体设置义务教育阶段课程的方式，构建分科课程与综合课程结构。在对自然、社会整体认识的基础上，对教育内容进行更新，构建自然科学与社会科学的综合课程。新一轮基础教育课程改革，一改原先小学的自然常识教育，转而开设小学科学课程，这标志着小学科学教育的一个重大转向，也意味着小学科学教育理念的重大变革。

联合国教科文组织在 2000 年的巴黎会议上指出：“从小就为和平学习科学知识，是所有人受教育权利的一部分，科学教育对于人的发展，培养自身的科学能力和造就富有进取心、有知识的公民都是至关重要的。一个日益重视科学的社会在更大的范围内需要科学的最广泛普及，以使人们深入了解科学和恰当地调整公众对科学及其应用的见解及态度。各国政府应高度重视改进各级的科学教育，提高公众对科学的认识和促进科学的普及。面对变化的形势，需要采取措施促进教师和教育工作者业务进修。各国的教育系统应根据社会不断变化的教学需求，搞好新的课程设置，采取新的教学法和教学资料。”我国课程改革《纲要》指出：“小学阶段以综合课程为主。小学低年级开设品德与生活、语文、数学、体育、艺术（或音乐、美术）；小学中高年级开设品德与社会、语文、数学、科学、外语、综合实践活动、体育、艺术（或音乐、美术）。”① 用以具体指导小学科学课程改革的《全日制义务教育科学（3~6年级）课程标准（实验稿）》（以下简称《标准》）中清楚地表述了此次小学科学课程改革的目的：“本次课程改革以培养小学生科学素养为宗旨，积极倡导让学生亲身经历以探究为主的学习活动，培养他们的好奇心和探究欲，发展他们对科学本质的理解，使他们学会探究解决问题的策略，为他们终身的学习和生活打好基础。”②

《标准》阐述了小学科学课程的基本理念③：①科学课程要面向全体学生。要为每一个学生提供公平的学习科学的机会和有效的指导，同时，要充分考虑到学生在性别、天资、兴趣、生活环境、文化背景、民族、地区等方面存在的差异。②学生是科学学习的主体。学生对周围的世界具有强烈的好奇心和积极的探究欲，学习科学应该是他们主动参与和能动的过程。③科学学习要以探究为核心。探究既是科学学习的目标，又是科学学习的方式。亲身经历以探究为主的学习活动是学生学习科学的主要途径。科学课程应向学生提供充分的科学探究机会。④科学课程的内容要满足社会和学生双方面的需要。⑤科学课程应具有开放性。这种开放性表现为课程在学习内容、活动组织、作业与练习、评价等方面应该给教师、学生提供选择的机会和创新的空间，使得课程可以在最大限度上满足不同地区、不同经验背景的学生学习科学的需要。⑥科学课程的评价应能促进学生科学素养的形成与发展。上述理念对于以往将小学科学教育局限于自然知识的传授，关注静态的科学知识来说，无疑是一个巨大的飞跃。可以说，上述理念展示的是一幅全新的科学教育理念，体现的是全新的科学教

---

① 教育部关于印发《基础教育课程改革纲要（试行）》的通知. 教基［2001］17号，2001年6月8日.

② 中华人民共和国教育部制订. 全日制义务教育科学（3~6年级）课程标准（实验稿）［M］. 北京：北京师范大学出版社，2001：1.

③ 同②，2-3.

育观、科学知识观、科学教学观和科学学习观。

这种新的小学科学教育理念，充分反映了当今国际科学教育发展的趋势和潮流，因而得到了社会、家长及学生的拥护。但是从学理的角度来看，即使是国际科学教育及科学课程改革发展的趋势也代替不了学理上的论证和阐释。人们不禁要问，这样的科学教育理念从哪里来，难道仅仅是对科学技术进步与发展的一种简单回应吗？是教育改革与发展所带来的必然结果吗？是人类经济社会发展的必然要求吗？如果注意到世界科学教育改革与科学哲学的兴盛几乎同步的现象，就不会简单地去回答上述问题，就会沿着科学哲学的发展路径，探讨科学哲学演变对科学教育的影响，在科学哲学的视野下反思我国乃至世界小学科学课程改革，对小学科学课程改革的理念及科学课程本身进行一番考察，并将科学哲学的理论应用到小学科学课程的建构中，进一步完善我国小学科学课程建构的理论体系。

从课程理论的建构来看，哲学是建构课程的重要理论基础之一。甚至可以说，正是哲学基础的不同才导致如此众多的课程理论流派的出现。作为课程的一个重要理论，哲学是课程编制的基础，是制订课程目标、选择教学内容、确定教学方法和实施教学评价的基本理论。我们认为，对学习最重要的东西，从本质上讲，都是哲学性的。在杜威看来，“教育是使哲学的特质得以具体化和得到检验的实验室。”在泰勒的课程编制模式中，也将哲学作为选择和筛选课程目标的标准之一。

具体到我国新一轮课程改革中小学科学课程的开发，科学哲学无疑发挥了重要作用。沿着科学哲学的发展路径，探寻科学哲学在哪些方面构成了小学科学课程的性质、目标、内容、方法以及评价的理论来源，在哪些方面对小学科学课程的建构产生了深远的影响，必将有助于人们深刻认识科学哲学与小学科学课程之间的关系，进一步加深人们对科学本质的认识和理解，树立正确的科学本质观，促进学生科学素养的形成与发展，从而实现科学教育的目的。

一、研究目的及意义

科学哲学是构成小学科学课程的重要理论基础之一。科学哲学的演变对小学科学课程的改革与发展产生了重大而深远的影响。科学哲学还可以为小学科学课程的研究提供方法论的指导和借鉴，而这一内容恰恰是以往课程研究所忽视的。虽然已经有学者探讨了科学哲学对课程研究的启示，但是并没有建构一套基于科学哲学的课程研究方法论来指导和规范当今的课程研究，尤其是对小学科学课程的研究。当前的小学科学课程研究，已经注意到了科学哲学的演变，即“文化的转向”产生的巨大影响，同时也注意到了科学哲学中的相对主义、科学方法论的多元化对小学科学课程研究提出的挑战，也试图勾画出科学哲学与科学教育以及科学课程之间的关系，但是未能利用当代科学哲学的新进展、新成果来对小学科学课程进行完整的透视和扫描，从科学哲学的理论出发，总结反思我国小学科学课程中的有关问题。

为此，开展该方面的研究，将使人们更加深入理解科学哲学的演变对小学科学课程产生的影响。运用科学哲学的基本原理检讨小学科学课程改革中的科学哲学问题，在科学哲学理论指导下，建构符合时代需要的、有利于儿童全面发展的小学科学课程体系。同时，透过科学哲学中的相对主义和科学哲学方法的多元化，发现小学科学课程改革面临的挑战，准确把握未来小学科学课程改革的方向。开展小学科学课程的科学哲学研究，具有以下三方面的意义。

（一）探讨小学科学课程中的科学哲学思想

从科学哲学的角度研究小学科学课程，有助于认识和理解小学科学课程的理论基础。毋庸置疑，科学哲学的思想是构成小学科学课程理论的重要基石之一。回顾近代以来科学教育的发展历程，一个值得汲取的教训就是科学教育必须要选取合适的科学哲学作为理论基础。尤其在当前科学哲学发展日趋分化、分支众多的情况下，更需要理清小学科学课程的科学哲学理论基础，不能用理论的多元化来简单代替对该问题的深入探究。必须从小学科学课程的性质、目标、内容、方法及评价等方面去深入探讨其中蕴涵的科学哲学思想。

（二）建构科学合理的小学科学课程体系

从科学哲学的角度来研究小学科学课程，有助于加深对科学本质的认识和理解，知道如何去认识科学的发展对人类社会所产生的影响。思考小学科学教育的性质及目的，思考如何建构小学科学课程以及建构什么样的小学科学课程，所建构的小学科学课程是否反映了科学的本质，如何向学生传授科学知识，如何促进学生科学素养的形成与发展等问题。对这些问题的回答，需要求助于科学哲学。

（三）促进小学科学课程的进一步改革

从科学哲学的角度来研究小学科学课程，有助于建构更高质量的科学课程，以便进一步明确小学科学教育的性质，更好地制订小学科学教育的目标，建构小学科学课程内容体系，推动教学方法的深入变革，促进学生科学素养的形成与发展。对于小学科学课程的开发而言，通过对科学哲学的研究，能够发现所开发的课程是否遵循了一般的科学方法论，是否反映了科学的本质，是否反映了人类社会发展的需求，是否反映了科学与技术进步的要求，是否反映了科学发展的真实面目，是否反映了学生发展的需要，是否能帮助学生形成正确的科学本质观、情感态度与价值观，是否有利于学生科学素养的形成与发展。只有这样，才能促进小学科学课程的改革与发展，实现科学教育的目标。同时，透过科学哲学中的相对主义和科学方法的多元化，我们能积极面对它们对小学科学课程改革提出的挑战，准确把握未来小学科学课程改革的走向。

二、研究现状

（一）科学哲学与课程研究

20 世纪以来，科学哲学的兴旺发达，引发了人们对课程研究认识论、方法论等方面的深入思考和批判，人们对科学本质的认识发生了深刻的变革。人们对科学本质认识的变化，促进了世界各国科学教育的改革与发展，科学课程的目标由经验知识转向科学过程，最后转向了科学素养的培养。靳玉乐教授在《课程研究方法论》一书中分析了科学哲学对课程研究的启示①：①关于课程研究的逻辑起点问题。科学哲学的研究充分表明，科学的逻辑是可变的，科学的逻辑起点是约定的，课程研究的逻辑起点概莫能外。②关于课程研究发展的多元化道路问题。科学统一论束缚了科学的进步和发展，课程研究同样需要打破一元论的羁绊，走多元发展的道路，让课程研究领域充满活力。③关于课程研究的理论范式问题。许多学者认为，将库恩（Thomas Samuel Kuhn，1922—1996）的“范式”概念引入课程研究领域是非常有意义的，课程研究领域也

---

① 靳玉乐，黄清．课程研究方法论［M］．重庆：西南师范大学出版社，2000：135－138.

存在许多不同的范式，它们各自对实践中的课程问题给出了不同的解释，显示出各自独特的价值。④关于课程研究的理论前提问题。科学史的研究表明，科学史是通过理论的批判和革命向前发展的，理论的猜想和预测是科学发展的关键因素。在课程研究中，不能从狭隘的逻辑经验主义出发，必须正视课程理论和思想方法对课程研究的指导。⑤关于课程的历史研究问题。科学历史主义认为，科学的发展和进步并不仅受制于自身的逻辑，它还受社会因素、历史因素的影响。所以课程研究必须具有一定的历史视角。

笔者将依据科学哲学的文化转向，从科学文化哲学的视角去研究小学科学课程的改革与发展；运用科学文化哲学的理论解读当今小学科学课程改革，检讨小学科学课程中的科学哲学思想；运用科学哲学的方法论建构小学科学课程体系；预示未来小学科学课程的发展方向。

（二）科学哲学与小学科学课程

科学哲学的流派众多，而对小学科学课程改革影响较大的主要有逻辑经验主义、证伪主义、历史主义和科学实在论等流派的哲学观。借鉴这些哲学流派的哲学主张，可以使人们从多角度、多层面去认识和探讨小学科学课程的理论与实践问题。

科学哲学的认识论和方法论是建构科学教育知识观、价值观及学习观的理论基础。培养科学素养需要以学科科学知识为基础，这是科学教育的基本特征。掌握什么样的知识？怎样掌握知识？如何指导掌握科学知识的教与学的过程？这些都是科学理论和实践不可回避，也是必须解决的基本理论问题。为此，小学科学教育既要掌握科学知识，也要掌握科学知识的产生与形成过程，即科学教育将把学生掌握探究解决科学问题的科学方法和建构科学知识的方式作为最基本的任务。从科学哲学的角度也可以使我们对小学科学教育的任务有更深刻的认识。为此，我们在建构以培养科学素养为目的的知识教育目标时，必须把理解科学的本质与认识科学知识的特点作为最基本的出发点。

科学哲学有关科学探究发现的认识论和方法论是建构科学素养教育“方法论”的重要来源。源于不同的科学哲学流派的科学哲学观，其认识论大有差异。逻辑实证主义认为科学探究发现的基本模式是归纳；证伪主义则认为是“假说—演绎”模式，试错的方法是科学发现的根本方法；历史主义则将其概括为“解决疑难”，因为科学是解决问题，是检验用于科学说明和分析的定律和理论。对于培养"探究解决问题"的科学素养来说，强调科学逻辑思维方法，尤其是比较、分类、归纳、演绎等思维方法的训练，建立假说、验证假说方法的训练是极为重要的，通过掌握这些基本的科学方法可以达到对发散思维品质和收敛思维品质的培养。科学方法是形成良好科学素养的基础。因此，当培养的重心趋向于理解"科学过程"的能力时，需要重视建构科学方法教育的基本原则。

科学哲学的发展与小学科学教育的发展并不是同步的，更多的情况是小学科学教育的理念和实践落后于科学哲学的发展，科学教育遭到科学哲学的质疑和批评，科学哲学的研究成果并没有在科学教育中得到很好的体现。有的学者依据建构主义的科学哲学理论为基础，希望科学课程能够让学生从科学史的角度来了解科学知识的产生和形成过程，而不是仅仅知道正确的科学知识。

作为当代科学教育的一个主要理论，建构主义以其旗帜鲜明的科学观影响着当代科学教育改革与实践。它把科学本质问题凸显于课程与教学中，旨在培养学生理性怀疑精神和科技创新精神。如果说，以往少数科学课程注重在科学史和科学哲学内容中融入科学本质的讨论，而大多数科学课程只是以隐性课程的形式承担着科学本质的教育任务的话，那么，建构主义则明确地提出在科学课程中进行显性的科学本质教育。里兹大学李奇教授指出："倘若认为发展学生对科学本质的理解是科学教育的明确目标，而不是科学教育的潜在结果，那么，就必须找出我们所希望促进的科学本质的特征。"① 近几十年来，当代科学观在科学哲学界逐渐取得主流地位，它不仅承认而且赞美构成有效科学发现经验的丰富性和多样性。

基于对科学及其本质的认识的差异，后现代主义对科学的认识也有所不同，但也有许多相似之处。主要表现在：①贬斥科学理性。科学研究不仅需要实证、数学和逻辑等理性方法，而且还需要非理性的研究方法，尤其是在创造性的活动中非理性的研究方法更为重要。②反基础主义、本质主义。后现代主义对笛卡儿以来的基础主义持否定态度，认为"事物并没有固定的本质，人们的认识绝对不能找到一个固定的阿基米德点"②，即无法为科学认识找到一

① Leach J. Student's Education in Europe: Current Issues and Themes [M]. London: Falmer Press, 1997. Quoted in Michael R. Matthews (1998). op. cit. 990.

② 洪晓楠. 后现代主义科学哲学及其启示 [J]. 理论月刊, 1999 (1、2): 48 - 50.

个可以衡量其合理性、确定性的标准。③否定真理的存在。对待真理问题，后现代主义者的意见并不统一，但对其存在持否定态度是主流的。④关心科学与人文的融合。后现代主义强调科学与其他文化的联系，强调人的价值取向在科学活动中的作用。科学的后现代理解给科学课程改革带来了深刻的影响，具体表现在以下几方面。

1. 科学知识观的改变。过去，我们常常将科学课程中的知识视为静态的知识体系，视为真理。而从后现代主义的立场来考察，科学知识绝非真理。科学不过是人类与自然交往、交流、对话的方式之一。因此，科学课程中应该增加使学生了解科学知识相对性的内容。

2. 科学方法观的变革。传统的观点认为科学方法通常是实验、数理分析等理性方法。然而，科学史上有无数案例可以证明非理性因素在科学活动中的重要作用。科学方法需要不断地丰富和发展，很多在以往被排斥于科学方法之外的方法将来可能进入科学研究。科学方法也绝非是万能的，它也有其适用范围，随意地扩大科学方法的适用范围不仅无助于解决问题，甚至会得出错误的结论，科学课程应该消除学生对科学方法的迷信，这有利于学生更深刻地理解科学，树立正确的科学方法观。

3. 科学课程目标的定位。树立新的科学知识观和科学方法观，不但不会降低科学文化的教育价值，相反，还会增加科学课程的任务。后现代文化崇尚多元和互补，即对事物力争多视角、多层面地分析和理解，而不强调某种理论的解释是唯一科学的。对科学的多元理解无疑会丰富科学文化的课程价值。这便要求科学课程不仅要丰富学生的认识，同时还要培养学生相应的鉴别能力；要调整科学培养目标的定位，并转向以培养学生的科学素养为主旨。

4. 科学课程形态的定位。后现代主义强调发展的有机整体观，否定机械决定论的发展观。科学课程是自主的、有机的、发展的、不断生成的过程，“这种开放的、互动的、共同的会话是建构后现代课程的关键。”①

科学哲学的变革，深刻地影响着人们对科学本质的认识，从而影响着科学教育的深层次改革。20 世纪 60 年代国际科学教育之所以未能取得成功，其中一个重要原因是当时的科学课程改革没有以“新”的科学观为基础。20 世纪 80 年代中期兴起的第二次国际科学教育改革，就是以“新”的科学观为理论

① ［美］多尔．后现代课程观［M］．王红宇，译．北京：教育科学出版社，2000：11.

基石展开的。如美国1996年出台的《国家科学教育标准》的指导思想即是建构主义。同时，美英等西方国家科学教育改革中重视将科学史、科学哲学及科学社会学的知识融入科学课程中，旨在进一步促进学生对科学本质的理解，从而帮助学生通过科学的学习形成正确的科学观。

科学哲学的发展，导致了小学科学课程的改革。研究表明，从19世纪中叶至今，西方小学科学课程的发展经历了“实物教学—自然学习—小学科学”三个阶段，初步形成了一套完整的科学教育内容和体系。①

1. 重视小学科学课程的基础性作用，构建中小学连贯统一的科学课程。作为科学素养的基石，小学科学课程的基础性地位已经不容置疑，特别是关于“儿童的科学”的研究表明，小学科学课程对于发展儿童早期朴素的科学观念具有非常重要的作用，所以要构建中小学相互衔接的小学科学课程。

2. 构建平衡的小学科学课程，促进儿童在知识内容和过程技能方面的协调发展。要将科学探究置于小学科学课程目标的首要位置，处理好“过程”与“内容”的关系，重视以科学家的观念为基础的“科学的探究”和“科学的过程”，细化教学目标和教学内容。因此，如何结合关于“儿童的科学”的研究成果，让儿童在发展过程技能的同时获得更深刻的科学理解，将成为未来小学科学教育的一个重要研究方向。

3. 重视小学科学与其他学科的关系，提供宽泛的小学科学教育。从课程发展史来看，小学科学课程与其他学科领域一直保持着密切的联系。现代小学科学课程的确立，要更加注重与其他学科的联系与整合。如何实现科学教育与人文教育的融合，还需要在今后的课程改革实验中进一步研究。

分析国内外科学课程研究的现状，我国基础教育改革似乎尚未重视以“新”的科学观指导科学课程改革与发展。为此，我们在汲取国际科学课程改革的新理念时，不能忽视其中科学观的改变。在新课程的实施中，教师如果不熟悉“新”的科学观，则只能学到国际科学课程改革经验的皮毛。

---

① 钟媚，高凌飚．西方小学科学课程发展的历史回顾与展望［J］．比较教育研究，2007（6）：50－51.

三、主要研究内容

（一）科学与科学哲学的内涵辨析

科学是哲学的基础，哲学是科学的指导。随着科学技术的发展，哲学与科学必将走向内在的融合，使人们从哲学的角度去研究科学，这便产生了科学哲学。科学哲学的研究对象是科学，其研究目的是增进人们对科学的理解，通过对科学本质、科学知识、科学结构、科学发现等科学问题的研究，形成科学的认识论和方法论，从而使人们认识科学及科学哲学的本质及特征。

（二）小学科学课程的科学哲学解读

分析研究小学科学课程改革目标、内容、实施及评价中的科学哲学本质，阐释其中的科学哲学思想，从而充分认识科学哲学对当今小学科学课程改革的影响。

（三）小学科学课程的科学哲学检讨

通过对科学本质的研究，探讨科学教育的本质特征，从而认识小学科学课程的性质及目标；从科学哲学角度研究科学、科学教育，以及小学科学课程对人类社会及学生个体的发展所产生的影响；审视并检讨小学科学课程改革的科学哲学思想，研讨小学科学课程改革的科学哲学基础。

（四）基于科学哲学的小学科学课程建构

从科学哲学的演变历程，考察科学知识的形成与发展过程，运用科学文化哲学理念、科学哲学方法论建构小学科学课程及其内容体系；重视科学过程、情感态度与价值观的形成，努力建构促进教师和学生共同发展的课程评价体系；探讨从科学哲学的角度建构小学科学课程的方法论。

（五）小学科学课程走向的科学哲学透视

科学哲学的发展与演变，促进了科学教育及科学课程的改革，推动了小学科学课程的深刻变革。科学哲学中的相对主义和科学哲学方法论的多元化，对小学科学课程提出了新的挑战。透过科学哲学理论的变革，审视未来小学科学课程改革的走向，将使人们更进一步理解科学的本质，进一步认识科学课程改革的理念、目标、内容、实施及评价等，必将促进科学与人文的真正融合，有利于促进学生科学文化素养的形成与发展，促进学生的全面发展。

四、研究思路与方法

（一）研究思路

本研究以科学哲学的基本范畴、特征和方法论为理论框架，从科学哲学的最新理论出发，即科学哲学的“文化的转向”，去认识科学课程的性质、目标、内容、教学与评价等，对小学科学课程进行科学哲学的研究，以丰富小学科学课程理论。从科学哲学的视角审视当今小学科学课程改革，以科学哲学、科学社会学、心理学为理论基础，建构合理的小学科学课程体系，透过科学哲学理念的最新发展，预示未来小学科学课程改革的走向。

研究思路框图如下所示。

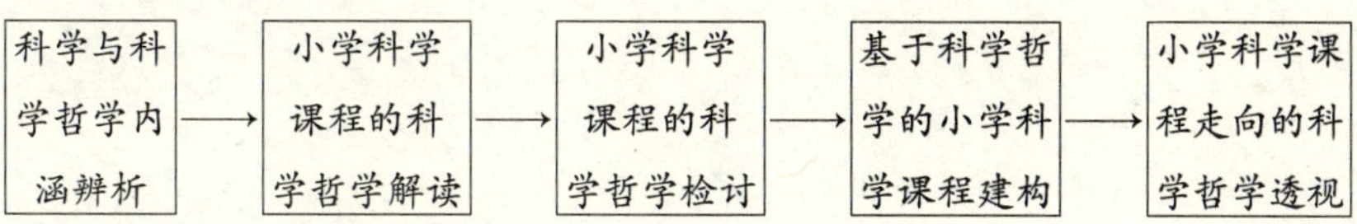

（二）研究方法

科学哲学的方法论起源于哲学的方法论。古典哲学认为哲学的方法就是反思。而近代科学方法论探索的源头应当追溯到培根的归纳论。由于科学哲学的方法论处于不断变化之中，也不是专门为研究小学科学课程而编制的。为此，笔者将采用以下方法开展研究。

1. 从科学哲学的演变与发展的历程出发，采用归纳的方法，通过对科学本质的考察，认识科学知识的产生与形成过程，解读小学科学课程改革的性质、目标、内容、教与学的基本问题。

2. 结合小学科学课程的特点，运用反思的方法对小学科学课程展开科学哲学探究，从科学文化哲学的视角检讨当今小学科学课程的改革问题，反思小学科学课程的改革，为建构科学合理的小学科学课程体系打下基础，并建构符合经济社会发展、科学技术进步要求、满足儿童发展需要的小学科学课程。

3. 科学哲学中的相对主义和科学哲学方法的多元化对小学科学课程改革提出了新挑战，因此，我们必须运用科学哲学的最新理念和方法论，在科学哲学理论的指引下，运用演绎的方法探讨小学科学课程未来的发展方向，促进小学科学课程随着科学哲学理论的发展而变革，以更好地满足学生学习科学的需要。

第一章 科学与科学哲学

科学的目的在于发现自然界的结构和作用，并尽可能把它们归纳为一些普遍的法则和一般的定律，用观察和实验来建立这些法则，从而导出事物的原因和结果。

——牛顿

科学是依靠观测和基于观测的推理，试图首先发现关于世界的各种特殊事实，然后发现各种事实相互联系起来的规律。

——罗素

哲学是人类天性中喜欢寻根问底的好奇倾向，是超越经验的"在物理学之后的""第一哲学"。

——亚里士多德

科学技术的发展给人类社会带来了福音，促进了人类经济社会的繁荣与进步。科学自诞生之日起，人们就在不断地认识和理解它，科学的产生也导致了哲学及科学哲学的发展。科学的目标是探索自然，哲学是人类天性中喜欢寻根问底的好奇倾向。科学是哲学的基础，哲学是科学的指导。随着科学技术的发展，哲学与科学必将走向内在的融合，使人们从哲学的角度去研究科学，这便产生了科学哲学。科学哲学的研究对象是科学，其研究目的是增进人们对科学的理解，通过对科学本质、科学知识、科学结构、科学发现等科学问题的研究，形成科学的认识论和方法论。

一、科学及其本质

（一）科学是什么

“科学”是当今社会使用频率最高的词语之一，科学概念已渗透到了社会生活的方方面面。“科学是什么”，是一个看似简单，而在今天却被人们越说越复杂的问题。从语义上看，19 世纪末，日本把“science”译成日文“科学”，意为“分科之学”，后被引进中国一直沿用至今。从词源学上看，英文“科学”（science）一词来源于拉丁文中的 scientia，意思是知识、求知，即有知识，而不是误解或无知。① 关于“科学是什么”，长期以来，科学家、科学哲学家、科学史学家等一直在进行激烈的争论。

最早对科学进行规定的人是古希腊哲学家亚里士多德，他认为科学是一种从观察上升到一般原理，然后再返回到观察的活动。科学的重要功能在于解释，科学解释就是从有关某种事实的知识过渡到关于这个事实的原因的知识；牛顿认为科学的目的“在于发现自然界的结构和作用，并尽可能把它们归纳为一些普遍的法则和一般的定律，用观察和实验来建立这些法则，从而导出事物的原因和结果”；② 培根认为科学是实验的科学，科学就在于用理性方法去整理感性材料，从感觉与特殊事物中把公理引申出来，然后不断地逐渐上升，最后达到普遍的公理；达尔文则认为科学就是整理事实，以便从中得出普遍的规律和结论；爱因斯坦则明确地将科学定义为：“寻求我们感觉经验之间规律性关系的有条理的思想”；③ 彭加勒认为，“追求真理”应当是科学活动的“唯一”价值。④ 上述科学家的各种科学观，也是以伽利略和培根为代表的常识科学观，查尔默斯给予了如下的归纳总结：“科学知识是已证明了的知识。科学理论是严格地从观察和实验得来的经验事实中推导出来的。……科学是客

---

① Martin, Ralph E. et al. Teaching Science for all Children[M]. ASIN: Allyn & Bacon, 1996: 14 – 19.

② ［英］牛顿．牛顿自然哲学著作选［M］．［美］H. S. 塞耶，编．上海外国自然科学哲学著作编译组，编译．上海：上海人民出版社，1974：扉页．

③ 许良英，等，编译．爱因斯坦文集（第三卷）［M］．北京：商务印书馆，1977：253.

④ ［法］H. 彭加勒．科学的价值［M］．李醒民，译．北京：光明日报出版社，1988：187 – 189.

观的。”①

科学哲学家们对“科学是什么”也进行了探讨。逻辑实证主义将科学看成是源于观察并可由经验证实的知识。其代表人物罗素认为，“科学是依靠观测和基于观测的推理，试图首先发现关于世界的各种特殊事实，然后发现各种事实相互联系起来的规律”②；波普尔（Karl Popper，1902—1994）虽然在认识的起点和科学命题可检验性的方式上不同意实证主义的看法，但他用概率主义的方法将科学追求的目标修正为“逼真性”或“似真性”时，他眼中的科学仍旧是一种追求正确认识的事业，科学也就仍然具有客观性和求实性的特点；库恩则认为“好的科学理论”有五个特征，这就是“精确性、一致性、广泛性、简单性和有效性”；拉卡托斯则把科学看成是能够引出对新颖事实预测的研究纲领；劳丹（Larry Laudan，1941—　）认为，科学以解决问题为宗旨，其中包含四层目标：获得预测性控制、获得操纵性控制、增加参量的准确性、结合与简化各种世界图景的成分；夏佩尔指出：“科学的发展就在于逐渐发现、明了和建立相关性关系”，即探索和建立自然之间的相互作用关系、人与自然的相互作用关系，等等；③ 乔治·奥威尔认为“科学一般被定义为：①精确科学，如化学、物理、生物学等；②一种通过逻辑推理从观察到的事实得出可验证的结论的思维方式。”

科学社会学家对科学的解释则开启了另外的视野。默顿（R. Merton）认为科学是具有独特精神气质的社会结构；贝尔纳则认为科学“不能用定义来诠释”，只能通过描述它的形象来加以说明，而科学的主要形象是：“科学可以作为：①一种制度；②一种方法；③一种累积知识的传统；④一种维持和发展生产的主要因素；⑤构成我们的诸信仰和对宇宙、人类的诸态度的最强大的势力之一”；④ 伯纳德·巴伯则认为，科学就是人类“试图运用理性的思考和活动来理解与支配他生活在其中的这个世界”。⑤

无论是科学家、科学哲学家还是科学社会学家，对科学及其特点的看法

---

① ［英］A. F. 查默尔斯. 科学究竟是什么［M］. 邱仁宗，译. 北京：商务印书馆，1982：10.

② ［英］罗素. 宗教与科学［M］. 徐奕春，林国夫，译. 北京：商务印书馆，1982：1.

③ ［美］达德利·夏佩尔. 理由与求知［M］. 褚平，周文彰，译. 上海：上海译文出版社，1990：导言20.

④ ［英］J. D. 贝尔纳. 历史上的科学［M］. 伍况甫，译. 北京：科学出版社，1981：6.

⑤ ［美］伯纳德·巴伯. 科学与社会秩序［M］. 顾昕，等，译. 北京：生活·读书·新知三联书店，1991：6.

中，都可以见到在科学活动中，科学认识主体通常要尽可能追求对客观对象的真实反映，获取真理性的知识；科学认识的方法通常是用概念、模型、推理等理性的知识，追求对于对象及其规律的精确把握；科学通常还遵循简洁、实用和高效的原则……总之，客观性、精确性、实证性、效用性等，构成通常意义上的科学的显著特点。

“科学究竟是什么”，这对许多人来说也许是一个陌生的问题，有不少人甚至还会对提出这样一个问题的必要性进行质疑。科学就其本质来讲，实际上是人类对所观察或认识到的自然现象进行的合理解释或说明。自然界的复杂性、无限性以及人类认识的有限性，需要人们不断地进行科学探究才能逐步认识大自然运行的规律。从上述内容可以看出，由于认识的角度不同，人们对“科学是什么”的问题一直存在着不同的看法，至今没有给出一致的答案。尽管如此，通过考察科学发展的历史和科学研究的对象、过程、方法以及成果等，对于现代科学的一些基本特征，人们在很多方面达成了共识。

（二）科学的基本特性

科学的性质是什么？要回答这个问题必须对科学哲学或科学史有较深刻的理解。从科学哲学家和科学史学家的主要观点看，科学的性质在 20 世纪 70 年代以前，被概括为以下几方面①：①以观察为手段，以事实为根据。观察主要是基于人的直接经验；实验是借助仪器间接观察，或人为观察。经验资料的整理和分析主要建立在归纳逻辑的基础上。统计调查是大范围间接观察，是归纳逻辑应用的典型。科学拒绝脱离事实的感情和浪漫的思辨。②可重复性。科学理论经得起别人按照科学的研究设计和步骤，进行重复实验。这里强调的不仅是科学方法的规则性，还有操作步骤和所获结果表述的准确性、清晰性。一项科学研究很容易被自己或同行所检验，因为过程的每个步骤都是一个系统，如果对结论有怀疑，可以回溯检查。要么是观察错误，要么是推理错误，别人可以通过重复性的工作（可以实际地，也可以用头脑思维的方法去审查证据的充分性），走出证据所能支持范围之外的结论，也可以提出其他的解释。③可积累性。是否是科学研究，不在于你的理论有多高深，而在于你的观察资料有多真实。理论是对观察现象的解释，如果观察是真的，即使解释有差错也还有

① ［英］A. F. 查默尔斯. 科学究竟是什么［M］. 邱仁宗，译. 北京：商务印书馆，1982.

一定的意义，因为后人可以在此研究的基础上，通过积累更多的资料，重新解释。反过来，若观察是假，即使理论很高深，也没有任何科学价值。④理论的可证伪性。可证伪性最初是由科学哲学家波普尔提出的，他的观点从本质上讲，与经典的科学哲学观点更接近，而与后现代主义观点完全不同。

20世纪70年代以后，由于科学本身发展模式的变化和科学被广泛应用而出现的一些社会问题，科学哲学家提出了许多新的认识。其中主要观点有两大类：①科学知识或理论不是绝对真理，而是相对真理，是随人的认识的深入而不断改变的；但是，“运用智慧和借助扩展感官功能的仪器中以发现宇宙间各种规律”，即使无法获得尽善尽美和绝对真理，要说明这个世界及其怎样运转，得到日益精确的近似真理还是可以做到的。因此，虽然科学理论是会变化的，“但绝大部分知识具有持久性”，即确定性。① ②观察并不能够真实反映客观世界，因而科学理论不是客观的，而是科学家头脑中自己构造的个人图景。这就是所谓的建构主义或后现代主义科学观。

由此，我们可以概括出基础科学教育层次上科学性质的内容应该包括以下几个方面。

1. 知识性。

知识性无疑是科学的一个重要而基本的特性。这是因为，科学活动的目的是发现有关世界的真理，而科学知识就是科学活动的结果。“科学知识作为人类在科学活动中对客观事物的一种相对正确、真实的认识，既具有一般知识的特征，又是一种高级、特殊的知识。”② 若就其差异性而言，科学知识不是一般性知识，而是人类所获得的一种真理性的知识。从广义上讲，知识可分为五个层次：感性知识、常识、经验概括、科学知识和哲学知识。科学知识一般表现为以下几方面特征：③

（1）它是在感性经验基础上抽象、概括出的关于自然和人的规律性或本质性的知识。

（2）它是运用理性思维的方式、方法和科学实验相结合产生的一种极为

---

① ［美］美国科学促进会．科学素养的基准［M］．中国科学技术协会，译．北京：科学普及出版社，2001.

② 张之沧．科学哲学悖论［M］．北京：人民教育出版社，2004：108.

③ 同②，110.

可靠的认识。

(3) 它是由科学的概念、述语、陈述、命题、定律、定理组织而成的一种理论体系，具有逻辑性、简明性、系统性和预见性等特征。

(4) 对人类的行为、实践具有理论性的指导意义，是人类认识世界、改造世界的认识方法和工具。

(5) 科学知识包含很大的真理性。虽然它不等同于真理，但是却与真理不可分离，没有不含真理的科学知识。

(6) 科学知识具有可检验性，它是经过人类长期的生产实践或社会实践检验的结果，同时又要继续接受实践的检验，并在实践中不断丰富、完善和发展，科学知识不是绝对真理，不是终极的知识。

(7) 科学知识一定有实用价值，不管是现在还是将来，人们一定可以利用它为人类服务。

(8) 科学知识也必然具有美的性质，它作为人类对客观世界的真的认识，与美和善有着内在统一性。

(9) 它的普遍性是有限的，各种不同的科学理论、科学知识都是人类对一定领域内的特殊规律的认识。

科学知识的上述特征不仅区别于常识和经验，也区别于人类拥有的其他知识形态，如文学、艺术、游戏、神话、巫术、宗教等。科学与这些知识形态也同样处于一种相互联系、相互渗透而又相互区别的关系中。换句话说，上述各种不同的知识形态都不同程度地含有科学知识；反过来科学知识也都不同程度地含有上述知识形态的成分。

2. 客观性。

科学知识是关于自然界的知识体系，即以自然界作为直接的认识对象；与此相对应，人文社会学科则以人或人类社会作为研究对象。显然，所说的特殊的研究内容就可以被看成“科学知识的客观性”最为基本的一个含义。科学知识又是客观存在的，一个独立的客观世界的存在可被看成科学家最为基本的一个信念。如爱因斯坦指出：“相信真理是离开人类而存在的，我们这种自然观是不能得到解释或证明的。但是，这是谁也不能缺少的一种信仰。……我们认为真理具有一种超乎人类的客观性，这种离开我们的存在、我们的经验以及我们的精神而独立存在的实在，是我们必不可少的。"① "科学家们提出关于自然的问题，并使自己事先负有采纳他们最终所得到的回答之责任，在这个意义上，科学包含着一种对自然的回答的唯一服从。"②

不难看出，科学知识的客观性表明了科学应是价值中立的，这就是说，科学研究应当是一种控制感情、偏见和利益的行动。著名科学社会学家默顿提出了关于科学制度的如下四条规范，这在很大程度上可被看成对"科学在价值上的中立性"的进一步阐明与发挥。四条规范是：①有条理的怀疑论；②普遍性，科学成果不应该根据科学家的宗教、种族与国别来进行谈判；③无私利性，科学不应该服务于特殊的政治和社会团体；④公共性，科学结果应该能被自由分享。③ 显然，除去独立的客观世界以外，科学的认识活动也以主体的存在性作为必要的前提。进而，主客体的严格分离则又可以被看成"客观性精神"的一个直接要求。

3. 普遍性。

任何真正的科学认识都不应停留于某个特定的对象或状态，而应由特殊上升到一般。也就是说，普遍性应该被看成科学知识的一个重要特征。需要说明的是，这里所说的由特殊到一般的过渡可以被看成科学的抽象活动的一个基本含义。另外，在不少学者看来，其中包含了由"变化"到"永恒"的过渡，即舍弃了诸多个别的、偶然的成分，突出强调了其中的共性成分与不变因素。科学中对于"因果关系"的突出强调就可被看成对于必然性的一种追求；一个事件被认为是另一个事件的原因，主要就是指前者的在场必然会导致后者的出现；进而，人们又普遍认为，每一结果都必定有一个先前的原因，结果不会自然地产生；同样的原因又必然带来同样的结果。另外，所谓的"普遍性"则往往与由现象到本质的过渡密切相关。"科学解释的目标就是用少数原则去覆盖各种各样不同的现象。某个理论的解释来自它用少量通俗易懂的表达概括各种各样案例的能力。"④ 与科学知识普遍性直接相对应的是关于世界统一性的信念，一些学者更因此而得出了"一个世界，一个真理，一个科学"的结

---

① 许良英，等，编译. 爱因斯坦文集（第一卷）［M］. 北京：商务印书馆，1976：271.

② 李克特. 科学是一种文化过程［M］. 北京：生活·读书·新知三联书店，1989：170.

③ G. Kelly. Science Education in Sociocultural Context：Perspectives from the Sociology of Science［J］. Science Education，1993（2）：208.

④ N. Cartwright. How the Laws of Physics Lie［M］. London：Oxford University Press，1983：139.

论。如美国学者桑德拉·哈丁指出："20 世纪初，一元性科学的命题成为捍卫普适性假说的一个重要形式。这一命题公开提出了三种假说：第一，只存在一个世界；第二，只存在关于这个世界的一种并且是唯一可能实现的真实描述（'一个真理'）；第三，只存在唯一一种科学，它能把准确反映那个世界的真理的意见整合成一种描述。"作为科学统一性的典型案例，在此特别提及牛顿力学，因为它的一个重要贡献即是将先前被认为存在本质区别的天体运动与地面上物体的运动成功地统一起来了。"在牛顿的体系中天体的领域和地上物体的领域被统一了起来，这两类物体全都在符合牛顿运动定律的力的影响下运动。"① 如导致苹果从树上掉下与行星围绕太阳运动的就是同样的力。显然，这不能说是科学统一性的极大胜利。也正是在牛顿那里，我们可以发现关于自然界的另一深刻信念："自然界不做无用之事，只要少做一点就成功了，多做了却无用；因为自然界喜欢简单，而不爱用多余的原因夸耀自己。"② 也因为如此，牛顿在构造自己的理论体系时就力求简单。如整个牛顿力学的逻辑前提就只包括了三个定律（"牛顿三大定律"），由此所推演的力学结论却无比丰富。

科学知识的普遍性可以看成是对直接经验的超越。科学既"包括在经验上重视细致地观察和对自然的精确地描述；但相当不同的是，科学也包括在理性上重视超越被观察事实之范围的概念化。"③

4. 实证性。

科学知识是对客观规律的认识，科学活动是一种求真的活动。但如何才能保证所获得的知识确实是对于客观规律的正确反映呢？这就是科学知识的可靠性问题。"任何一种经验方法都有其思辨概念和思辨体系……只有最大胆的思辨才有可能把经验材料之间的空隙弥补起来。"④ 这就是说，尽管科学是追求实在和真理的，但是，从直接经验到实在却又只有一条途径。"那就是有意识的或无意识的理智构造的途径，它完全是自由地和任意地进行的。"⑤从而，理论的思辨性和创造性就对科学认识活动的可靠性构成了严重的挑战。事实上，在科学的历史发展进程中，不同理论，甚至是直接对立理论的存在并非偶见的

---

① ［英］A. F. 查默尔斯. 科学究竟是什么［M］. 邱仁宗，译. 北京：商务印书馆，1982：85.

② ［英］牛顿. 牛顿自然哲学著作选［M］.［美］H. S. 塞耶，编. 上海外国自然科学哲学著作编译组，编译. 上海：上海人民出版社，1974：3.

③ 李克特. 科学是一种文化过程［M］. 北京：生活·读书·新知三联书店，1989：170.

④⑤ 许良英，等，编译. 爱因斯坦文集（第一卷）［M］. 北京：商务印书馆，1976：512.

现象，而是贯穿于科学的全部发展过程中。如作为燃烧现象的解释，在历史上就曾存在“燃素说”和“氧气说”；关于光的本质则有“粒子说”与“波动说”的长期对立；等等。这是因为不同的理论使用的概念体系是不相同的，以至在很大程度上可被认为提供了完全不同的图景，那么我们又如何才能知道何者为真，何者为假呢？通常我们认为正是科学方法的合理性保证了科学的真理性。具体地说，科学知识通常被认为依赖于严格的检验。其一，经验命题的可靠性建立在直接经验之上，这也是所谓的观察与实验。其二，归纳法的应用则在一定程度上保证了一般性结论的可靠性。其三，除解释的力量外，理论的预测性也为理论的可靠性提供了可能的检验。这就是说，除对已知现象的解释外，理论通常被认为还应能够提供关于未知事实的某种预测，进而，如果所作出的预测在后来得到了证实，这就在一定程度上证明了理论的可靠性；而如果所作的预测未能得到证实，则应当对相关理论作出必要的改进或修正。如关于哈雷彗星运行轨道的成功预测显然就可被看成对相关天文学理论的直接证实，关于地球末日的种种预言的落空则从反面清楚地表明了所谓的“预测学”并非真正的科学。

正因为科学的真理性直接依赖于科学的方法，因此，作为科学的分析，人们往往就对科学方法予以突出的强调，甚至将科学方法说成科学的本质特性。科学在西方常常被称为“实证科学”，而“实证”这一术语主要就源于“方法的实证性”，即指可以通过经验实际地予以证实。人们突出强调了科学与神学或所谓“形而上学”在这方面的重要区别。如作为“实证主义”哲学的最早倡导者，法国哲学家孔德（Auguste Comte，1798—1857）就曾指出，知识的发展通常要经过以下三个阶段：神学阶段（或想象阶段）、形而上学阶段（或抽象阶段）与科学阶段（或实证阶段）。具体地说，在神学阶段，人们把自然界和人类社会的现象都归因于精神的存在，用诸如“神的意志”“造物主的杰作”来构造知识；另外，尽管在形而上学阶段人们已经开始使用各种抽象的概念，如“时间”“空间”“本质”“原因”“结果”等来解释世界，但由于这些认识并没有得到严格的证实，从而也就不能被看成是真正的科学知识，或者说，所说的“可证实性”事实上就应被看成科学知识的主要特性。①

① 郑毓信. 科学教育哲学［M］. 成都：四川教育出版社，2006：18－19.

5. 竞争性。

关于科学的竞争性，马克思曾指出："由于自然科学被资本主义当做致富手段，从而科学本身也成为那些发展科学的人的致富手段，所以搞科学的人为了探索科学的实际应用互相竞争。另一方面，发明成了一种特殊的职业。因此，随着资本主义生产的扩展，科学因素第一次被有意识地和广泛地加以发展、应用，并体现在生活中，其规模是以往的时代根本想象不到的。"① 拉卡托斯指出："我们应该把科学事业看做竞争理论之间的一场战斗。在这场竞争中世界是仲裁人。"总之，科学的竞争性可以归纳为以下几方面：①新理论与旧理论之间的竞争，新理论想战胜旧理论，而旧理论则竭力想维持自己的统治地位，这样就展开竞争。竞争的结果或是旧理论被推翻、被抛弃，或是旧理论被容纳在新理论之中；或是新理论战败，旧理论依然暂时保持自己的统治地位。②新理论争取接受者和占领阵地、扩大影响的竞争。新理论虽然在经验材料、事实根据、推理形式以及推论和结论等方面较旧理论占有压倒优势。但是由于旧理论的影响和作用以及在人们头脑中形成的一种思维定式和惯性，以致一般人总是对旧理论怀有深厚感情，不愿意抛弃旧理论，相反对新理论常常有一种反感、抵触和拒斥的情绪。普朗克指出："伟大的科学思想很少是用乞求和说服自己的对手而巩固起来的。……实际上，事情往往是反对者逐渐地死去，而新生的一代人从一开始就熟悉新的思想。"② ③科学家之间经常为名利、地位而进行竞争。是谁发明了某种理论、创立了某种学科、开辟了某一新领域，这是关系到发现者或创立者的名誉以及在科学史中的地位或其他有关切身利益的问题，因此科学家常常在理论或技术的发明权、优先权方面激烈竞争。

科学的竞争性充分反映出科学具有游戏美的特征。没有美，科学家也就不会以那种不顾一切的激情去献身科学。同时，竞争也强有力地证明了科学的实用价值。

6. 社会性。

科学作为人类从事精神生产的一种高级而复杂的社会活动，表现出以下社会特征：①科学的发生与发展是人类社会发展到一定阶段的产物，因此没有人

---

① 马克思．马克思恩格斯全集（第四十二卷）［M］．中共中央马克思恩格斯列宁斯大林著作编译局，译．北京：人民出版社，1979：572.

② ［苏］斯杰潘诺夫．光学三百年［M］．北京：科学普及出版社，1981：52.

类社会的发生与发展，就根本不存在科学的发生与发展。同样，若没有近代和现代的科学技术，也就不可能有今天高度发达的人类社会，因此科学与社会是统一的不可分割的一个整体。②科学的使命和价值在于满足人类社会的需要，没有这种价值人类就不会需要科学。因此科学的研究对象、科学发展的方向和速度、科学成果利用与否、科学成果利用的性质等均受到下列因素的影响和制约：物质生产的需要、社会政治实践、社会经济制度、各种社会意识形态、生产水平、技术、精神、文化修养、教育以及科学自身发生发展的内在规律和逻辑。③从社会学角度看，在科学的发展进程中，尤其是 19 世纪以来，物质刺激当然会对科学活动的主体——科学家起到不小的作用，但更多的作用还是社会道义的刺激和人生理想的鼓舞。如消除人类的痛苦、减轻人类的劳动、战胜大自然对人类的奴役和各种疾病对人类肉体和精神的折磨等。这些常常会使科学家们形成一种强烈的社会责任感和为人类谋利益的美好愿望。这种责任感和愿望常常就是伟大科学家终生献身科学事业的动力源泉。约里奥·居里在谈到科学家的社会职责时就明确指出："科学家的天职叫我们应当继续奋斗，彻底揭露自然界的奥秘，掌握这些奥秘以便能在将来造福人类。"① 爱因斯坦一生的志向就是："我要做的只是以我微薄的绵力来为真理和正义服务，即使不为人喜欢也在所不惜。"诺贝尔则把生命、爱情和财产全都贡献给了人类的科学事业，为的就是实现他的宏伟愿望：传播知识就是传播幸福。④科学的社会性还体现在科学自身运动的内在逻辑发展和各种不同的科学、理念、概念、观念，甚至是各种不同的知识形态、意识形态之间相互影响、相互渗透、相互作用的关系中。也就是说科学的发展是与构成科学的内部矛盾与外部矛盾，或者说内部因素与外部因素共同作用的结果。

总之，人们所从事的科学活动不是只局限于研究工作，还包括大量的日常工作，这就要求个人的科学创造与集体的科学创造相结合，个人的利益与整个社会的利益相结合。这一切都说明了科学的公众性和社会性。

（三）科学的划界

考察"科学是什么"，还演化成了科学哲学中的"科学划界问题"，并形成了相应的科学划界理论。当然，科学划界问题，也是给科学下定义，寻找科

① 杨栩．外国名人名言录［M］．北京：新华出版社，1983：33．

学的本质及特征，以区分什么是科学、什么不是科学的问题。不是每一个科学哲学家都愿意研究科学划界问题。如波普尔所说，“任何解决科学或哲学的企图，如果它是诚实的而且是专心致志的，即使没有达到目的，在我看来，要比讨论‘科学是什么?’或‘哲学是什么?’这类问题有意义得多。”科学哲学中的划界问题，通常是指科学与伪科学的划界标准。从科学哲学的发展历程来看，科学划界的标准经历了逻辑实证主义的绝对标准，历史主义的相对标准，后现代的消解标准，以及多元标准的重建。

1. 绝对标准。

逻辑实证主义的绝对标准认为科学与非科学的划界标准是逻辑化的、一元的，用“可证实性”和“可证伪性”在科学与非科学（形而上学及伪科学）之间划出一条非此即彼的界限。所以他们提出的主要是“意义标准”。不能满足意义标准的，就是无意义的形而上学。逻辑实证主义的绝对标准在突出逻辑性的同时忽略了心理历史及其他诸因素，其一元的绝对标准抹杀了科学与其他人类文化之间的复杂而交叉的关系。维也纳学派的成员费格尔（Herbert Feigl，1902—1988）总结了科学的五大特征。[①] ①主体间的可检验性。即要求科学理论能够接受公开的检验，实验结果具有可重复性。②可靠性。即理论不仅是可检验的，而且检验后为真。③精确性。用定量的方法来表述自然规律。④融洽或系统性。即整个理论体系不是真语句的堆砌，而是有层次的结构。理论之间彼此关联，相互一致。⑤广泛性。即理论体系具有完备性，能够最大限度地说明自然现象。后来波普尔批评逻辑实证主义者把可证实性、有意义和科学性三个概念等同。在他看来，意义问题是个假问题，因此科学不可能完全排斥形而上学。所以他提出了“可否证性”概念，这是科学与伪科学的划界标准，而非区分科学与形而上学的意义标准。他指出[②]：①不用任何理论我们都很容易为它找到确证或证实——如果我们寻找确证的话。②只有确证是担风险的预言所得的结果，就是说，只有我们未经这个理论的启示可望看见一个和这个理论不相容的事件——一个可反驳这个理论的事件，那么，确证才算得上确证。③任何“好”的科学理论都是一种禁令：它不容许某种事情发生。一种理论不容许的事情越多就越好。④一种不能用任何想象得到的事件反驳掉的理论是

---

① 王巍．科学哲学问题研究［M］．北京：清华大学出版社，2004：128－129．

② 同①，131－132．

不科学的。⑤任何对一种理论的真正检验，都是企图否证它或驳倒它。可检验性就是可否证性。⑥进行确证的证明，除非是真正检验一项理论的结果，是不算数的。⑦有些真正可检验的理论，发现是假的，仍旧被赞美者抱着不放。所有这些可概括为，衡量一种理论的科学地位是它的可否证性或可反驳性或可检验性。可否证性还有程度之分，即陈述所包含的内容越多，就越可能被否证。所以波普尔把可否证性标准作为科学与伪科学的划界标准。可否证程度越高，科学程度也越高。

2. 相对标准。

库恩模糊了科学划界的标准。他的“范式”和“不可通约”概念使得科学划界问题更加困难。他认为科学的发展是常规科学（即学科在范式内部发展）和科学革命（范式转移）交替发生的过程，而不同范式（常规科学）之间又是“不可通约”的，没有合理比较的共同基础，也就是现代科学与古代思想可能只是范式的不同，没有科学与伪科学之分。库恩一方面提出了科学的相对性，另一方面又不愿放弃科学的合理性、客观性。因此他模糊了科学划界的标准。①

拉卡托斯认为，科学与伪科学的划界问题不只是空谈的哲学问题，它也有重要的社会和政治相关性。他指出：“对理论的盲目承诺不是理智的德行，而是理智的罪行。”科学划界的单元应该是科学研究纲领，而不是孤立的假说。一个科学研究纲领由硬核和保护带所组成。硬核是指核心的理论和概念，如牛顿力学三大定律和万有引力定律，组成了经典力学的硬核。保护带主要指围绕在硬核周围的辅助假说，它有正面启发法和反面启发法，促使科学研究纲领的发展与壮大。他认为不存在判决性实验，科学假说不是被观察实验所直接否证的。科学检验有一定的韧性，需要长时间、全局性地考验。科学的发展其实是进步的研究纲领取代退步纲领。因此，拉卡托斯把科学划界归结为如何区别进步纲领和退步纲领。他主张区分进步纲领和退步纲领的关键不在于它被证实或否证，而在于它是否真正作出过成功的预测。如哈雷（Edmond Halley）运用牛顿力学定律在1705年就预测了哈雷彗星1758年回归，这一预测在53年后果然应验了。爱因斯坦的广义相对论也预测了水星近日点的拢点，这一预测也被1919年的天文观测所证实。所以，拉卡托斯的区分有逻辑的、经验的标准，

① 王巍．科学哲学问题研究［M］．北京：清华大学出版社，2004：132.

有一定的绝对性。①

3. 消解标准。

费耶阿本德继承了库恩的历史主义，发展了“方法论的无政府主义”——没有科学方法，科学研究是“怎么都行”。他主张方法论的无政府主义有两大理由：①我们想探索的世界在很大程度上是个未知的实体。因此，我们必须保留自己的选择权，切不可作茧自缚；②科学教育不可能同人本主义的态度相调和。它有悖于“培育个性，而只有个性才造就或者说才能造就充分发展的人。”他主张反对方法和规则，反对理论的一致性和事实的一致。意见的多样性是客观知识所必需的。鼓励多样才能和人本主义相容，因为任何一致性条件都会限制了多样性。科学追求的是真理，但他认为，真理不是唯一的价值，自由和独立思考也是。为此，他批评现代科学，“是它禁锢了思想的自由”。② 费耶阿本德从知识和道德两个方面，主张取消科学与非科学的划界。他的批评从反对科学沙文主义的情境来看，是言之有理的，可以使科学更为宽容。但他的消解标准却不能解决反伪科学的问题，因为，在另一些情境中，伪科学对人类生活构成了极大的危害。这些危害无法消解，只能克服。③

4. 多元标准。

多元标准对人们认识科学的特点或许具有较大的意义，它主张判断一个知识领域是不是科学，要考察它的多种特征。加拿大科学哲学家萨伽德（Paul R. Thagard）指出了科学与伪科学的典型特征，判断 X 是科学或是伪科学，就要看它的特征更接近于科学的典型还是伪科学的典型。科学与伪科学的特征是④：①科学使用关联思维方式，而伪科学使用相似思维方式；②科学追求经验的验证与否证，而伪科学忽视经验因素；③科学研究者关心理论与竞争理论的评价，而伪科学研究者不关心竞争理论；④科学采用高度一致、简单的理论，而伪科学采用非简单性理论；⑤科学随时代不断进步，而伪科学在教条与应用上停滞不前。并且，他对科学划界的模型作出了三点说明⑤：一是这些特

① 王巍．科学哲学问题研究［M］．北京：清华大学出版社，2004：134－135.

② Feyerabend P. How to Defend Society against Science[J]. In：Klemke E D, et al. Introductory Reading in the Philosophy of Science[M]. 3rd ed. New York：Prometheus Books，1998：57.

③ 同①，138.

④ 肖峰．论科学与人文的当代融通［M］．南京：江苏人民出版社，2001：96－97.

⑤ Thagard P. Computational Philosophy of Science[M]. Mass：MIT Press，1988：170.

征不是科学或伪科学的必要或充分条件；二是我们可以看某领域更接近谁，来判断它是科学还是伪科学；三是对上述每个特征还可精确化。邦格（Mario Bunge）也坚持科学划界的多元标准，并提出了认识领域里的十要素理论。同时，他还列出了科学家与伪科学家的态度和活动比较表。①

总之，对于"科学是什么"，我们不能赞同逻辑实证主义过于僵硬的标准，也无法苟同后现代主义的消解标准，我们不能指望为"科学"下一个简短的定义就一劳永逸地解决"科学是什么"的问题，也不能因此就完全放弃追问"科学是什么"这样一个极富挑战性的问题。认识"科学是什么"并不是一件简单的事情，科学中有着历史与现实的连接，有着发展和变动的因素，有着人类对其不断深化的反思。划界标准的新发展，就是希望在历史和社会的情境中，具体问题具体分析，从而找到符合历史需要的划界标准。

（四）科学观的变迁

人们对科学的认识随着科学技术与社会的进步也在不断地深化，对"科学"下的定义也越来越准确。我们可以将人们对科学所持的观点归纳如下②：

1. 主观主义的科学观。

主观主义的科学观认为，科学知识"是个别科学家所持的一套特殊种类的信仰。如果一个人能够使他自己对某一信仰正确性的证明感到满意，那么，它就是科学的。"③ 所谓科学知识、自然规律，实际上都是个人能够用某些方法加以证明的一套信仰。"科学推理基本上是个别科学家的所有物，并存在于个人的心中。"④

2. 整体论的科学观。

整体论的科学观反对把科学看成是由许多可以各自独立地被经验证实或否证的基本命题所构成的见解，主要以逻辑实证主义者蒯因（Willard Van Orman Quine，1908—2000）和历史主义者库恩等为代表。他们认为整个科学的各个学科、各条定理、各个命题是彼此相互联系、相互制约的，并一起编织成一个经纬交错的整体网络。处于网络中心的是远离经验事实高度抽象的数学和逻

---

① 王巍．科学哲学问题研究［M］．北京：清华大学出版社，2004：140 - 143.

② 张之沧．科学哲学导论［M］．北京：人民出版社，2004：43 - 47.

③④ ［英］A. F. 查默尔斯．科学究竟是什么［M］．邱仁宗，译．北京：商务印书馆，1982：116.

辑；向外一层是物理学、化学等理论科学；再向外一层便是政治、历史、医学、工程学等具体科学和应用科学，它们位于网络边缘直接与经验事实联系，并随经验事实的变化而不断变化，同时作为媒介还影响着内层的理论科学。该网络的四周是经验事实，它们直接作用于网络。网络虽然愈向内层愈稳定，但是稳定毕竟是相对的，所以总有“牵一发而动全身”的效果。

3. 相对主义的科学观。

费耶阿本德（Paul Feyerabend，1924—1994）是相对主义的代表，他认为在科学与非科学之间根本就不存在一条绝对分明的界限；用任何固定的观念和普遍适用的法则来定义科学都是既不现实，又有害的；不存在划分科学与非科学、科学与宗教、科学与神话的绝对普遍的标准。为此他指出，我们必须认识到把科学与非科学分离开，不仅是人为的，而且对知识的进步是有害的。要把科学、宗教、神话等意识形态放在完全平等的地位；要把科学从目前的神圣地位上拉下来；要使科学与国家权力分离，打破它目前垄断一切的沙文主义形象。

4. 科学实在论的科学观。

实证主义在科学观上坚持科学实在论，认为科学研究的对象是客观实在的外部世界，科学的任务就是认识外部世界，科学知识就是对外部世界的描写或解释。他们坚持科学是理性的事业，认为没有理性就没有科学。不但科学的检验和竞争是理性的，而且科学的发现也是理性的。科学研究就是寻求真理的过程，科学知识离不开真理，科学发展就意味着更接近真理。科学中的一切都可以变、可以修正和可以拒斥，而且不管科学信念、标准、方法在不同时期发生怎样根本性的变化，它们之间依然有联系，可以进行比较。在方法论上，科学实在论者指出要引导人们如何系统地表述科学理论，避免表述的含糊不清和模棱两可。

5. 活动论的科学观。

科学不是知识体系而是知识的加工、创造和操作过程；科学主要是一种智力生产活动。“科学知识的产生和评价在许多方面是一种复杂的社会活动。”①“科学知识是由一种复杂的社会努力完成的，它起源于处于同自然界十分特殊

① ［英］A. F. 查默尔斯. 科学究竟是什么［M］. 邱仁宗，译. 北京：商务印书馆，1982：123.

的相互作用中的许多工匠的工作。”

6. 马克思主义的科学观。

科学是历史发展总过程的产物，它抽象地表现了这一历史发展总过程的精华，这个精华显然既包括自然科学，又包括社会科学。任何科学都是历史的产物，任何科学都不是最后的、终极的绝对真理。科学是一种在人类历史上起推动作用的、革命力量的思想，科学技术是生产力。苏联的凯德洛夫指出:“科学是精神文化的最重要因素，是人类知识的最高形式；它是借助相应的认识方法获得的，以精神的概念表现出的，发展着的知识体系，这些概念的真理性由社会实践来验证。科学的概念既用于表示科学知识的加工过程，也用于表示由实践检验为客观真理的知识的整个体系，还用于指明科学知识的个别领域，指明个别科学。科学知识的本质在于可靠地概括事实，在于在偶然的东西后面找出必然性的、规律性的东西，并在这个基础上实现对各种现象、客体和事件的预见。”

二、科学与哲学

哲学与科学的关系，是一个争论了几百年而至今尚未解决的问题。今天，越来越多的人已经强烈地意识到,“哲学与科学之关系”已是一个不可回避、亟待回答的前沿问题。有人打比方说，知识好比是大树，哲学是树根，科学则是树枝（笛卡儿）；有人说，哲学和科学是普遍性和特殊性的关系，哲学是普遍性，科学是特殊性（斯大林）；还有人说，哲学是人类天性中喜欢寻根问底的好奇倾向，是超越经验的“在物理学之后的”“第一哲学”（亚里士多德）；有学生给黑格尔写信抱怨哲学太艰涩、太“抽象”，黑格尔回信说，只有科学才是抽象的，而哲学却恰好是具体的；马克思一方面肯定了科学在历史变革中作为推进力量的作用，另一方面又指出只有哲学才是批判现实世界的“思想武器”。

人类什么时候有了哲学？为什么要思考什么是“哲学”？这大概是哲学发生论的第一个问题。康德说，哲学是人类理性要求的结果。可是，“理性”究竟有哪些要求？科学不够吗？亚里士多德说，哲学诞生在有闲暇的地方，是人们与生俱来的好奇心的结果。这些理论几乎都是抽象人性论的合理延伸，其实本质问题并没有得到回答。哲学在历史上的出现，肯定是出于特定的需要。那什么是“特定的需要”呢？有一点是可以肯定的：这种“需要”与科学诞生的“需要”是不同的。科学诞生的原因是人类生存的需要。例如对农作物的最早试种肯定是农业科学的第一次试验，然后，他们在试验中，逐步发现农作物的丰产与气候、土壤、品种等有密切关系。农业科学如此，其他的科学门类也不例外，几乎所有的科学都是以满足人类的衣食住行为宗旨的。从本质上看，科学是人类经验的合乎逻辑的自然延伸。人类的精神需要是其他的动物所没有的。原始人在与自然抗争的同时，便发出了真正意义上的“天问”。或者惊奇于自己完美无缺的体态，或者惊喜于自然按部就班的秩序，或者惊恐于鬼神莫测的风雨雷电……这些都可能触发他们的灵感，唤起他们的天赋智性和联想，来读“世界这本大书”。于是，对自然“本质”的领悟，诞生了“天人合一”的妙论。当然，在人类知识的萌芽时期，一切都处于含苞待放的混沌状态，知识几乎没有门类的区别，也没有后来意义上的哲学和科学的明确的界限。

从发生论的角度看，哲学和科学的产生都是多方面因素交互作用的结果。其中，既有环境的因素，也有人类在适应环境过程中建构起来的智力、天性、心理等因素。如果说，科学的宗旨在于方便人类的生活，那么，哲学则在于透视人类的生存；科学旨在认识，哲学功在觉悟。何为哲学？真正贴切的解答是没有的。从中文里的“哲”所指谓的意思看，类似于觉悟、智慧，这与西文中的“爱智慧”的说法非常一致。而“科学”最初的意思应该是实用的知识。在“试错”活动（“实验”活动的机制）中诞生了科学，而哲学却是智慧的结果，也可以说，是思想“解放”的结果，是深层意念觉醒的结果。所以，关于“哲学”的界定，我们不得不回到亚里士多德那里。他把哲学确定为“形而上学”，即“物理学之后”（这里所谓的“物理学”，在很大程度上就是“科学”的代名词）。因此，在亚里士多德看来，哲学是在科学“之后”（也就是“之外”）的学术。有一些问题，是科学不讨论也无法讨论的，它们正是哲学的课题。也即是说，科学研究的是“形而下”的问题（“形而下者谓之器”），而哲学研究的则是“形而上”的问题（“形而上者谓之道”）。一方面，哲学由于其“超验”“超智”的特性，它要借助于“形而下”的科学来超越，从而达到对存在的“形而上”的把握；另一方面，也由于其“超验”“超智”的特性，哲学又为科学提供信念的基础、逻辑的前提。

当然，以上的讨论着眼于哲学与科学的差异性或对立性；其实，哲学与科学也具有互动性和同一性。

互动性是说哲学与科学总是互相依存的。在希腊时代的科学，全是包括于哲学之内；及科学离哲学而独立以后，哲学依然存在，并没有缩小它的范围，或消灭掉它的痕迹。不但如此，有许多学者，因其具有哲学思想，他们的科学创见才能发扬光大。如达尔文是一位生物学者，然而他的进化论，则超脱科学的领域，进入哲学的范围了。"科学是哲学的基础，哲学是科学的综合。""哲学由科学而得材料，以充实其内容，可免踏于空虚的流弊；科学则由哲学而巩固其目的与基础，以获得论理的确实性。两者是相互关联的，科学进步，则哲学亦必进步；哲学发达，则科学亦必有同样的发达。两者各尽其职能，于是人生便得完全的进步了。"

同一性是说哲学与科学在一定程度上原是同质的东西。"哲学与科学的界限是难分的：如牛顿的绝对运动论在当时何尝不是科学，然而马赫便说是哲学而不是科学。而马赫的经验论却被发明量子的普朗克所讥笑，他认为这仍是哲学而不是科学。马赫攻击牛顿，普朗克再攻击马赫，难保不再有人攻击普朗克吗?"确实，在很多情况下，对于一种理论，我们往往很难简单判定它是科学的还是哲学的。究其原因，在于哲学体系中往往包含有许多经验实证的、逻辑推理的内容；科学理论中往往包含有一些直觉的、领悟的内容。这是因为，"哲学与科学的关系，非全然同一，亦非全然无别，盖'同中有异'，'异中亦有同'。哲学必俟科学而完全，科学亦必俟哲学而始得正确；所以说科学哲学为补合的二元论，就是这个缘故了。"关于科学与哲学间界限的模糊性，波普尔曾指出："现代物理学，特别是爱因斯坦理论（1919 年曾受到广泛讨论），是高度思辨、高度抽象的，远远离开了可称其为'观察基础'的东西。一切想表明这种理论也多少是'以观察为基础'的企图，都是没有说服力的。"①

随着科学与技术的发展，哲学与科学必将走向内在的融合。② 哲学，无论在怎样的意义上，它都应该是在追求一种普遍性。哲学力图超越感性，往往使人们产生一种错觉，以为它可能和具体的科学相脱离。同样，科学观察和实验的具体感性活动的特征，往往也使人们产生一种错觉，以为它可以和抽象的哲学相脱离。其实，普遍性和具体感性在人类认识活动中是不能截然分开的。科

---

① ［英］波普尔. 科学知识进化论：波普尔科学哲学选集［M］. 周煦良，等，译. 北京：生活·读书·新知三联书店，1987：100.

② 邬焜. 试论科学与哲学的关系［J］. 科学技术与辩证法，2004（2）：1－2.

学在本质上是由普遍性的原理构成的，这些原理不等于一些观察、实验事实的直接陈述。由种种事实陈述上升到普遍理性的原则依赖某种哲学思维的观念、规则和方式。从同一组陈述中，之所以可能得出不同的普遍理性的结论，其根源就在于科学家们在哲学思维方面的差异。哲学在科学之中，科学在哲学方式的规范之中。任何一种科学的普遍理性都相应渗透着一种哲学观念，而这个科学的普遍理性便有理由被看成是某种哲学观念和具体陈述相结合的产物。哲学和科学的统一性不仅仅被看成是一种外在的衔接，还应该被看成是一种内在的融合。科学是普遍理性的体系，而任何普遍理性都应渗透着一种哲学观念。科学绝不是一种纯粹的感性活动。怎样从科学研究的世界观、认识论、方法论方面考虑，怎样对具体感性材料加工处理的世界观、认识论、方法论进行思考，都是科学活动本身所固有的重要内容。

科学是哲学的基础，哲学是科学的指导。真正的哲学不能脱离和凌驾于科学之上，它必须以科学为基础。科学对哲学的这种基础性决定了科学可以自下而上地对哲学施加影响。当科学本身改变和发展了之后，以科学为基础的哲学也必然或迟或早地实现相应地改造和发展。科学是对哲学的改造，哲学是对科学的批判。哲学是不能脱离和凌驾于科学之上的，它本身也应该成为一种科学，而科学又是和人类正确的理性思维成果相一致的，它本身也应该是某种意义上的一种哲学。①

三、科学哲学及其特征

（一）科学哲学是什么

科学哲学来源于西方，其英文名为“scientific philosophy”和“philosophy of science”，均可翻译成“科学哲学”。“scientific philosophy”是指“科学的哲学”，这种哲学不是非科学的或伪科学的哲学；“philosophy of science”意指“关于科学的哲学”，这种哲学是以科学为研究对象的哲学。科学哲学主要是通过科学本质、科学结构、科学知识、科学发现、科学辩护、科学真理等一系列与科学有关的问题，来研究科学的认识论和方法论。所以，西方科学哲学又

① 邬焜. 试论科学与哲学的关系［J］. 科学技术与辩证法，2004（2）：2-3.

叫做科学认识论和方法论。“科学哲学是通过对科学的目标、方法、标准、概念、定律和理论进行逻辑的方法论的分析，从而试图理解科学的意义、方法和逻辑结构。”① 因此，我们可以认为，科学哲学的研究对象是科学，研究目的是增进我们对科学的理解。

（二）科学哲学的主要问题

对科学哲学的不同理解，就会赋予科学哲学不同内容。克莱姆克在《科学哲学的入门读物》（Introductory Reading in Philosophy of Science）一书中介绍了科学哲学的 17 个问题，并具体讨论了以下 6 个方面的问题②：①科学与伪科学；②自然科学与社会科学；③说明与定律；④理论与观察；⑤验证与接受；⑥科学与价值。柯德（Matin Curd）和柯夫（J. A. Cover）在合编的《科学哲学的中心问题》（Philosophy of Science—The Central Issues）一书中提出了科学哲学的 9 个问题：①科学与伪科学；②科学中的理性；③“迪昂—蒯因论旨”（Duhem—Quine Thesis）与“不充分决定性”（Under—Determination）；④归纳、预测与证据；⑤验证与相关性；⑥科学说明模型；⑦自然定律；⑧理论还原；⑨经验论与科学实在论。

（三）科学哲学的基本特征

科学哲学作为一种哲学思潮，有其自身发生的历史，具有丰富的内涵，表现出以下特征：①它是关于科学的哲学，属于哲学的一个分支、一个领域、一种思潮。它与一般哲学的关系是部分与整体的关系，是子系统和母系统的关系；它包含于哲学之中，而不能超越于哲学之上；它只能丰富和发展哲学，而不能替代或取消哲学。②它是具有科学性的哲学，要想达到这一目标，就需要以科学为基础。一种好的哲学必须将科学精神、科学态度、科学方法、科学认识、科学价值、科学标准、科学语言乃至科学的表达方式和构造手段都带到哲学之中，使其与哲学本身所固有的肯定的东西融为一体。③科学哲学在哲学史上具有转折性的地位，它是一场国际性的哲学运动。它起源于古希腊，发生于具有科学传统的英国，成熟于 19 世纪处于科学鼎盛时期的法国。20 世纪进入

---

① Klemke E. D, et al. Introductory Readings in the Philosophy of Science [M]. 3rd ed. New York: Promtheus Books, 1998: 19 - 20

② 同①, 22 - 23.

美国，在那里得到繁荣昌盛，使科学哲学变成英美哲学的代称。

通过考察科学本质的历史演变过程，深入研究科学本质及特征，有利于加深人们对“科学是什么”的理解，形成正确的科学本质观，掌握科学的本质及特征。从哲学的角度去思考科学的有关问题，将促进科学认识论和方法论的形成，帮助我们理解科学哲学研究的主要问题，了解科学哲学的基本特征。通过研究科学与哲学的关系，使人们从科学哲学的角度去认识科学、认识科学的本质及特性，从而认识科学知识的产生和形成过程，从而促进科学教育的改革与发展。

四、科学哲学的历史考察

科学哲学起源于20世纪20年代以维也纳为代表的逻辑实证主义。逻辑实证主义把传统的思辨哲学称为“形而上学”，而称自己的新哲学为“哲学”。它反对思辨哲学，提倡科学的哲学，最终演变为现在的“科学哲学”。从时间次序上来考察，科学哲学大致经历了逻辑实证主义、批判理性主义、历史主义、后现代思潮，以及现在时兴的科学实在论等。

（一）逻辑实证主义

逻辑原子主义是逻辑实证主义的前身，逻辑经验主义是其扩展。逻辑原子主义的代表人物为罗素（Bertrand Russell，1872—1970）和维特根斯坦（Ludwig Wittgenstein，1889—1951）。罗素提出的“罗素悖论”带来了数学史上的第三次危机。在数学哲学中，他支持弗雷格的逻辑主义，提出：“所有的数学真理都能够演绎逻辑真理；所有的数学真理都能由逻辑真理来获得。”1918年，罗素提出了“逻辑原子主义”概念。他设想世界是由逻辑原子构成的。后来维特根斯坦进一步发展了他的原子主义。维特根斯坦在他的著作《逻辑哲学论》表明了逻辑原子论的立场。他认为，人类语言和世界都具有逻辑的结构，因此哲学的任务就在于对语言逻辑进行分析。他早期的立场对维也纳学派的逻辑实证主义产生了十分深远的影响。

逻辑实证主义起源于维也纳学派，其创始人与领导人为石里克（Moritz Schlick，1882—1936）。逻辑实证主义的主要观点是经验论和反形而上学。维也纳学派认为科学知识的基础是可由公认的实验证实的经验感觉。他们反对形而上学，主张科学的哲学——哲学是以研究语言的有意义和无意义为基础的。哲学的任务不是提出命题或建立命题体系——理论学说，那是科学的任务。哲学的任务是从逻辑的观点分析和阐明科学中的概念、假设和命题的意义，从而使形而上学的思想混乱得到澄清。[①] 逻辑实证主义的另一起源是实证主义（Positivism），起源于法国思想家孔德。孔德主张只相信可以证实的知识，因此被奉为实证主义的鼻祖。逻辑实证主义很强调归纳方法以及观察和理论的二分，因此他们主张从观察（或实验）结果，归纳得出科学理论。他们认为，随着观察和实验的扩展，科学知识也在逐渐累加，最终成为宏伟的科学大厦。所以逻辑实证论的科学发展观主要是累积模式。科学是有着明确的逻辑结构的：科学概念是明确不变的，科学的方法就是归纳法。然而，逻辑实证主义有很多不能克服的困难，他们提出的认识意义的判断标准遇到了许多困难，他们对观察和理论的截然划分也受到了波普尔的批判。逻辑实证主义的基础——“分析—综合”的二分——也被蒯因所动摇。

（二）逻辑经验主义

逻辑经验主义继承的是洛克、休谟的经验论传统，其主要代表人物有赖欣巴哈（Hans Reichenbach，1891—1953）和蒯因。赖欣巴哈批评逻辑实证主义的“实证主义”（Verificationism），自称“逻辑经验主义”。他为概率论提供了相对频率的解释，并为归纳法作了辩护。他还对现代物理学作出过很多哲学解释，观点主要为约定论。蒯因对美国逻辑经验主义的发展起了决定性的影响。他在《经验主义的两个教条》一文中，对逻辑实证主义的两个教条——分析命题与综合命题的二分、所有有意义的命题都可以还原为关于直接经验的命题——提出了批评。他认为，像“单身汉是未婚男子”这一类“A 是 B”式的分析句，涉及“同义性”标准的问题。但对同一性的进一步分析，却找不到普遍的、逻辑的根据，所以他建议放弃“分析—综合”的二分，进而主张整体论，反对还原论。他同意迪昂的整体主义，认为经验能够检验的并不是单个的语句，而是整个知识体系。他在科学哲学上的主要观点是[②]：①坚持观察证据和理论二者之间的区别，反对模糊甚至取消这种区别的相对主义倾向；②强调理论检验和评估中的整体主义因素；③在坚持工具论检验的同时，坚持

---

① 洪谦. 论逻辑经验主义［M］. 北京：商务印书馆，1999：97－98.

② 王巍. 科学哲学问题研究［M］. 北京：清华大学出版社，2004：25.

科学实在论，工具论和实在论统一于他的自然主义；④认为通过科学方法论检验的只有根据的信念，它可能是真理也可能不是真理。

（三）批判理性主义

批判理性主义的代表人物是波普尔和拉卡托斯（Imre Lakate，1922—1974）。波普尔反对逻辑实证主义对“观察—理论”的二分，他认为观察渗透着理论，因为没有理论的指引，我们不知道应该观察什么。此外，对观察的描述也需要一般性的理论术语。例如陈述“这是一杯水”，看起来是可以直接观察的，但实际上“水”是理论性的术语，它的化学式为 H_2O。我们为了确定杯中的是 H_2O，需要做电解实验等才能肯定。但电解结果又需要引入“氢”“氧”等概念，因此仍然需要理论。

波普尔主张科学方法是“假说—否证法”。根据该方法，科学家大胆地提出假设，然后用观察和实验来检验假说。如果假说被否证，那么我们就放弃它；如果假说未被否证，那么暂且保留，直至下一次被否证。

其模式为：假说 1——否证——假说 2——否证——……

科学知识的增长，就是不间断地革命。因此波普尔的科学发展观也被称为“不断革命说”。①

波普尔有时也把科学模式写成：P1——TT——EE——P2

即科学是从问题（Problem 1）开始，经过试探性理论（tentative theory），又经过批判检验，排除错误（eliminate error），进而提出新的问题（Problem 2）。

拉卡托斯称波普尔的否证主义是“朴素否证主义”，他认为科学理论不会因为被观察所直接否证，没有波普尔所谓的“判决性实验”。他批评波普尔的朴素否证主义不符合实际的科学研究。因为科学家有时候是厚脸皮的——当理论和观察结果相冲突时，科学家总能提出辅助性假说，避免科学理论被观察实验所否证。或者他们干脆忽略这些反常现象，转而研究其他的问题。因此，他提出了自己的“精致否证主义”；科学的发展是新的理论体系取代旧的理论体系，只有理论（而非观察实验）才能否证理论。为此，拉卡托斯提出了“科学研究纲领”（scientific research program）的概念。科学研究纲领是一个大的理论体系，它包括“硬核”和“保护带”两部分。硬核由理论体系中最重要

① 翟玉章．蒯因的科学哲学［J］．自然辩证法通过，2001（3）：18.

概念和定律所构成，保护带主要指围绕在硬核周围的辅助性假说。

（四）历史主义

库恩是历史主义的代表人物，其科学哲学思想主要反映在他的著作《The Structure of Scientific Revolution》（1962）和论文《Essential Tension》（1977）里。库恩提出了“范式”概念，当一个科学理论取得了巨大的成功，吸引了大量的人在此框架下继续研究时，范式就形成了。如燃素说和氧化说，亚里士多德物理学和近代力学，经典力学和相对论，都可以视为不同的范式。库恩把科学的发展分为两个时期：常规时期（normal science）和科学革命（scientific revolution）。所谓常规科学，就是科学家在范式内从事“解谜”（puzzle-solving）的工作；随着常规科学的发展，科学家发现有一些现象和原来范式相互冲突，这就出现了反常；随着反常的累加，科学家对范式越来越没有信心，这就出现了危机；然后出现了新的理论克服了危机，从而吸引了广大科学家成为新的范式，于是科学家转向新范式从事常规科学研究，新的循环又开始了。科学革命是范式发生转移，科学家放弃原先的范式，转向新的范式。如科学史上，氧化说替代燃素说，近代力学代替亚里士多德物理学，以及相对论对经典力学的发展，就是科学革命。库恩的科学发展模式可以表示如下：

前科学——常规科学（形成范式）——反常——危机——科学革命（新范式战胜旧范式）——新常规科学。

库恩对科学哲学的贡献不仅在于他引入了历史因素，更重要的是他提出了范式间的“不可通约”概念，从而引发了相对主义的问题。“不可通约”的含义包括①：①科学标准的不同（如什么是科学的问题）；②概念的变迁（共同的概念不同的含义，如时间、空间）；③世界观的差异（要么一成不变，要么整个转变）。这样科学理论的选择就没有了理性基础，而是取决于历史、社会等偶然因素，于是科学的客观性和合理性都成了问题。总之，库恩认为新旧范式之间是根本对立的，互不相容的，不摒弃旧范式，就不能建立新范式。原因在于：范式不是认识而是信念，从旧范式到新范式的转变是信念的转变或“宗教的改宗”。这就是库恩著名的范式不可通约性的理论。

库恩所提出的相对主义问题引发了种种后现代思潮，非理性主义、建构

---

① Kuhn T. S. The Structure of Scientific Revolution [M]. 2nd ed. Chicago: The University of Chicago Press, 1970:148 - 150.

论、女性主义都可视为库恩的历史主义的发展和延伸。库恩的历史主义也正式宣告了逻辑实证主义的终结，以后的科学基本上就是试图综合历史主义和逻辑主义，从而走出一条中间道路。

（五）后现代思潮

费耶阿本德、劳丹、普特南（Hilary Putnam，1926— ）、夏皮尔（Dudley Shapere，1928— ）是后现代思潮的主要代表人物。

费耶阿本德突出了“不可通约”概念，从而把历史主义中的非理性因素贯彻到了极致，成为彻底的非理性主义者。他反对科学方法，主张“方法论无政府主义”（Epistemological Anarchism），提出“怎么都行”（Anything goes）的口号。他指出，“无政府主义虽然或许不是最吸引人的政治哲学，却无疑是认识论的、科学哲学的灵丹妙药”。

劳丹继承了历史主义的传统，但他从经验论和实用主义的立场来为科学的合理性、进步性辩护。他认为，科学的最终目标不是寻求真理，而在于解决问题，由于新的科学范式往往比旧的范式具有更强的解决问题的能力，因此科学发展是合理的、不断进步的。他在《科学与价值》一书中，批评了库恩关于科学变革的整体论图像，并用合理性的网状模型取代传统的层状结构，从而维持科学的合理性。他认为传统科学哲学所设想的科学合理性模式是工具理性。他将库恩的“范式”概念细分为三个层面：①本体论。范式提供了说明现象的概念框架。②方法论。每个范式都包括各自的研究规则，也包括一些价值判断，如“在其他条件相同时，选择更简单的理论”。③价值观，每个范式都规定了科学的目标。这三个层面也构成了科学合理性的层状结构。最高层是价值观，中间层是方法论，最下层是关于事实的理论。他认为科学方法固然要为科学理论的成立提供根据，而科学目标（价值观）又为科学方法的应用提供根据。但反过来，理论也为方法作出限制，而方法也要显示目标的可实现性。

劳丹还反对库恩范式转移的整体论模式。他认为实际的科学变革都是一部分一部分地完成的。[①] 普特南改造了传统意义理论，从而坚持趋同实在论，为科学的实在性和合理性辩护。趋同实在论的立场包括：①成熟科学中的概念都真正地有所指称；②成熟科学中的理论近似为真；③同一个概念在不同理念之

① 转引自王巍. 科学哲学问题研究［M］. 北京：清华大学出版社，2004：121.

中也可指称同一个事物；④以上命题不是必然为真，而是对科学理论与科学对象之间关系的科学解释。夏皮尔指出，逻辑实证主义和传统的历史主义其实陷入了两个彼此对立的错误哲学倾向：绝对主义和相对主义。绝对主义也称预设主义，它预先设定某些永恒不变的先验原则，从而为知识的绝对性奠定了基础。绝对主义或预设主义在历史上有四种变化：①本体论的预设主义，为科学研究预设了某些永恒不变的本体论原则，如自然齐一律、简单性原则等；②方法论的预设主义，为科学研究设定某些方法论原则；③逻辑上的预设主义，为科学知识预先设定永恒不变的推理规则，如演绎规则或归纳规则；④概念上的预设主义，为科学知识规定了永恒不变的概念。逻辑实证主义为科学知识寻找科学的语言和推论规则，因此陷入了绝对主义。但历史主义在否定逻辑实证主义的绝对主义时，揭示了人类认识的历史性和局限性，因此否定科学的客观性和进步性，陷入了相对主义。夏皮尔为了“既反对绝对主义，又避免陷于相对主义”，于是提出了信息域理论。他还坚持科学实在论立场。科学实在论是20世纪80年代以来新兴的科学哲学问题，它的核心在于讨论科学中的理论实体是否存在。

科学在不断地发展与进步，科学哲学的主要目的也是促使科学更好地发展。追忆科学哲学的演变与发展，研究科学哲学思想的形成历程，必将引起我们对当代科学发展的深刻思考，加深我们对科学及其本质的认识，必将最终有益于科学课程及科学教育事业的发展。

五、科学哲学的发展：文化的转向

20世纪西方科学哲学发展经历了“社会—历史”的转向、文化的转向和后现代的转向。所谓科学哲学之“转向”，就是改变了原有科学哲学的主题和观念，实现了研究重点和研究方法的变换。“文化的转向”是经过逻辑经验主义及其遭遇的挑战和历史主义的发展实现的，也可以说是科学史、科学哲学和科学知识社会学研究共同汇成的一股洪流。①

（一）文化转向的根源

科学史的研究打掉了科学哲学的傲慢和偏见，成为科学哲学第一次转

① 洪晓楠. 20世纪西方科学哲学的文化转向［J］. 求是学刊，1999（6）：31.

向——“社会—历史”转向的前奏。同样，正是科学史研究中的从科学主义的知识观到文化知识观的转变成为科学哲学领域中文化转向的前奏。20 世纪 30 年代，科学人文主义的倡导者、美国科学史学家乔治·萨顿在《科学史和新人文主义》(1937) 一书中提出“科学人性化的任务”：“由于精神上的混乱是如此之深，以至单靠任何一种方法不可能消除弊病，大概可以肯定，任何不把科学人性化包括在内的药方都不会有任何功效。人们必须找到把科学和我们的文化的其他部分结合起来的方法，而不能让科学作为一种与我们的文化无关的工具来发展。科学必须人性化，这意味着至少不能允许它横冲直撞。它必然成为我们文化的一部分，并且始终是为其余部分服务的一部分”。① 因此，“我们必须准备一种新的文化，第一个审慎地建立在科学——人性化的科学——之上的文化，即新人文主义。”这种新人文主义将围绕科学建立起来，“赞美科学所含有的人性意义，并使它重新和人生联系在一起。”② 他的核心思想是：强调科学在人文精神方面的巨大作用；强调科学的统一性显示了人类的统一性；强调科学和人文主义结合的必要性和可能性。著名科学史学家布朗诺夫斯基认为，科学的价值就是人的价值。他深刻地分析了科学家社会，并以科学家社会为蓝图进而描绘了科学人文主义的远景。科学家自身所组成的社会，靠一种道德的力量维系。总之，对科学加以人文主义的关照，以求减少乃至弥合科学文化与人文文化之间的裂缝，已经引起了越来越多的人的关注，这一转向在科学知识社会学的发展中也明显地得到了反映。

科学社会学的发展深刻地影响着科学哲学的发展趋势和走向。科学既是一种知识，又是一种社会性的事业和建制，它一方面取决于它内部的逻辑和认识的因素，另一方面又取决于它外部的社会、政治、经济、意识形态的因素。如果说科学哲学偏重于从内部探讨科学的认识论和方法论，那么科学社会学则偏重于从外部寻求科学发展的社会机制。在科学社会学领域，英国物理学家、科学史学家贝尔纳看到科学的社会危机，而开始探讨科学的社会功能，1939 年出版了著作《科学的社会功能》，1957 年又出版了《历史上的科学》。他强调科学对历史的作用，维护科学的地位并引导人们注意科学知识增长的后果。他认为科学从属于那些历史地决定了的社会因素，因为知识的价值（包括文化

---

① ［美］乔治·萨顿. 科学史和新人文主义［M］. 陈恒六，等，译. 北京：华夏出版社，1989：141.

② 同①，125.

价值）存在于知识的应用之中，因此，纯科学与应用科学不可能作出有意义的区分。美国的小摩里斯·李克在《科学是一种文化过程》中全面地分析了各种关于科学的社会学观念，提出了他自己的把科学看成是“一种文化过程”的概念，并且在这一概念的框架内分析了科学与社会和文化的关系，以及科学本身的社会结构。科学知识社会学的主要代表人物马尔凯、巴恩斯、布鲁尔等人对科学的社会学研究的重点放到科学知识上面，并把自然科学知识等同于其他知识和信念，将其看做是文化现象。这就是说对科学作一种文化意义的解释、文化意义的分析。这一切都意味着科学哲学开始走出单纯的科学文化的局限，预示着科学哲学进一步走向人文主义，并带着更浓厚的文化哲学色彩。

（二）文化转向的哲学表征

20 世纪 60 年代以来，科学哲学的新视野表明，科学哲学的发展经历了一次非常重要的转向，这就是“文化的转向”，经过文化转向之后的新科学哲学所持的大致是一种人类学的立场，也就是一种广义的文化哲学的立场，其根本标志就是对科学哲学的人文理解，力求纠科学主义之偏。1962 年，波普尔在《猜想与反驳》一书的序言中写到：“我们能够从我们的错误中学习。”1985 年他为中文版《波普尔科学哲学选集》撰写的前言中，更意味深长地写道：“我的著作是强调科学的人性方面。科学是可以有错误的，因为我们是人，而人是会犯错误的。”① 波普尔认为，科学理论都是试探性的假说，而且永远是试探性假说。因而我们必须从错误中学习，通过经验批判和理性批判细心地寻找错误，进而排除错误、逼近真理。但错误总是伴随着认识，伴随着科学，这是一个永无止境的过程。这样，那种认为自然科学等同于全部真命题的集合的观念就很难成立了。从科学史学家萨顿强调科学的人性化到波普尔强调科学是可错的，这正是科学哲学经历“文化的转向”的第一个阶段。这一阶段的主要成果就是使科学的可错性第一次获得了历史性的确认，科学的人文性、文化性亦复如此。可以说，波普尔是科学哲学家中第一个有自觉意图建构文化哲学体系的人，他的科学哲学实际上就是科学文化哲学。

自波普尔之后，从科学历史主义到新科学历史主义，科学哲学家们大都具有比较强烈的科学文化历史意识。科学历史主义的创始人图尔敏从科学体制的

---

① 纪树立，编译. 科学知识进化论——波普尔科学哲学选集［M］. 北京：生活·读书·新知三联书店，1987：1.

角度看到了人文主义科学的发展，其目的是维护纯粹的人类利益，反对科学技术活动对个人生活与幸福所构成的威胁。因此，“真正的问题确实存在，简单地说，这一问题就是怎样使科学更加‘人道化’。”① 历史主义科学哲学家瓦托夫斯基强调对科学的人文理解，他认为科学哲学作为自然科学和人文科学之间的“缺少的环节”或“桥梁”，它的实质内容是把科学思想的概念和模式当做人文主义理解的对象而进行阐释。他说：“科学哲学提供了两种文化之间的联系，力图以某种首尾一贯的方式将它们彼此联系起来。哲学如果不致力于寻求首尾一贯性，不寻求把我们在这一领域的知识与其他领域的知识综合起来，那它就无存在的必要了”；“从哲学的最美好最深刻的意义上说，对科学的人文学理解，就是对科学的哲学理解。”② 因此，“达到科学的人文理解就是在自身中实现和认识到由科学本身所例证的那种概念理解的模式；去影响一个人自己的理解与科学所显示出的那种理解之间的和睦关系，这就使得有可能认识科学思想的充分的人文主义。”③

在很长一段时间里，科学被认为是“价值中立”的，科学哲学也是排斥价值的。当人们从新的视角，从文化的角度来审视科学的时候，价值自然也就进入了科学，与此同时也就进入了科学哲学，并由此而引起了深刻的变革。库恩的科学哲学就是如此。他强调价值理性的重要性，从而实现了从单一的科学理性到多样的价值理性的转变。他认为科学事业在本质上是一种人文事业。因此，科学活动的意识即科学精神，总是受到一定历史时期、一定国家和民族人们普遍的信仰意识、价值观念、思维方式、心理特点、社会习俗或风尚以及社会制度等构成的文化传统的影响和制约。如果说波普尔所看到的科学家基本上还局限在逻辑主义范畴的话，那么库恩所看到的科学家已经走向社会历史的广阔天地；如果波普尔注目于科学家个体的话，那么库恩更看重科学家群体。因此，历史主义的兴起必然要冲破科学文化和人文文化的隔阂，反对科学主义的正统观点。

费耶阿本德将人类学作为他进行科学哲学思考的基本支柱，“人类学方法

---

① ［美］斯图亚特·里查德．科学哲学与科学社会学［M］．姚尔强，邓斌祥，译．北京：中国人民大学出版社，1989：204－205．

② ［美］M. W. 瓦托夫斯基．科学思想的概念基础——科学哲学导论［M］．范岱年，等，译．北京：求实出版社，1982：3．

③ 同②，7．

是研究科学的结构（就此而言，也是研究任何其他生活形式的结构）的正确方法。”① 在他看来，必须探索科学家实际上怎样研究他们的环境的方式，必须考察他们的产品即知识的实际状态，和这个产品由于复杂的社会与物质环境中的决定与行动的结果而发生的变化方式。他强调对于科学理论进行人类学的个案研究（包括历史文献研究和实地调查工作）的重要性。他在《告别理性》一书中提出了“告别理性”的口号，实际上他是想告别理性主义。他认为理性主义即使对于科学本身也是要不得的。我们应当把对科学的关怀从其方法转移到实践。科学是活生生的丰富的实践，用理性去穷尽它、规范它，是阉割它。如果把科学作为理性主义的化身而主宰整个文化，那么这种“文化沙文主义”更是与作为社会发展的理想的“自由社会”不相容。他认为，文化包含诸多传统，科学只是其中一个特定传统。费耶阿本德通过将文化人类学的方法引进科学哲学，极力反对“用科学的名义扼杀文化的意识形态”，并向人们宣告“科学哲学”是“一门有伟大过去的学科”，以暗示传统科学哲学的终结。在劳丹看来，尽管科学哲学的研究对象是自然科学，但是它的内容广泛地涉及人、社会历史和文化，因此属于人文科学。他指出：“与将科学中引入哲学、宗教和道德问题看成是偏见、迷信和非理性的胜利的观点截然不同，这些因素的存在是完全合理的；而且，否认这些因素的做法倒是非理性的，是一种偏见。”② 这一切表明传统的科学哲学已经穷途末路，科学哲学必须溢出自然科学亚文化的范围而面向整个科学文化，走向科学文化哲学才是真正的出路。

（三）文化转向的意义

后现代主义并不是科学哲学的真正出路，后现代主义的后果只能导致科学哲学走向真正的终结。然而，随着科学哲学主题的重大转变，科学哲学的确需要有一个重大转变，那就是打破传统的认识论和分析哲学的框架，使科学哲学走向科学文化哲学，从根本上解开使当代科学哲学陷入困境的症结，推动科学哲学进一步向前发展。从科学哲学转向科学文化哲学，不仅有助于科学哲学走出现有的困境，而且更重要的是将大大拓宽科学哲学研究的视野，从而为科学

① ［美］保罗·费耶阿本德. 反对方法——无政府主义知识纲要［M］. 周昌忠，译. 上海：上海译文出版社，1992：220.

② ［美］拉瑞·劳丹. 进步及其问题［M］. 刘新民，译. 北京：华夏出版社，1990：126.

哲学的发展开辟更为广阔的前景。①

1. 从认识论拓展到价值论。

从科学哲学走向科学文化哲学，将使对科学哲学的研究从认识论拓展到价值论。历史主义的科学哲学已经深深地触及科学价值论的内容，如库恩解释科学变化发展所使用的关键概念——“范式”，其核心内容就是“价值”。在他看来，每一个范式都带有自身的价值标准，并且不同范式的价值标准是“不可通约的”。劳丹为克服库恩的相对主义，在他的《科学与价值》一书中对价值进行了特别的限定，强调他所讨论的价值只涉及“认识价值”（即关于科学方法论的标准和规范）。然而，价值问题已经成为当代科学哲学的一大难题。要使科学哲学走出困境，就不能仅仅局限于对价值做零碎的、抽象的研究，而应当对其做系统而深入的研究。如果说传统的科学哲学的侧重点是对科学做认识论的研究，那么，科学文化哲学的侧重点应当转向对科学做价值论的研究。在科学文化哲学的视野里，科学价值论的研究有着十分丰富的内容：其一，它将科学看做是一种具有丰富价值内涵的文化或文化活动；其二，它强调对价值的研究也应当是全方位的，而不应当仅仅局限于研究“认知价值”。科学价值论主要包括两方面的内容：①研究价值对科学的影响及其作用，目的是真正将科学放在整个社会、历史和文化的背景中进行研究，从而揭示科学的动力、目的及其发展变化的规律；②研究科学对人与社会的价值，包括科学技术价值、经济价值、文化价值和精神价值等，从而揭示科学对社会全面进步和人的全面发展，特别是对人的生存、发展、自由和解放的意义与价值。

随着科学技术的发展，科学正渗透到人们生活的方方面面，对科学价值论的研究就显得越来越重要。正如杰罗姆 R. 拉维茨指出：“现代自然科学活动已经改变了我们的知识和关于我们对世界的控制，而在这个进程中，它也改变了自己本身，并且造成了诸多单靠自然科学本身不能解决的问题。”因此，在他看来，“在当代，在关于对科学的理解方面最深层的问题是社会的，而不是认识论。那些到达真理之类较老的问题已经让位于对科学的健康发展的关注和对其应用的控制的关注。”

2. 促进元科学相互融合。

科学哲学转向科学文化哲学，将最大限度地整合元科学各分支，从而使科

① ［美］拉瑞·劳丹. 进步及其问题［M］. 刘新民，译. 北京：华夏出版社，1990：25－26.

学具有更广阔的发展空间。从科学哲学转向科学文化哲学，不仅有助于将对科学的哲学研究从认识论拓展到价值论，而且有助于将渗透在元科学各分支中的哲学思想挖掘出来并进行整合，从而建构起更加完备的科学哲学体系，并使其朝着真正意义上的科学哲学迈进。如科学文化哲学是科学社会学的重要理论基础，而科学社会学又为科学文化哲学提供强有力的社会学的实证支持。我们从科学社会学与科学文化哲学的深刻关联中，不难看到整合元科学哲学思想的可能性，至少在科学社会学那里蕴涵着非常丰富的科学文化哲学思想，有待我们去挖掘、整理、概括和总结。同时，科学哲学与科学历史学的关系比与科学社会学的关系更密切，正如拉卡托斯指出："没有科学史的科学哲学是空洞的；没有科学哲学的科学史是盲目的。"如果我们将科学哲学拓展为科学文化哲学，而将科学史理解为科学文化发展史，包括科学本身的发展史（内部史）和科学技术与社会、科学与其他文化的关系史（外部史），那么，科学哲学与科学历史学两者之间的关系将比拉卡托斯所理解的要深刻得多和紧密得多。可以说，科学史对科学哲学的贡献是全方位的，既包括认识论，也包括价值论，以及科学与其他文化的相互关系，等等。

无论是科学社会学，还是科学历史学，都有"内部"和"外部"之分，其涵盖面都非常宽泛。如果我们将科学哲学拓展到科学文化哲学，那么，后者也将有"内部"和"外部"之分，其结果不仅将大大拓展科学的哲学研究，而且也将使元科学各分支得到最大限度的整合。

3. 实现科学的人文主义。

科学哲学的文化转向，有助于在科学与人文之间架起沟通的桥梁。科学史学家乔治·萨顿指出："在旧人文主义者同科学家之间只有一座桥梁，那就是科学史，建造这座桥梁是我们这个时代的主要文化需要。"① 在他看来，科学史学家的使命也就是建造桥梁。科学哲学家瓦托夫斯基也认为，"科学哲学是科学和人文学之间的桥梁。"在他看来，"从哲学的最美好最深刻的意义上说，对科学的人文学理解，就是对科学的哲学理解。"从科学哲学走向科学文化哲学，对于沟通两种文化的意义是非常重大的。表现在：①它将彻底打破传统的认识论和分析哲学的狭隘框架，从根本上改变以往的科学哲学定位，从而有可能真正从整个社会、历史和文化的背景中来理解科学，理解科学的精神和科学

① ［美］乔治·萨顿．科学史和新人文主义［M］．陈恒六，译．北京：华夏出版社，1989：51．

的价值，也有可能真正拉近科学与人文之间两种文化的距离，并深入考察两种文化之间的内在联系，从而架起相互理解的桥梁。②更重要的是，它将真正肩负起元科学的共同使命，促进科学与人文两种文化的真正融合。

（四）科学哲学的文化转向

科学哲学是人们对科学的哲学思考，以科学为研究对象研究科学作为一个整体的一般特征和规律性的问题。如《大不列颠百科全书》指出："科学哲学作为一门学科，首先要阐明科学探索过程中的各种要素：观察程序、论证模式、表述和演算的方法、形而上学的预设等；然后从形式逻辑、实用方法论以及形而上等各个角度评估它们的有效性的基础。因此，当代的科学哲学显然是一门分析和探讨的学科。如同伦理学、逻辑学、认识论（知识理论）等哲学分支一样。"① 科学哲学作为一种哲学运动、一种哲学思潮、一种思维方式、一种意识形态开始于孔德的实证主义思潮，是西方哲学发展到一定阶段和科学发展到一定程度的产物。在苏联被称为"英美科学哲学"，在英国和美国则被称为"现代科学哲学"，在我国被称为"西方科学哲学"。为此，科学哲学作为一种意识形态，有自己独特的精神。它首先是一种哲学观，同时又是一种方法论，而且也是一种思维方式。它坚持客观主义的原则，把理性作为其唯一有力的工具，以经验实证与证伪作为其理论标准，强调哲学要以实证自然科学为基础，认为"借直观所认识的真理是一切其他真理所由之出发的根本前提"。②

关于文化哲学，人们通常从三个方面来理解。第一，关于文化的科学。它是指以文化为研究对象的学科，也许正是在这个意义上，被称之为文化哲学，从而与政治哲学、经济哲学、历史哲学等具有相同的意义。第二，关于文化学的元理论。相对于关于文化的科学，文化学的元理论已经深入反思层次，它看到了关于文化的真正研究被证明不是关于文化的研究，而是关于人的研究，因此，从人、社会、历史、民族、环境、生态等多个方面去说明文化的特征与本质，从而说明文化赖以产生和发展的基础。第三，关于形而上学的文化哲学。这是一种狭隘的文化哲学，它是一种哲学意识形态、一种哲学思维方式、一种

① ［英］S.E.图尔敏，等．大不列颠百科全书·科学哲学（第十六卷）［M］．北京：中国大百科全书出版社，1980：376－377.

② 转引自胡存之，郑广永．从科学哲学到文化哲学——21世纪哲学观的新变革［J］．自然辩证法研究，2003（2）：19.

哲学观。它反映科学哲学的证实精神而突显人文精神，与科学哲学把经验作为全部哲学的基础不同，它把整体性的人作为一切的根本，尤其是人的情感、意志在人类社会发展和人类认识中的重要作用，其目的不在于人之外的物质与自然，而就在于人本身。①

1983 年在罗马尼亚召开的第 17 届世界哲学会议的闭幕辞中就通过了关于当代世界哲学的重点已经从科学哲学转向文化哲学的宣言。因此，21 世纪文化哲学作为思维方式将成为一种主导的哲学意识形态。其原因在于：第一，在马克思看来，人是全部人类活动和全部人类关系的本质和基础，全部人类活动和全部人类关系都只有在人的材质中才能得到真正的理解，而全部人类活动和全部人类关系的发展也只在对人的本质的理解的发展中才能得到真正的说明，哲学尤其如此，因此哲学作为“最能配得上人”的学问，它集中反映着几乎所有的人类活动和人类关系。从科学哲学到文化哲学实际上就是人类对自身本质的发展。对人的本质的全面认识，尤其是对人的感性存在本质的认识，使文化哲学成为意识形成与思维方式超越科学哲学，而成为当代哲学观的现实。第二，人的需要总体上表现为生存的需要、享受的需要和发展的需要，按照马斯洛的划分，人的需要主要表现为生理需要、安全需要、归属需要和爱的需要、尊重的需要以及现实的需要。在人类发展的不同时期，人的不同需要对于人类的存在具有并不相同的意义，这就意味着在人类发展的不同时期必然具有不同的意识形态，因此“对人的精神的理解，必须植根于对人的需要的分析之上。”② 进入 21 世纪，人类不再主要面对生存的需要，因为科学哲学的意识形态与思维方式最大的贡献，就在于它通过对科学的发展使人类不再限于物质财富的匮乏，从而在总体上实现了人类生存的需要，使人类从生存的需要走向享受与发展的需要，同时，基于科学哲学的意识形态与思维方式的科学与技术实践却使 21 世纪的人类不得不面对如此之多的精神危机。显然，科学哲学的意识形态与思维方式对情感与意志等精神性因素是无能为力的，而文化哲学对人类精神、情感和意志的特别关注，及对科学哲学的批判，自然就成为满足人类需要新发展的意识形态。第三，“肯定—否定—否定之否定” 同样也是人类思

① 转引自胡存之，郑广永．从科学哲学到文化哲学——21 世纪哲学观的新变革［J］．自然辩证法研究，2003（2）：20.

② 黄颂杰，编译．弗洛姆著作精选——人性 · 社会 · 拯救［M］．上海：上海人民出版社，1989：274.

维发展规律的辩证法，文化哲学作为一种意识形态和思维方式对科学哲学的否定正是人类哲学发展的否定之否定。众所周知，科学哲学的意识形态与思维方式一方面在解决人类基本生存方面发挥了毫无疑问的作用，另一方面它的独断与专制对人类的发展所带来的问题似乎也更加毫无疑问，从而确定了几乎所有人类文化批判的最终方向。否定了科学哲学的意识形态与思维方式就要肯定文化哲学的意识形态与思维方式，这正是人类思维的逻辑，即从否定 A 到肯定非 A，尽管文化哲学的意识形态与思维方式并不完全与科学哲学的意识形态与思维方式相对立，而只是对科学哲学批判的完成。为此，从科学哲学到文化哲学的转向则使已经到来的 21 世纪必然是作为意识形态与思维方式的文化哲学的世纪。

20 世纪下半叶，西方科学哲学经历了从逻辑主义向历史主义，然后又从历史主义向后现代主义的转变，科学哲学的主题也随之发生了重大的转变。显然，逻辑实证主义者所研究的主题是如何理解科学的逻辑结构，历史主义者所关注的主题是如何理解科学的历史发展，而后现代主义者所强调的主题则是如何理解科学与其他文化的相互关系。

随着科学哲学主题的转变，科学哲学所涉及的内容和范围已经大大拓宽了。逻辑实证主义者把科学哲学看做是“经验科学知识”，也就是看做认识论的一个主要部分或分支。① 而历史主义者不仅将研究“科学（知识）的逻辑”拓展到研究科学（知识）发展的合理性问题，从而大大拓宽了“经验科学知识论”的研究，而且将科学哲学与科学历史学、科学心理学和科学社会学等学科联系起来，使得科学哲学大大超出了传统的认识论和分析哲学的基本框架。从科学历史主义到新科学历史主义，科学哲学家们大都具有比较强烈的科学文化历史意识，从库恩到费耶阿本德再到劳丹的发展趋向表明传统的科学哲学已经穷途末路，科学哲学必须溢出自然科学亚文化的范围而面向整个科学文化，走向科学文化哲学才是真正的出路。这一转向在科学知识社会学的发展中明显地得到反映。爱丁堡学派的重要代表人物巴恩斯认为，科学是一种亚文化现象，当然受到外部的整个大文化的影响；马尔凯则要对科学作一种解释、文化意义的分析。这一切都意味着科学哲学开始走出单纯的科学文化局限，预示着科学哲学将带着更浓厚的文化哲学色彩进一步走向人文主义。

由此可见，随着科学哲学所关注主题的重大转变，科学哲学的确需要有一

① 江天骥．当代西方科学哲学［M］．北京：中国社会科学出版社，1984：5.

个重大转变，那就是打破传统的认识论和分析哲学的框架，使科学哲学走向科学文化哲学，从根本上解开使当代科学哲学陷入困境的症结，推动科学哲学进一步向前发展。

孟建伟教授认为，科学文化哲学可以看做这样一种学科或研究方向，即将科学看做是一种文化或文化活动，从而对其进行哲学探究。一方面，科学哲学研究的对象依然是科学，只不过是它将科学作为一种文化或文化活动来研究，而不是仅仅局限于进行认识论的研究，因而它既区别于传统的科学哲学，又区别于一般的文化哲学；另一方面，科学文化哲学依然是一种哲学研究，因此它比科学历史学、科学社会学等元科学更加靠近传统的科学哲学。如果说我们把传统的科学哲学理解为一种狭义的科学哲学的话，那么，科学文化哲学可以理解为一种广义的科学哲学。更进一步说，科学文化哲学将是对传统科学哲学的深化和拓展。①

科学文化哲学探讨的是科学与文化的重大问题，它揭示科学文化与人文文化、科学价值与人文价值、科学精神与人文精神的联系，从而促进科学哲学与人文哲学、科学文化与人文文化、科学教育与人文教育的融合，推动整个人类文化的普遍繁荣和人的全面发展。

---

① 孟建伟. 从科学哲学走向科学文化哲学［J］. 自然辩证法研究，2003（6）：24.

第三章 小学科学课程的科学哲学解读

我们的一切知识都在经验里扎着根基，知识归根到底是由经验而来的。

——洛 克

把教科书上的知识当做不变的真理，把实验仅仅当做验证科学概念和原理的方法去教学生，容易使他们形成绝对化的科学知识观、错误的科学方法论和片面的科学发展观。

——库 恩

科学哲学的发展对科学课程研究具有重要的意义，促进了小学科学课程深刻的变革，使人们运用科学哲学的基本原理和方法论去研究小学科学课程的性质、目标，建构小学科学课程内容体系，探索小学科学课程的教与学的问题。从科学哲学的角度去解读当今小学科学课程改革，便会发现其性质、目标、内容、实施及评价中都蕴涵着科学哲学的思想，反映出科学哲学对小学科学课程的指导作用。这些都充分体现出科学哲学是小学科学课程的理论基石。

一、小学科学课程的科学哲学研究意义

20 世纪下半叶，科学哲学经历了“社会—历史”的转向、文化的转向和后现代转向，改变了原有科学哲学的主题和观念，实现了研究重点和研究方法

的变换，对小学科学课程的改革与发展产生了重大而深远的影响。科学哲学的演变和小学科学课程的发展并不是同步的，更多的情况是小学科学教育的理念和实践落后于科学哲学的发展。有学者以建构主义的科学哲学理论为基础，希望科学课程能够让学生从科学史的角度来理解科学知识的产生和形成过程，而不是仅仅知道正确的科学知识。

（一）科学哲学对小学科学课程研究的启示

科学哲学理论的发展，促进了小学科学课程的改革。从19世纪中叶至今，西方小学科学课程的发展经历了“实物教学—自然学习—小学科学”三个阶段，初步形成了一套完整的小学科学教育内容和体系，这将引领未来小学科学课程的发展趋势。① 我国新一轮小学科学课程改革从国外的相关实践中吸取了不少重要的思想，这种学习和借鉴十分必要。但是，我们显然又应防止任何一种可能的简单化认识与做法，如在改革问题上采取直接的“拿来主义”，缺乏对国外相关理论主张的独立分析与必要批判，就不能说已经很好地认识到了相关思想在理论上的局限性或不足。从当今国际小学科学教育改革的背景看，其主要的教育思想有两种，即“人本主义”与“科学主义”。这两种教育思想在美国长期处于对立和斗争的发展过程中。

应当指明，对于这里所说的“人本主义”与“科学主义”的教育思想，我们应该做广义的理解。“人本主义”的教育思想在美国主要是指20世纪70年代以后发展起来的“（非理性）人本主义”“概念重建主义”，以及20世纪80年代后期出现的“后现代主义教育观”。“主导的课程范式”可以被看成在课程开发领域中较为集中地体现了科学主义的教育思想，但是，从历史的角度去分析，我们也将把“要素主义”包括在科学主义的教育思想之中。

就人本主义与科学主义教育思想的对立而言，中国传统的科学教育无疑与科学主义的教育思想较为一致——尽管这一结论只是相对而言的，但是，这仍然有助于对我国科学教育传统进行更为深入的认识与反思。由于自17世纪以来自然科学在其历史的发展进程中取得了十分辉煌的成就，并在很大程度上改变了人们的生活方式与社会面貌，因此，人们自然而然地产生了这样的想法：

---

① 钟媚，高凌飚. 西方小学科学课程发展的历史回顾与展望［J］. 比较教育研究，2007（6）：50－51.

我们应以科学为典范去从事一切学科的研究。这就是所谓的“科学化运动”。另外，从更为深入的角度看，一些人更因此而将科学推上了至高无上的地位，如盲目地相信科学结论的绝对真理性，以及对“科学理性”的绝对推崇等，从而直接导致了所谓的“科学主义”。由泰勒所倡导的“目标模式”可以看成“科学主义精神在课程编制领域的个体化”。① 它不仅直接采用了自然科学的研究方法，更集中地体现了科学主义的“基本精神”。即对于普遍适用的模式的刻意追求，以及对控制、管理、效率等因素的突出强调。

然而，中国传统的科学教育显然并不直接从属于科学主义的教育思想，而更多地受到了“要素主义”教育思想的影响。“要素主义”主要是作为一种“实践运动而存在”的：它在美国是作为“进步主义”教育思想的直接反对者出现的——尽管这同样不能被看成科学主义的教育思想指导下的自觉努力，但是，就人本主义与科学主义的教育思想的长期对立而言，“要素主义”通常也被划归于科学主义的教育思想范围。

“要素主义”与我国小学科学教育传统之间仍然可以看到明显的共同点，即两者都认为教育主要是一种文化继承的行为，并突出地强调了教育的社会责任，即教育的规范作用；另外，作为上述认识的一个必然结论，两者又都明确地肯定了教师在教学中的主导作用。

考察“要素主义”基本教育哲学思想，我们可以深刻地认识到我国科学教育传统的深层次理念及其固有的局限性。具体地说，“要素主义”认为“实在是由一些不变的、永恒的、先定的规律、过程、原则以及全真、全善、全美的原理所控制的”；就真理观而言，其所持有的则是一种“符合论”的立场，即认为认识的获得是一个发现与接受，而非创造的过程。另外，“要素主义”者又突出强调了个人对社会的遵从、责任和义务；并认为社会的进步主要可归结为知识的积累和精致化，而教育的最终目的则是促进社会的进步。因此，在“要素主义”看来，“有组织的正规教育的基本功能是将人类学会的最重要的知识编织到每一代人的生活经历中去”，而所谓的“最重要的知识”则就是以上所说的“文化素养”。②

就“要素主义”的基本理念而言，它与“科学主义”教育思想的一般主

---

① 单丁. 课程流派研究［M］. 北京：商务印书馆，1976：12.

② 同①，86，90.

张是十分一致的。“科学主义”的一个基本内涵是主张“科学至上”，并表现出对科学知识绝对真理性的盲目信任；另外，从更为深入的层次看，则又有主客体的绝对分离，特别是对于知识客观性的绝对肯定，强调知识的学习主要是一个传授的过程，并认为教师在这一过程中具有中心作用，以及强调教育的规范、控制和管理性质。

从我国的科学教育思想中可以看到上述思想的重要影响或直接的对照物。对“科学主义”教育思想的深入考察为我们更深刻地认识中国的科学教育传统提供了重要的借鉴，特别是我们可以此为对照清楚地认识其固有的局限性以及可能的偏向。这正是“要素主义”的一个明显不足之处，即对文化继承的过分强调很容易造成对学生个性发展的忽视乃至压制。事实上，“要素主义”在美国的发展轨迹已在这方面为我们提供了直接的启示，因为它的“每一次进步都意味着它在对人的个性自由的尊重上前进了一步”。①

正如人们所广泛认识到的，目前我国小学科学课程改革相对于传统而言有不少创新与改革的成分，特别是由于已有的科学教育传统是与“科学主义”的教育思想较为接近的。因此，作为一种改革，后者就从“科学主义”的对立面，即“人本主义”中吸取了不少重要的教育思想。“融合课程”被认为是人本主义课程的一种典型形态，而“其实质就是把情意领域（情绪、态度、价值观）和认知领域（理智知识和能力）加以整合”。② 20 世纪 60—70 年代所兴起的非理性人本主义的基本观点：“以学生为中心。谋求认知与情意的统一、教育与艺术的统一，形成良好的人际关系，培养‘完整的人’，最终达到‘自我实现’。”③ 这些主张与我国当今小学科学课程改革的基本指导思想是十分一致的。

我国传统的科学教育确实在很大程度上忽视了学生“情感”的培养（这也是科学主义教育思想的一个通病），因此，从这样的角度去分析，上述“转向”就有很大的合理性。这一思想也充分地反映在我国小学科学课程标准中。

20 世纪 70 年代可以看到两种流行的人本主义课程形式——融合课程与意识课程。进入 20 世纪 80 年代，人本主义者在指向人的发展来规划课程的同

① 单丁．课程流派研究［M］．北京：商务印书馆，1976：107.

② 同①，175－176.

③ 同①，11.

时，开始对公众要求学科成长的压力作出反应。这些反应表现在从害怕集中于学科可能导致的非个性化，到运用人本主义的方式在学术领域中创造新的意义。为此，在进行小学科学课程的研究中，我们也应当特别注意这些“积极的”“建设性的”和“创新的”成分。由费尼克斯所倡导的“超越课程”就较为具体地指明了通过教育究竟应当在学生中培养什么样的情感：希望，创造性，觉悟（开发性），怀疑与信任（批判精神），惊奇、敬畏与尊重。这便可以看成人本主义课程的一个普遍倾向：强调探究，强调整合，强调个人的感受，强调对话，强调反思——显然，这些也都值得我们认真学习。

笔者认为，科学哲学的发展的确对小学科学教育以及小学科学课程产生了重要而深远的影响。然而，对于国外的教育思想我们不能采取简单的拿来主义，恰恰相反，学习与引进应是一个理解、评价与再创造的过程，特别是我们应清楚地看到国际上各种理论主张的局限性，从而也才有可能吸取其精华并真正地实现超越。包括主体与客体、事实与价值、过程与结果、特殊与一般、个性与普遍性、自我与社会、教学与生活、认知与情感、自发与控制、个性发展与必要规范、结构与意识、理论与实践、建构与解构，等等。就科学主义与人文主义的教育思想的长期对立而言，我们所需要的是两者的整合——这事实上为中国科学教育的进步和发展指明了前进的方向，也为小学科学课程改革提供了理论支持。

（二）小学科学课程的科学哲学研究意义

20 世纪以来，科学哲学的兴旺发达，引发了对课程研究认识论、方法论等方面的深入思考和批判，导致了人们对科学本质的认识发生了深刻的变化。人们对科学的本质和基本特性的认识变革，促进了世界各国科学教育的改革与发展，科学课程的目标由经验知识转向科学过程，最后转向了当今的科学素养的培养。纵观科学哲学的发展，其对小学科学课程研究的意义表现在以下几方面。

1. 科学哲学的哲学观和认识论，可以用来诠释小学科学教育的认识论和方法论，可以改进和完善小学科学教育的基本原理和基本方法，形成小学科学教育的元理论，以及小学科学教育的专门化理论。

2. 科学哲学的认识论和方法论有助于对小学科学课程实践中产生的“经验性认识”进行理论提升，以形成对小学科学课程实践有指导价值的经验规律和理论模式。为此，需要从不同科学哲学流派的哲学主张中选取有价值的观点和方法论来解释、分析和探究这些“经验认识”的理论特征，并建立反映不同需要和实现不同科学教育目的的小学科学课程思想观和方法论。

3. 科学哲学中有关科学探究发现的特点、规律，有关科学知识建构发展的方法、模式，以及科学探究成果的性质、科学理论对社会实践的指导意义和价值等，均对小学科学课程性质、目标、内容、实施和评价的建构具有指导意义。

4. 不同的科学哲学的认识论和方法论的主张对探究小学科学课程理论、科学教学理论、科学实践理论起到直接的指导作用。

5. 科学哲学中的相对主义以及科学方法的多元化，对小学科学课程研究提出了挑战，也将预示未来小学科学课程的走向。

二、小学科学课程的科学哲学本质

科学哲学的本质及特征，以及科学哲学的发展与演变，深刻地影响着小学科学教育及小学科学课程的变革。在科学哲学的指引下，人们对科学本质的认识及其方法论都在发生深刻的变革。

（一）从“自然”到“科学”

自20世纪90年代末，我国新一轮课程改革在小学科学教育领域主要表现在以与国际接轨的“科学”课程取代开设了近20年的“自然”课程。这次改革充分体现了“科学课程面向全体学生”的理念。正如《全日制义务教育科学（3～6年级）课程标准（实验稿）》中指出的：“科学课程要面向全体学生，为每一个学生提供公平的学习科学的机会和有效的指导，要充分考虑到学生在性别、天资、兴趣、生活环境、文化背景、民族、地区等方面存在的差异，在课程、教材、教学、评价等方面鼓励多样性和灵活性。”① 这既体现了义务教育的公平性原则，保证每个学生有平等的接受教育的权利，而且也反映了现代科学教育面向全体学生的思想。

---

① 中华人民共和国教育部制订. 全日制义务教育科学（3～6年级）课程标准（实验稿）［M］. 北京：北京师范大学出版社，2001：2.

从“自然”到“科学”这一名称的变化，充分地反映了我国小学科学教育价值取向、目标、内容、实施及评价的变革，同时也是科学哲学本质在小学科学课程中的充分体现。

1. 培养学生科学素养是课程的宗旨。

小学科学课程是以培养科学素养为宗旨的科学启蒙课程。科学素养的形成是长期的，早期的科学教育将对一个人科学素养的形成具有决定性的作用。承担科学启蒙任务的这门课程，将细心呵护儿童与生俱来的好奇心，培养他们对科学的兴趣和求知欲，引领他们学习与周围世界有关的科学知识，帮助他们体验科学活动的过程和方法，使他们了解科学、技术与社会的关系，乐于与人合作，与环境和谐相处，为后继的科学学习、为其他学科的学习、为终身学习和全面发展打下基础。学习这门课程，有利于小学生形成科学的认知方式和科学的自然观，并将丰富他们的童年生活，发展他们的个性，开发他们的创造潜能。

科学素养的内涵十分丰富，包括科学知识、科学技能、科学方法以及情感态度与价值观，涉及科学教育和人文教育的内容。科学素养的形成，不是简单地通过教师的讲授就可以实现的，其科学方法与能力、科学态度与价值观的培养，往往需要通过学生在参与科学探究活动中体验与感悟。在体验与感悟的过程中，学生在科学课程的学习中受到人文精神的熏陶，获取人文知识。科学素养的形成更加强调科学过程，强调情感态度与价值观的培养，是科学哲学本质的具体体现。科学哲学的发展，也使人们更加重视对科学本质的理解，更加重视科学过程，并在科学过程中促进情感态度与价值观的形成与发展。

2. 科学探究是课程改革的核心。

探究既是小学生科学学习要达到的目标，也是小学科学学习的主要方式。科学学习的目的是培养学生的科学素养，由于科学素养的目标是由多因素组成的，因此其教学过程与单纯传授知识的讲授过程相比也应该有所不同。为此便形成了多元化的教育目标，除了书本知识的学习，还包括科学方法与技能的训练，科学能力的培养，以及科学情感态度与价值观的养成。学生在探究的过程中产生体验、感悟、最终内化为结果。通过亲历过程，自主地、充分地开展活动，达到既学会知识与技能，又培养智能、情感态度与价值观，促进学生科学素养形成的目的。通过科学探究，学生运用自己的已有经验去提出问题、发现问题、解决问题，将科学知识与人文知识融合起来，产生新的科学知识，培养其科学情感态度与价值观。

通过设置有利于学生主动探究的学习环境，并提供充分的指导与帮助，让学生从提出问题出发，通过设计实验，系统观察，搜集、分析、解释信息，作出结论，表达与交流等过程，进行学习。科学课程让学生在探究活动中学科学，学会表达自己的思想，学会分享小组其他成员的观点，知道如何向大家报告自己的探究结果。从而让学生学会使用正确的科学语言，能与他人自由交谈，进行口头汇报，撰写书面报告等。

3. 课程内容满足社会和学生的需要。

《全日制义务教育科学（3~6年级）课程标准（实验稿）》中指出：“小学科学应选择贴近儿童生活的、符合现代科学技术发展趋势的、适应社会发展需要的和有利于为他们的人生建造知识大厦永久基础最必需的内容，即这些内容既要满足社会可持续发展的需要，又要满足学生个体自我发展的需要。”① 这充分体现了小学科学课程改革的目标。

满足社会的可持续发展需要是由科学课程的功能定位所决定的。科学教育既要使一个人能自如地融入现代社会生活，能驾驭和享受各种高新科技的成果，具有使用日常科技新产品，参与科技新技术的能力，又要使其有科学创造与发明的能力，能参与各种有意义的科技问题的开发与研究，为科学技术的发展作贡献。此外还要正确认识科学技术与社会发展的关系，能积极参与各种与社会有关的科学技术问题讨论与行动，如环保、人口、健康等，能尽量避免科学技术产生的有损于人类社会健康发展的种种负面影响，正确对待科技发展与社会进步的关系。实现上述目标，小学科学教育的内容当然要符合科学技术发展的趋势，站在当代科技发展的最前沿，将最新成果编入小学科学课程，并使它符合社会发展的主流价值观与需要，充分体现科学教育与人文教育的融合。

同时，课程内容也充分考虑小学生的年龄特点，从小学生的现有经验出发，选择他们周围熟悉的现象与事物进行教学。课程内容要能被儿童理解与接受，强调手、脑结合，强调动手实践，亲身体验与感悟。让他们充分感受到科学给人类社会所带来的巨大变化，培养其学科学、爱科学、用科学的情感，促

---

① 中华人民共和国教育部制订. 全日制义务教育科学（3~6年级）课程标准（实验稿）[M]. 北京：北京师范大学出版社，2001：1.

进其世界观、人生观、价值观的形成与发展。

科学的价值就在于推动社会的进步，促进人类社会的发展。而小学科学课程就是要帮助学生掌握最基本的科学基础知识和基本技能，提高学生的科学素养，促进人类社会的进步和科学技术的发展。

（二）小学科学课程的价值取向

1. 科学本质观的维度。

小学科学课程就是要使学生正确认识什么是科学，什么是伪科学，让学生能辨别科学的真伪，从而使学生从小就学会运用正确的方法去获取科学知识，帮助学生认识自然、了解社会，促进学生科学素养的形成与发展。从科学哲学的发展历史来看，可以把人们对科学本质的认识归为以下几种。① 透过科学本质观的转变，我们可以发现科学哲学对小学科学课程的变革所产生的影响，深刻认识小学科学课程改革中所蕴涵的科学哲学思想。

（1）经验主义科学本质观。

经验主义科学本质观也称为归纳主义科学本质观，其主要代表人物为培根（F. Bacon，1561—1624）、洛克（J. Locke，1632—1704）等。他们认为，科学是经验事实通过归纳导出来的知识。科学始于观察。“科学是以我们能看到、听到、触到……的东西为基础的。个人的意见、爱好和思辨的想象在科学中没有地位。科学是客观的，科学知识是可靠的知识，因为它是在客观上被证明了的知识。”“科学的观察者应该具有正常的未受伤害的感官，应该忠实地记录下他所能看到的、听到的东西，作为和他正在观察的情况有关的事例，而且他在做这些事时不能带有任何成见。”经验主义强调经验和感觉的重要性，其主要观点：①知识的来源是现实生活，而不是间接经验和书本知识；②知识获取的方式是从个别到一般，而且只有以这种方式获得的知识才是可靠的。正如培根指出的“一切自然知识都应求之于感官。”洛克认为，“我们的一切知识都在经验里扎着根基，知识归根到底是由经验而来的。”②

按照经验主义的观点，小学科学课程的性质就是要培养学生的观察能力，课程的内容主要来自学生的经验和现实生活，观察法是小学科学学习的基本方

① 袁维新. 简论科学本质观的类型与特征［J］. 科学技术与辩证法，2006（2）：17.
② 转引自王巍. 科学哲学的问题研究［M］. 北京：清华大学出版社，2004：21－24.

法。学生通过观察自然现象、观察现实生活，运用自己已有的经验和自己的感受，去获取科学知识。

（2）理性主义的科学本质观。

理性主义知识观是以哲学上的唯理论为哲学基础，主要代表人物有笛卡儿（R. Descartes，1596—1665）、康德（I. Kant，1724—1804）、黑格尔（G. W. F. Hegel）等。笛卡儿的“我思故我在”，将理性置于重要地位，明确了知识是如何产生的、知识与主体的关系，即只有通过理性思维才能获得可靠的知识。康德认为，经验之所以可能，仅仅是由于给予感觉以组织的、具有普遍性的“自我意识”或“统觉”。他说，“经验如果不能被接纳到意识里边，那么，一切直观对于我们就等于什么都没有，就跟我们毫不相干。它们可以直接或间接地进入意识，只有这样，才可能有知识。”① 理性主义认为，知识被认为是“客观的”“绝对的”“科学的”。“客观的”是指知识是一种具有客观基础的、得到充分证据的真实信念，它与仅仅是个人的意见或证据支持的主观信念相区别。“绝对的”是指通过严格的与科学的逻辑过程（即理性思维过程）获得的知识具有绝对的、永恒的和普遍的价值特征，是不容置疑的。“科学的”是指知识是按照学科体系各自成为一种具有某种共同本质属性的学科知识，每一种学科都有自己的知识体系和语言。

按照经验主义的观点，小学科学课程应教给学生已经被证明了的、“绝对的”科学知识。小学科学课程应该为学生提供系统的科学知识，学生必须通过理性思维才能获得科学的知识。

（3）逻辑实证主义的科学本质观。

逻辑实证主义也称为逻辑经验主义。从名字上看，它有两个基本原则，一是逻辑，二是经验或实证。逻辑实证主义认为，知识来自于纯粹客观的观察，再经由所谓的科学方法得到知识或理论，其中所谓的科学方法就是培根的归纳法。整个科学研究的过程就是先以开放的眼光观察自然现象，通过归纳发现获得某些规则，进而在头脑中形成某种假说，再收集资料验证假说，若假说成立就变成科学知识。所以完全依循上述过程所产生的知识就称为科学知识，而且科学知识的产生过程被认为相当的客观，因此一旦被确定为科学知识就是绝对的真理，既然是真理，其地位就是稳固的、就不会被推翻，所以科学知识不断

① 王树人，等．西方著名哲学家评传［M］．济南：山东人民出版社，1984：35.

形成，就代表真理不断增加，也就是说科学知识的成长是以一种真理线性累加的方式增长。

逻辑实证主义视科学知识为客观真理，人们自然地把知识及其结构看做是科学的本质。正如布鲁纳在《教育过程》一书中指出的："一门学科的课程是由其基本原理赋予学科结构的，应当以这些基本原理的最基本的理解为目标决定其课程。未能弄清知识领域的广泛的基本结构情境而教授具体课程和技能，在某种意义上是不经济的。"① 逻辑实证主义对科学本质的认识可归纳为以下三个方面：①科学知识方面。任何没有遵循科学探究过程所得的结果都是无效的，不能被称为科学知识，因此，科学与非科学最明显的区别在于科学的探究模式（归纳法）；科学知识形成过程被认为相当客观，是对自然界作真实的描述，因此是极不易改变的，故科学知识被视为绝对客观的真理。"因为每一个科学知识都被视为真理，因此，科学知识增多就代表真理不断累积。"② ②科学方法方面。观察是科学认识的来源，而且观察是价值中立、客观的活动，不受任何因素的影响（如观察者已有的知识、理论和信念），故所得的资料一定是客观的。③科学探究模式一般为：收集资料—分析处理—比较与归纳—提出假设—验证假设。③科学事业方面。科学家的任务在于发现自然界中已存在的真理，科学家被认定为一个价值中立、客观的研究者，即无意识的研究者。

逻辑实证主义的科学本质观对小学科学课程的影响表现在：获得科学知识的最佳途径是科学观察，通过观察、归纳总结获得对自然的认识和了解。人们获得科学知识的方法是科学探究，科学探究会使人们认识什么是科学，什么是伪科学。小学科学课程的目的就是要让学生学会观察、学会归纳、学会探究，具有对科学价值的判断能力。

（4）证伪主义的科学本质观。

波普尔是证伪主义的代表人物，他反对逻辑实证主义的"经验证实原则"，提出了一个"经验证伪原则"。他认为，通过归纳和证实方式获得的科学知识是不可靠的。科学知识不过是科学家为解决科学问题而提出的尝试性的、探索性的理论假设。波普尔认为，任何科学理论都不能被科学证实，而只

---

①③ Bruner J. S. The Process of Education[M]. New York: Vintage, 1960: 31.

② Abimbola I. O. The Relevance of the "New" Philosophy of Science for the Science Curriculum[J]. School Science and Mathematics, 1983(3): 181 - 192.

能被经验证伪。这是因为任何科学命题必定是具有普遍有效性的全部陈述，但是经验所观察到的仅仅是具体事物，经验所能证实的只是单个陈述，而个别不能通过归纳法而上升为一般，因此经验也不能通过证实个别而证实一般。由此看来，高度可证伪的理论应该比不可证伪的理论更可取。科学事业在于提出高度可证伪的假说，随之审慎而顽强地证伪。波普尔否认科学理论来自事实的归纳，他认为是来自科学家的灵感与假设。由此可见，科学知识、科学理论就是科学家的假设与猜想，具有明显的主观性、偶然性和差异性。科学家提出假设与猜想的过程就是依据个人的观念、知识和经验创造性地、尝试性地去解决问题的过程。因此，在证伪主义者眼中，科学认知活动已经具有明显的建构色彩。按照他的证伪主义观点，科学理论从本质上来说都是假说。

证伪主义的科学本质观对小学科学课程的影响表现在：科学知识来源于问题和假设，小学科学课程要培养学生的问题意识，让学生在发现问题、解决问题中建构科学知识，形成对科学的认识。小学科学课程就是要培养学生"做科学"，在"做科学"的过程中去培养学生的科学情感、态度与价值观，从而产生对科学的热爱，真正起到对学生进行科学启蒙教育的作用。

（5）历史主义的科学本质观。

库恩是历史主义科学哲学的代表人物。他认为科学是一个"进化与革命、积累和飞跃的不断发展的过程"，是"范式"的转换。库恩认为，有这样一些科学成就"足以空前地把一批坚定的拥护者吸引过来，使他们脱离科学行动的竞争模式。同时这种成就又足以毫无限制地为一批重新组合起来的科学工作者留下各种有待解决的问题。具有这两个特点的科学成就称为'范式'，它与常规科学紧密相关。"① 他认为范式包括了规律、理论、应用、工具等，构成了一个"坚强的信念网络——概念的、理论的、工具的和方法的。"② 科学的发展与进步不是积累的，而是革命性的，即不断实现旧范式向新范式的转变。旧范式被新范式所替代，就是所谓"范式转换"。在每次科学革命中范式将发生彻底的更迭，这就是库恩讲的范式之间的不可通约性。范式之间的"不可通约"将导致科学发展的主观性、相对性和非连续性。库恩很重视科学家的学术环境，强调科学家的主体性、科学理解的多元性和科学家在科学危机中的

① Kuhn. T. S. The Structure of Scientific Revolution[M]. Chicago: Chicago University Press, 1962: 10.
② 同①，42.

创造性。他的理论中存在着建构主义的萌芽，但这种建构的思想中掺杂了许多非理性的和神秘化了的内容。库恩在《科学革命的结构》一书中提出了科学进步与发展的模式：前科学—常规科学—危机—革命—新的常规科学—新的危机。他认为，科学的发展过程就是常规科学与科学革命这两个互相补充的阶段不断交替的过程。常规科学时期主要是量的积累和进化过程，科学家以保守的收敛式思维为主；科学革命则是质的飞跃过程，它要求科学家采取发散式思维，善于批判、勇于创新。这就是库恩通过对科学史的深入考察，从中阐发出的科学发展动态模式。科学的发展就是沿着这条路线进行的。科学革命的结果就是进步，但他不认为科学进步是更加接近真理，它只表明我们获得的解决问题的工具更加有效，并不表明我们的认识越来越准确地反映客观现实。“更精确地说，我们可能不得不抛弃这么一种不管是明确或是含糊的想法：范式的转变使科学家和向他们学习的那些人越来越接近真理。”① 库恩认为，把教科书上的知识当做不变的真理，把实验仅仅当做验证科学概念和原理的方法去教学生，容易使他们形成绝对化的科学知识观、错误的科学方法论和片面的科学发展观。

历史主义科学本质观对小学科学课程的影响表现在：科学知识不是不变的真理，不能把科学实验作为验证的工具，要通过科学实验使学生真正掌握获取科学知识的方法，树立科学知识必须接受检验的科学知识观。小学科学课程应该让学生在进行科学实验中，形成科学概念、获得科学知识、掌握科学方法、培养科学情感。

（6）建构主义的科学本质观。

西方科学教育学者普遍认为当今科学哲学思潮的主流是建构主义，其中波普尔和库恩更是建构主义的早期代表人物。建构主义的科学本质观认为，科学知识的获得是科学家根据现有的理论（原有知识）来建构科学知识，建构主义强调科学知识是暂时性的、主观性的、建构性的，它会不断地被修正和推翻。建构主义否定了科学知识的客观性，强调科学知识的主观性和建构性，从而使人们对科学知识本质的认识发生了根本性的变化。“在建构主义看来，知识不再是纯粹客观的。可以将科学知识看成由假说和模型所构成的系统，这些

---

① ［美］托马斯·库恩．科学革命的结构［M］．金吾伦，胡新和，译．北京：北京大学出版社，2003：153．

假说和模型是描述世界可能是怎样的，而不是描述世界是怎样的。这些假说和模型之所以有效，并不是因为它们精确地描述了现实世界，而是以这些假说和模型为基础精确地预言了现实世界。”①

建构主义强调科学的本质即科学探究。科雷特（Collette）和奇佩特（Chiapetta）认为科学本质由以下三方面内容构成②：①科学是探究自然的“思考”方式（a way of thinking）。科学必须建立在真实的证据基础之上，甚至根据证据可以推翻权威；科学知识是无法绝对客观的，科学知识是将假说提出、加以验证、得出结论的过程；归纳法与演绎推理在科学中具有重要的作用；因果关系的推理只能视为一种可能，而非绝对的关系；类推或由果到因的倒推是科学解释自然现象的两种形式，但它们也有局限性；科学家必须时常做自我反省，以及对任何现存的理论进一步思考其合理性。②科学是一种“探究”方式（a method and a way of investigation）。科学家所采用的方法没有一定的程序，而是对问题采取有组织的方式，不接受毫无根据的资料。而且要有一种观念，依靠合适的研究方法未必能真正解决问题，因为并非所有的问题都能被解决。③科学是知识的集合体（a body of knowledge）。科学家使用不会被人们所怀疑的方法（即科学方法）来建立科学知识体系，但是这些科学知识必须经常面对质疑、验证，进而发现其错误的地方，再加以修改，甚至完全推翻，或证实其合理之处而接受它。因此科学知识具有动态本质与暂时性。但是这些科学知识必须经常面对质疑、验证，进而发现其错误的地方，再加以修改，甚至完全推翻，或证实其合理性从而接受它。因此科学知识具有动态性本质（dynamic nature of science）与暂时性本质（tentative nature of science）。总之，建构主义对科学知识的客观性的否定启示我们，每一种理论与法则的建立都隐含着科学家们的科学探索精神和科学方法的运用（知识的建构过程）。无论科学知识发生怎样的变化，科学探索精神和科学方法的运用是始终如一的，它们才是科学的本质。

建构主义的科学本质观深深地影响着当今小学科学课程的改革。学生学习科学知识的过程就是科学知识的建构过程。学生通过对自然、社会中的科学现

① 孙可平，邓小丽. 理科教育展望［M］. 上海：华东师范大学出版社，2002：126.

② Collette A. T, Chiapetta E. C. Science instruction in the middle and science school [M]. 3rd ed. Columbae: Merrill, 1994: 27 -47

象的思考，运用科学探究的方法去建构科学知识。为此，小学科学课程应以科学探究为核心，科学探究是科学学习的主要方式。

现代科学哲学认为，那种把科学理论看成是明确的或被证明了的观点具有根本性的错误，科学知识是可错的，科学的过程是证伪的过程，是在寻找错误的过程中，不断逼近真理的过程，而不能达到真理。科学知识在本质上是一种猜想的知识，它是大胆的假设。科学本质观正在发生由传统向现代的转型。科学本质观是小学科学课程改革的理论基础，树立正确的科学本质观将使人们正确理解科学的本质，正像传统的科学本质观给小学科学课程带来巨大影响一样，现代科学本质观也必将给小学科学课程改革带来深刻的变革。

2. 科学哲学的方法论维度。

(1) 科学哲学的方法论。

自逻辑经验主义以来，科学哲学已经从波普尔的证伪主义走向了历史主义，又从历史主义走向了科学实在论与反实在论，随后出现了与西方后现代主义思潮相适应的后现代科学哲学。在科学哲学的嬗变过程中，起着关键作用的是哲学的方法论问题。可以说，科学哲学的研究就是用哲学的方法论去思考科学的一系列重大问题。

哲学研究是对经验研究（近代以来主要是实证研究）的成果以及对这种研究本身进行反思和反观。反思以解决认识的根本规律问题，反观以达到对本体问题的洞察。① 相对经验研究，哲学研究的最大特征在于思辨性。在近代科学研究中，思辨方法常常被指责为不科学，但思辨的方法可以让我们寻找到理论根源所在，并运用理论去解决现实中的问题。

现代科学哲学认为，思辨方法或者非实证原则在科学活动中所起的作用，集中表现在科学家在从事科学研究之前已经具备某种思维框架这一点上。这种框架，康德称之为先验范畴，皮亚杰称之为格局，库恩称之为规范。② 当然这种思维框架仍然需要以经验事实作为基础，但是又必须超越现有的经验事实，探求由这些经验事实所呈现的概念、范畴、原理和规律。这些改变、范畴、原理和规律不是直接从经验中得到的，而是经过多次抽象、概括和思辨之后才得到的。我们可以将科学哲学的思辨方法运用到科学教育改革及小学科学课程的

① 刘大椿．科学哲学［M］．北京：中国人民大学出版社，2006：10.

② 同①，13.

研究中，从而探讨科学哲学的发展对科学教育的影响，以及小学科学课程中的科学哲学思想，并对小学科学课程进行科学哲学解读。

（2）科学哲学的方法论与小学科学课程改革。

科学哲学的方法论帮助人们不断反思小学科学课程改革。从科学哲学发展演变的视角去审视小学科学课程改革，看其是否随着科学哲学的发展而变化。当今世界小学科学课程的改革，都是沿着科学哲学的发展变化而改变的。科学哲学的发展演变，加深了人们对科学本质的认识和理解，使人们进一步认识了科学的基本特性，找到了获取科学知识的方法与途径。科学哲学的方法论就是思辨，思辨有利于我们发现问题，查找不足，促成变革。

小学科学课程的改革正在成为各国基础教育改革的重要内容。美国历来以高科技称霸世界，但美国中小学存在的许多严重问题，包括教学质量的低劣，与之很不相称。一些有识之士指出："我们正在培养一代科学和技术文盲。"他们提出："科学、数学和技术将成为教育今日儿童面对明日世界的基础。"因而科学教育的改革一直是美国历次教育改革的重点。在大大小小的众多改革项目中，"2061 计划"是一个引人注目的长期改革方案，它的第一篇报告《面向全体美国人的科学》首次提出了"科学素养"的概念。在"2061 计划"与其他项目的基础上，美国国家研究理事会于 1995 年底正式推出了美国《国家科学教育标准》。

《英国国家课程》是 1988 年英国议会通过的"教育改革法"中的一个重要内容。它改变了英国长期以来在中小学中没有统一课程设置和课程标准的状况，以法令的形式为英国公立中小学设立了必修课程和国家标准。这是英国教育史上的一次重大事件，对世界教育界的改革也有着不可低估的影响。在《英国国家课程》中，科学首次与英语和数学一起并列为中小学的三门核心课程，可以说这是一项意义深远的重大改革。

我国正在进行的基础教育课程改革，在过去"自然"课程的基础上，在小学阶段设置"科学"课程，实现了小学科学课程的历史性变革，顺应了世界科学教育改革的潮流，适应科学技术、经济社会发展的需要。制订了全新的《全日制义务教育科学（3～6 年级）课程标准》（以下简称《标准》），该《标准》指出："小学科学是以培养科学素养为宗旨的科学启蒙课程。"小学科学教育的目的是培养学生的科学素养；小学科学课程的定位是科学启蒙。明确提出了小学科学课程应面向全体学生，科学学习要以探究为核心，科学课程的内容要满足社会和学生双方面的需要。

科学课程改革与现代科学技术的发展、经济社会的进步是分不开的，也是现代科学哲学发展的结果。科学哲学的方法论指引着世界各国的科学教育改革，为小学科学课程的改革指明了前进的方向。

（三）小学科学课程的科学哲学理念

通过分析科学的本质及特征，我们会发现科学的本质观、科学哲学的方法论对小学科学课程改革产生的深刻影响。同时，科学哲学的基本理念也深入小学科学课程的目标、内容、方法及评价的制订中，从而使小学科学课程改革在科学哲学的指引下得到深入的开展。

1. 课程目标。

随着科学哲学的发展，人们越来越认识到理解科学的本质、掌握科学方法的重要性。科学教育不再是科学知识的传授，也包括过程与技能，不仅是要掌握科学知识，也要掌握科学方法，培养学生的科学情感与价值观。为此，各国的科学教育改革把学生科学素养的培养放在了首位，并作为科学课程的最终目标。各国科学教育目标的制订充分反映了科学的本质、科学知识观、科学方法论等科学哲学思想。

美国国家科学教育与评价委员会主席理查德·科劳斯纳与美国国家科学院院长布鲁斯·艾尔伯茨在美国《国家科学教育标准》的前言“行动的号角”中指出：“我们这个国家已经把所有的学生都应具有良好的科学素养作为自己的一个既定目标。《国家科学教育标准》就是为使国家能够达此目标而编撰的。”学校科学教育的目标是培养学生能：“由于对自然界有所了解和认识而产生充实感和兴奋感；在进行个人决策之时恰当地运用科学的方法和原理；理智地参与那些就与科学技术有关的各种问题举行的公众对话和辩论；在自己的本职工作中运用一个具有良好科学素养的人所应有的知识、认识和各种技能，因此提高自己的经济生产效率。”① 这些目标给我们勾画出来的是具有高度科学素养的社会的一个大致轮廓。内容标准所描述的是有高度科学素养的人在经过 13 年的学校科学教育之后都应该了解、认识和能做些什么。目标要求不同

---

① ［美］美国国家研究理事会. 国家科学教育标准［M］. 戢守志，等，译. 北京：科学技术文献出版社，1999：17.

年龄的学生应该掌握相应的科学知识，并能正确运用科学知识去解决生活中、自然中以及社会中的现实问题，不断提高自身的科学素养，科学教育目标充分反映了科学哲学的科学知识观、价值观和方法论。

英国没有在《英国国家课程》中对每门课程给出各自的原则性目标，而是在1988年教育改革法中提出了学校课程的总目标，即“促进学生在学校和社会中在精神、道德、文化、智力和体力各方面的发展，并为他们提供未来成人生活的机会、责任及经验。”学校一切工作最基本的出发点应该是让学生在踏入成人社会前作好充分的准备，具备必需的知识、技能和正确的态度与价值观，使他们能适应时代、适应社会，并有意愿和有能力为社会作出积极的贡献。所以，学校教育必须为他们提供与此有关的各种机会、责任和经验。

我国小学科学课程《标准》明确了小学科学课程的总目标：“通过科学课程的学习，知道与周围常见事物有关的浅显的科学知识，并能应用于日常生活，逐渐养成科学的行为习惯和生活习惯；了解科学探究的过程和方法，尝试应用于科学探究活动，逐步学会科学地看问题、想问题；保持和发展对周围世界的好奇心与求知欲，形成大胆想象、尊重证据、敢于创新的科学态度和爱科学、爱家乡、爱祖国的情感；亲近自然、欣赏自然、珍爱生命，积极参与资源和环境的保护，关心科技的新发展。”① 并制订了小学科学课程的分目标。小学科学课程的总目标和分目标，勾画出了小学生科学素养的大致轮廓。为了使总目标能够落实到科学课程的教学组织、教材编写、教师培训及课程资源配置之中，小学科学课程《标准》将总目标从科学探究、情感态度与价值观和科学知识三个领域进行分解，提出了分目标，但这绝不意味着在教学过程中各分目标的达成是单独进行的。好的教学活动，往往能达到多个教学目标。因此，在实践中，各分目标必须作为一个完整的体系来加以把握。

透过世界科学课程改革的目标，审视我国小学科学课程目标，我国小学科学课程目标充分反映了科学技术和经济社会的发展对公民科学素养的要求。培养全体儿童具有良好的科学素养应该是科学教育最根本的任务。科学技术作为一种文化已经渗透到人类活动的各个领域，科学观念正在成为人类最基本的世界观。随着科学知识和技术力量的增长，构成基本化水平的世界标准也在迅速

① 中华人民共和国教育部制订．全日制义务教育科学（3～6年级）课程标准（实验稿）［M］．北京：北京师范大学出版社，2002：3．

发生变化。在未来的社会中，每位公民都应该拥有基本的科学观念和基本的科学方法，从而能生活得较为充实，工作得较为高效。因此，我国小学科学课程目标反映了科学技术的进步和人类的要求，作为科学启蒙教育的小学科学课程，其课程目标也充分反映了科学哲学的基本理念。

2. 课程内容。

20世纪以来，科学技术进入了有史以来发展最快的历史时期。在以相对论、量子力学、DNA双螺旋结构和板块学说的提出为标志的科学革命的推动下，科学理论无论在深度和广度上均得到迅猛的发展。信息技术、现代生物技术、新材料技术、新能源技术、航天技术等迅速地改变着世界的面貌，推动着社会的进步。在科学技术与社会发展的同时，也产生了生态环境恶化、资源枯竭等一系列问题，严重阻碍了社会的可持续发展。这些都对教育提出了严峻的挑战。科学技术的进步也导致了科学哲学的发展与演变，20世纪50年代后期，科学哲学实现了“文化的转向”，科学哲学的文化转向深刻地影响着科学教育，促使了科学内容发生深刻变革，科学课程的内容改革吸收了科学哲学发展的最新成果，并将科学视为文化，从而以科学文化的视野建构小学科学内容体系。

美国《国家科学教育标准》指出：“学校科学课程应能反映标志着当代科学特点的智力与文化传统：学生要获得有关科学与自然界的丰富知识，就必须熟悉科学探究的模式、求证的规则、规定问题的方法及作出解释的途径。科学与数学和技术的关系，以及对科学性质的理解也应是科学教育的组成部分。科学素养的一个基本方面就是要有更广泛的知识和对科学实体更深刻的理解，特别是与物质、生命及地球科学有关的知识。科学素养还包括对科学的性质、对科学的发展作出过重大贡献，以历史的观点看，科学一直在许多不同的文化中被实践着。科学是认识的一种方法，其特征是以实证为判断尺度，以逻辑作论辩的武器，以怀疑作审视的出发点。学生应加深对什么是科学、什么不是科学、科学能做什么、科学不能做什么以及科学如何在文化中起作用这一系列问题的认识。”

我国小学科学课程《标准》的内容包括：①科学探究；②情感态度与价值观；③生命世界；④物质世界；⑤地球与宇宙。《标准》对这五个部分的内容进行了具体的阐述。科学探究已成为当今科学教育最重要的内容，我国的小学科学课程标准也不例外。探究要比“过程的科学”更进一步。在“过程的科学”中，学生学习观察、推论和实验，而探究除了“科学的过程”外，还要求学生在进行科学论证和批判性思维时能将过程和科学知识相结合，以发展对科学的理解。让学生参与探究可帮助学生发展：①对科学概念的理解；②对获得科学知识方法的欣赏；③对科学本质的理解；④对自然进行独立探究的必要技能。与传统科学教育目标相区别，本次小学科学课程的内容改革更为关注情感态度与价值观的发展。传统科学教育的目标主要关注学生知识、技能、方法、能力方面的培养，很少关注他们情感态度与价值观方面的发展。即使有，也主要是以培养学生的学习兴趣为主。而科学素养的核心部分就是一个人对待科学的情感态度与价值观。如果他对科学没有兴趣，或者表现出非常冷漠、不积极、在价值判断中经常出现错误的价值观，即使他的科学知识、技能、方法、能力掌握得再好，科学研究的本领再大，也没有用，弄不好会产生负面作用。因此，在对学生的科学素养培养中，应非常重视情感态度与价值观的培养。此外，小学科学课程也包括基本的学科知识：生命科学、物质世界、空间科学等内容。其中也包括了与个人和社会密切相关的科学问题，科学的性质、科学与技术以及科学史的内容。

我国小学科学课程的内容改革，更多地借鉴了美英等发达国家的经验，也广泛汲取了世界科学教育改革的先进经验，将科学知识、科学技能、科学情感态度与价值观融为一体，反映了科学技术发展的最新成果，表明了科学教育改革的迫切要求，体现了科学哲学思想，促进了科学哲学理论的新发展。

3. 教学方法。

美国《国家科学教育标准》指出：“学习科学是学生自己做的事，而不是别人为他们做的事。在科学学习中学生需要描述物体和事件，提出问题，获取知识，对自然现象作出解释，以不同方法对所做解释进行测试，与他人交流想法。‘主动的过程’既有动手的活动，也有动脑的活动，仅有动手活动是不够的。科学教学必须让学生参与以探究为目的的研究活动，使他们与教师和同学一起相互促进；学生需要将他们目前具有的知识同多渠道获取的知识联系起来；要将科学知识应用于新问题；他们要参与解决问题、计划、决策、小组讨论；他们还要经历与主动的学习途径相配合的考核。强调主动的科学学习意味着不再把重点放在教师的知识传授及课题覆盖上，教材包揽一切题目、词汇和信息的做法直接有悖于让学生通过理解来学习科学知识这个中心目标。”

《英国国家课程》指出：“学校课程应是切合实际的和有所区别的。在教学过程中，所有课程都应与学生本身的经验相联系，并应引出这些知识的应用及在成人生活中的延续价值。教什么及怎么教都应与每个学生的能力及素质相适应。”同时，还规定了科学教学的 3 条原则：①设立适当的学习要求；②满足学生不同的学习需要；③克服个别和群体学生在学习和评估中的障碍。

我国小学科学课程教学建议指出：“以探究活动为核心的科学教学过程，不再是教师照本宣读教科书和刻板地执行教案的过程。教学要在一定的情境中展开，学生会提出教师意想不到的许多问题，教学过程中也会出现许多难以预料的情况。这对科学课教师提出了新的、更高的要求，需要教师能够根据学生的实际情况、教学活动中实际发生的事件，有效地推动学生的科学探究活动，创造性地驾驭课堂。”为此，小学科学教师要在课堂讲授、实地教学、情境设计、积极暗示、问题启发、鼓励发现、动手动脑、探究过程等方面，采取适当的策略认真组织实施。要积极倡导科学教学过程以探究为中心，主张大力以探究为中心的学习指导策略。同时，也强调科学教育的形式是丰富多样的，除了课堂教学外，还必须有各种各样的课外活动。课外活动是科学教育中不可缺少的重要阵地，它有着课堂教学无法替代的重要作用。它可以补充课堂教学所授知识的不足；可以使学生理论联系实际，开阔眼界和思路，培养实践与创新能力；也可以使学生综合利用各种知识，培养解决实际问题的能力，从而得到全面、和谐的发展。

我国小学科学教学以科学探究贯穿始终，突出了以科学探究为核心的科学教育观，学生进行探究的过程也是获取知识、形成技能、培养情感态度与价值观的过程。在这个过程中，学生将会形成对科学的正确认识，形成正确的科学知识观和科学价值观，并运用科学的方法去探究问题和解决问题。

4. 课程评价。

最初的科学课程改革，评价主要是测试学生的知识广度和知识结构。评价不仅应考查学生记住了多少科学知识，而且还应侧重于了解学生对知识的理解、推理和应用以及动手操作能力。这一点在英国的教师手册中体现得非常充分。评价的形式也趋于多种多样。美国小学科学教育中，学生学业评价是内部评价与外部评价相结合，教师课堂评价与学区、州、国家的大型评价相结合。

英国是国家评价、教师评价和家长评价相结合，通过国家测试、教师手册和练习作业三个方面对学生的学业成绩进行评价。可以说国家测试不是唯一评价学生学业成绩的方法，它还应包括日常检查和表现性评价。日常检查包括练习作业、课堂练习和课堂提问。表现性评价即让学生通过实际任务来表现知识和技能成就的评价，可以了解学生在真实情境或模拟真实情境下实际表现技能的能力，它包括结构性表现测验、口头表述、模拟表现、实验及档案记录等。这些评价形式在英、美国家的小学科学教育学生学业成绩评价中都有所体现。另外英国科学课程的评价具有弹性，它不要求所有的学生都达到某一等级，而是规定了一个范围，不同能力和成熟水平的学生可以达到各自相应的水平。

我国小学科学课程评价建议从全面培养学生的科学素养出发，重点提出了建立评价主体多元、评价内容全面、评价方式多样的评价体系。强调对学生科学素养进行全面的评价，科学课程应在科学探究过程、方法和能力、科学知识与技能、科学态度、情感态度与价值观以及对科学、技术与社会关系的理解等方面对学生进行全面的评价。同时，科学课程评价针对当前科学课程评价中存在的只重视评价的选拔功能，忽视科学课程评价促进学生发展的功能，提出评价不仅要关注学生在科学素养方面的发展，而且要了解学生在发展中的需求。通过发现和发展他们多方面的潜能，帮助学生认识自我，建立自信，促进学生在已有水平上的发展；强化评价的内在激励作用，发挥评价的诊断、教育和发展功能。

科学课程的功能由过去单纯强调知识和技能转向同时关注学生学习的过程和方法、情感态度与价值观。因此，小学科学课程《标准》不仅对学生的认识发展水平提出了要求，而且也对学生学习过程和方法、情感态度与价值观方面的发展提出了目标要求，这是一个根本性的变化，对培养新时期具有良好科学素质的竞争力的新一代具有重要的意义。所以课程评价更加关注人的发展过程，并呈现出多元化的趋势。小学科学课程《标准》将学生的发展、教师的发展与课程的发展融为一体。淡化了终结性评价和评价的筛选评判功能，强化了评价的教育发展功能，强调了过程性评价。我国小学科学教育学业评价只是学校的内部评价，而不重视社区、国家的外部评价。广大科学教育工作者需要进一步探索实践有利于学生发展的小学科学课程评价问题。

第四章 小学科学课程实践的科学哲学检讨

科学知识最具有实用价值。

——斯宾塞

科学是一种特殊的社会文化现象，而且是迄今为止最高层次、最有突出成就的文化现象。

——邦　格

科学和科学知识的发展并非是一种累积的结构，而是经过前科学、常规科学、革命科学等阶段进行的不断循环的革命，科学发展是一种范式的革命，每一种范式之间具有不可通约性。科学研究具有相对性，价值是多元的。

——库　恩

研究世界科学教育发展历史可以发现，各种科学哲学流派的主张，对科学教育理论的形成与发展产生了重大而深远的影响，导致人们对科学本质的认识发生了根本性的改变，也使科学教育的目标、内容、实施、评价等方面内容发生了深刻的变革。20 世纪西方科学哲学实现了从传统哲学到科学文化哲学的转变。“文化的转向”是经过逻辑经验主义及其遭遇的挑战和历史主义的发展而实现的，也可以说是科学史、科学哲学和科学社会学研究共同汇成的一股洪流。① 科学哲学转向科学文化哲学，即将科学看做一种文化或文化活动，从而对其进行哲学探究。经过文化转向之后的科学哲学所持的立场大致是一种文化学和人类学的立场，即一种广义的文化哲学立场，其根本标志就是科学哲学的人文理解，即实现科学与人文的融合。本章依据科学哲学理论的最新发展，视科学为一种文化活动，总结与反思世界及我国小学科学教育的改革，并对我国小学科学课程进行科学哲学检讨，以加深对小学科学课程的科学哲学思想的认识和理解，探讨小学科学课程在哪些方面接受了科学哲学的思想，哪些方面没有充分体现科学哲学最新理念。

一、小学科学课程目标检讨：科学文化视野

（一）科学文化的内涵

“科学文化”（culture of science，科学之文化；scientific culture，科学的文化）这个术语的两种写法难以分清。“科学之文化”中的“of science”，意指“属于科学的”“与科学有关的”“具有科学性质和内容的”，似乎指科学自身内在的、固有的文化属性。“科学的文化”中的“scientific”是一个限制性的和修饰性的定语。“科学之文化”和“科学的文化”几乎没有什么差异，为此，一般统称为“科学文化”。

科学文化不是吸纳了科学的某些要素和气质的其他亚文化，更不是科学诞生和发展的文化氛围诸文化或与境文化，如古希腊的文化遗产、英格兰清教主义文化、欧洲资本主义文化等。“科学文化是人类文化的一种形态和重要构成要素，是人类的诸多亚文化之一。科学文化是科学人（man of science）在科学活动中的生活方式和生活态度。科学文化以科学为载体，蕴涵着科学的禀赋和禀性，体现了科学以及科学共同体的精神气质，是科学的文化标志。与艺术、宗教等亚文化相比，科学文化的历史要短得多，但是它在数百年间的影响却如日中天。科学文化深刻地内蕴于科学，并若隐若现地外显于世人。”②

科学文化具备一般文化的基本属性。如非自然性、人为性、群体性、创造

① 洪晓楠．20 世纪西方科学哲学的文化转向［J］．求是学刊，1999（6）：31．

② 李醒民．论科学文化及其特性［J］．科学文化评论，2007（4）：72－73．

性、历史性、行为规范性等，同时，也有自身的特殊属性。如 Pickering 指出："科学文化不是统一的、整体的东西，事实上是多个不同的、甚至异质要素的集合。"① 从结构上看，科学文化也像人类的其他文化一样，分为器物、制度、观念三个层次。科学文化器物层次是支撑科学的物质基础，尤其是其中的实验设备、观察和测量器具直接与科学活动密切相关。科学文化的制度层次包括科学活动的各种建制，主要有研究机构、学术团体、出版部门、法规章程，等等。科学文化的观念层次是科学文化的核心，还可以细分为科学知识、科学思想、科学方法、科学精神，其中包括认识、语言和心理因素。科学共同体创造、丰富、共有和共享科学文化；以科学研究为生活形式的科学家也或多或少地打上了科学文化的烙印；而且，每一个社会成员只要接受足够长的科学训练和培养，也能够在科学文化的王国里漫游和观光，污染一些科学文化。②

科学文化内涵丰赡、深邃，外延阔大、模糊，确实是一个比较难以定义的概念。科学文化在主要欧洲国家有教养的人中被认为是独立于科学的，因为它奉献给人们关于自然、人和人类的知识——为知识而知识所需要的知识——以及基于那种知识之上的世界观。也就是说，科学文化不是技术文化，而是形而上的东西。哈贝马斯揭示科学文化的深层底蕴："科学文化最终不是由理论的信息内涵创造的，而是由理论家中那种审慎的和具有启蒙性的素质而创造的。欧洲精神的发展过程似乎是以这种文化的形成为目标的。"③ 马尔凯指出："科学文化被认为是一套标准的社会规范形式和不受环境约束的知识形式。这些规范典型地认为是一套明确地限定类型的社会行为的规则。在政治学研究领域，它们被解释为要求科学家采用一种无私的、政治上中立的态度对待客观事实资料。"④ 我国学者李醒民教授认为："科学虽然主要是研究自然或物（在某些方面也研究社会和人本身）的，但是研究过程和结果则是人为的和为人的，是形而上的新知识、新思想、新方法和新精神的创造和高扬。科学的这种精神价值和无形的文化力量直接使整个社会和人类受惠无穷。因此，'科学文化本质

① Pickering. The Mangle of Practice, Time, Agency, and Science[M]. Chicago and London: The University of Chicago, 1995.

② 李醒民. 论科学文化及其特性［J］. 科学文化评论，2007（4）：72－73.

③ ［德］尤尔根·哈贝马斯. 作为"意识形态"的技术与科学［M］. 李黎，等，译. 北京：学林出版社，1999：120.

④ ［英］迈克尔·马尔凯. 科学与知识社会学［M］. 林聚任，译. 北京：东方出版社，2001：145.

是关于物的文化’之类的说法是站不住脚的。”况且，也不能把科学文化和人文文化截然对立起来，因为科学文化也包含着诸多人文因素和人文精神，并且成为人文文化的有机组成部分乃至人性的组成部分。此外，物化为生产力也不是，起码不完全是科学研究的本质，科学以技术为中介转化为生产力只不过是科学的副产品或衍生物而已。①

科学文化是迄今为止人类创造的最为先进的文化，它对现代以来人类社会的发展产生了重要而深远的影响。正是在科学文化的世俗性、经验性、功利性和探索性的前提下，人们形成了自信、自强与遵循客观规律相结合的人生观和世界观，对客观世界主动、能动地认识和改造活动，促进了生产方式的变革和生活质量的提高。科学文化作为人类实践活动的新方式，其成果、方法、思想和理论，不仅对人们的生产方式、生活方式产生了重要影响，而且还对近代的教育改革也产生了深刻的影响，甚至在一定意义上说，科学技术的发展已经成为近现代教育的基础，包括传统教育和现代教育。

从教育的角度看，科学文化的成果直接促进了近代科学教育课程的形成，同时科学知识、科学方法又促使教学方法不断改革，使科学实践活动的主动性、客观性和批判性成为青年成长的基础，培养他们活动的目的性、计划性、反思性和创新性，为下一代人的成长打下坚实的基础。因此，科学文化促进了教育改革的深入，提高了人本身的素质，是对人类社会进步有着重大贡献的文化形态。同时，科学文化也影响着世界小学科学课程改革，促进了小学科学课程目标、内容、实施及评价的变革，改变了人们对科学本质的认识，从而使人们以更加科学的态度认识小学科学课程。回顾小学科学课程改革的历程，以往课程改革的目标在一定程度上忽视科学文化建设，虽然注重对学生进行科学知识的教育，但忽视对学生关于科学本质、科学方法与技能的教育，忽视情感态度与价值观的培养，学生知道了许多科学知识，但不能合理地加以应用，更不能理解科学的本质特性，没有形成良好的科学品质。课程目标更多的是要求获取某些方面的知识，没有定位在学生科学素养的培养上。

（二）科学文化的主要特性

近代科学诞生后，在解释世界的理论层面，科学逐渐取代了传统文化的地

---

① 李醒民．论科学文化及其特性［J］．科学文化评论，2007（4）：75.

位。不仅科学知识成为人类解释世界的标准答案，科学对自然的理解，如自然观、宇宙观、真理观等，也渗入人类一般思想之中。我们感觉到科学不再是单纯的知识体系，它超越了国界，超越了行业，已成为全世界人民共有、共享的主流文化。但科学文化也不同于其他文化，诸如宗教文化、艺术文化等，它具有独特的个性，具有与其他文化相比较显得特别突出的性质。我国学者李醒民教授对科学文化的特性进行了系统的归纳，总结出 12 个方面的特性。①

1. 科学文化的对象和内容是实在的而非虚幻的。科学文化面对的对象是自然界（以及社会和人的某些方面），它们都是现实存在的即实在的，不论这样的实在是实体还是关系。科学文化的内容尽管有某种约定，甚至虚构的成分，但是由于其外部实在的强制，以及客观而严格的方法的约束，加之公开的批评和多元竞争的格局，使得科学知识不可能天马行空，基于上述思想、精神、心态，当然也不会成为虚无缥缈的东西。

2. 科学文化是最有效的研究真实世界的途径和知识生产的理想形态，是富有启发性的文化。在人类文化知识体系中，科学文化所产生的知识总是其他文化难以匹敌的，这主要是因为科学文化有明确的研究对象、精湛的研究方法、公正的争论场所和客观的评价机制。科学文化不愧是孕育和生长新知识和新思想的沃土。另外，科学文化一经确立，它的启发功能即脱颖而出：不仅具有自我繁殖能力（知识可以产生知识、思想可以产生思想），而且对其他知识体系，对社会乃至人生，都会产生影响。

3. 独创性是科学文化的独特要求和鲜明标志。独创性使科学文化区别于重复的物质生产文化，也区别于有价值的和可复制的精神生产文化，它是科学文化的重要标志。正如齐曼所说："科学是对未知的发现。这就是说，科学研究成果总应该是新颖的。一项研究没有给充分了解和理解的东西增添新内容，则无所贡献于科学。"

4. 科学文化是尤其强烈的理性的和实证的文化。在科学文化出现之后，同时代的其他文化虽然有长足的发展，但是与科学文化相比，其理性和实证的成分显然要逊色得多。科学强烈地受到理性和经验的制约；科学文化的最大特色之一就是以经验实证为根基，以纯粹理性为先导，理性和实证成为科学文化的鲜明标志。考尔迪恩指出，科学生活是一种理性生活形式，它采纳了所有理

① 李醒民. 论科学文化及其特性［J］. 科学文化评论，2007（4）：75－83.

性生活的某些共同原则。科学生活是理性生活的一种形式，是按正确的理由而生活的生活形式。它要求仔细地观察和谨慎地证实，通过经验了解自然。它要求理智地探求，用理性解释经验，把秩序引入感觉资料；它要求严格地逻辑、有控制地想象、理智地洞察、明确地分析和广泛地综合，以及对新奇事物的警觉。它是以经验和理性的连续作用为特征的，科学生活要求思想和行动的理性统一。科学信念需要定期检查和不断调整；科学生活要求讨论自由、出版自由、研究自由；科学工作是社会的，也是个人的事业，他们受惠于前人的遗产；因此，科学实践要求个人的正直，对他人观点和决定的宽容，在鉴赏和批评之间保持平衡。

5. 怀疑与批判是科学文化的生命，也是科学文化发展的内在动力。宗教叫人信仰，法律使人服从，科学则公开让人怀疑和批判。科学文化内部的怀疑和批判对于科学的进步来说是生死攸关的。毫无疑问，怀疑和批判是摧毁旧的科学观念的破坏性力量，比如马赫对经典力学的怀疑和批判，沉重打击了牛顿的绝对时空观和机械自然观，成为物理学革命到来的先声。又如马赫对牛顿旋转水桶的质疑和批判性分析（马赫原理），对爱因斯坦建构广义相对论有直接的启示。怀疑是迷信的清洗剂，批判是教条的解毒药。此外，在科学文化中，作为怀疑和批判主体的科学家不仅要怀疑和批判他人，也要自我怀疑和自我批判——这是抑制草率的或有缺陷的科学产物出笼的有效工具，对于科学的发展是至关重要的。

6. 科学文化具有普遍性、公有性和共享性。科学文化尽管在创造过程中及初级阶段多少带有一些地方特点和个人色彩，但是经过科学共同体的充分交流和再加工，这种差异在成熟的理论中便大为减少，从而具有其他文化所不具有的普遍性。也就是说，科学文化在各个国家和地区都是共同的，能为每一个乐于分享它的个人和群体所共享。斯诺认为："我们需要有一种共有文化，科学属于其中一个不可缺少的成分。""科学文化确实是一种文化，不仅是智力意义上的文化，还是人类学意义上的文化。"

7. 科学文化具有自主性、主动性和非历史性。科学与其他文化是高度非对称的，科学这种主动的文化似乎总是影响其他本质上是被动的文化。科学文化之所以自主性强，是因为科学研究的对象和结果较少受文化与环境的影响，也是因为科学强固的内在逻辑引导科学自主发展。这种自主性决定了科学文化的主动性：对其他文化影响较大，而本身受其他文化的影响则相对较小。这样一来，历史中的科学的某种非历史性，显然是由科学的自主性和主动性引起的，当然也与经验事实的稳定性有关。

8. 科学文化是见解和诠释多元文化的竞技场，是争论和辩驳制度化的语境。马尔凯认为，科学知识在某种意义上是文化偶然性的产物。他把科学文化描述为被分享的诠释见解的多元竞技场，该竞技场基于灵活的符号资源。齐曼提出，科学文化是争论的制度化语境。科学共同体是一个争论的领域，研究者围绕彼此结论的意义进行唇枪舌剑的争论。科学知识正如观察和用脑思考一样，同样是争论的产物。科学争论使用的语言是在正式科学交流中的有节制的、没有感情色彩的语言，许多传统的驳斥模式——诸如对个人的恶毒攻击、谴责卑鄙的动机、诉诸权威、演戏般的讲演等——现在极少使用。在科学文化共同体内之所以存在见解和诠释的多元化和争论的竞技场，一个重要原因在于，科学的基本观念，即科学的逻辑前提或理论基础——基本概念和基本假设或基本公理——以及对其的评价，都具有约定的特征。李醒民教授认为，科学发展伴随着科学观念的局部调整，科学革命是科学观念急剧而根本的改造。在这个过程中，不同的学派拥有各自的科学观念（也可以称其为范式），即不同的本体实在和认识框架等，见解和诠释的多元化源于此。

9. 可靠性（即可信性）的声誉在科学文化中是首要的个人资产，同行评议是科学文化的关键制度。齐曼指出："学术科学是这样一种文化，可靠性（即可信性）的声誉在其中是首要的个人资产。在科学家的教育以及他们从事研究的学习生涯中，这是被大力强调的，并且被诸如同行评议之类的许多社会实践所强化。"同行评议是科学文化的关键制度。求实的和严格的同行评议制度，也使科学共同体的成员较少仰赖长官和权威，而把个人信誉看得比什么都重要。

10. 科学文化具有某些伦理的蕴涵，尤其是诚实第一。科学文化主要是知识体系及其伴随物和衍生物，不是伦理道德体系，但是它也蕴涵某些不成文的行为准则和规范。"科学文化和更广泛的文化是反映和指导科学家行为的价值之源泉。"① 其中最重要的是诚实，即绝对不能说假话。如果一个科学家在做实验和写论文时弄虚作假或抄袭剽窃，他就会被科学界清除。

---

① Restivo S. When Science Becomes Culture, World Survey of Scientific Culture［M］. Ottawa：University of Ottawa Press, 1994：96.

11. 科学文化在更大的程度上是有机的、生物的现象。马赫指出，“科学无论就其起源、目的而言，还是就其行为、进化而言，都是一种类似生物的、有机的现象。”“我们的整个科学生活在我们看来好像只不过是我们的有机体发展的一个方面”，“我们在科学领域中的行为一般而言只不过是我们在有机体生活中的行为副本”，“科学显然是从生物的和文化的发展中成长起来的”。

12. 科学文化的发展是在理性主义和经验主义、客观主义和主观主义、理想主义和功利主义的张力中为自己开辟道路的。李醒民教授认为，科学是在经验主义和理性主义的张力中成长起来的，哲人科学家的哲学是多元张力哲学。李克特教授认为，首先，在科学文化中，理性主义和经验主义尽管彼此不同，但是它们是相容的、结合在一起的。其次，科学研究的对象是客观存在的，科学研究的结果必须与经验事实符合或对应，这就决定了科学的客观性——冲淡为“主体间性”的客观性也是客观性的一种形式——是不可抹杀的。但是，科学概念又是思维的自由创造和理智的自由发明，科学的基础也具有某种虚构的特征。这就形成了科学文化中的客观主义和主观主义张力。再次，科学文化既要有“为知识而知识”或“为科学而科学”的理想追求，以利于科学自身的健康发展；又要实实在在造福人类，以赢得社会和公众的理解和支持。这就必须在理想主义和功利主义之间保持必要的张力。

科学文化正在全方位地推进人类社会的发展，当今社会的科学文化具有强大的物质力量和精神力量，不仅自身在蓬勃发展，而且对人类的生活方式、生产方式和思维方式都产生了难以估量的影响。科学文化的力量正在源源不断地渗透到人类生活的制度和精神等各个层面，深刻而广泛地改变着人类。科学文化不仅仅存在于思想理论层面，同时还有丰富的内涵。科学文化是先进文化的重要组成部分。科学文化的发展必将影响社会的方方面面，也将促进科学教育改革的深入开展。

认识科学文化的特性，有助于我们进一步了解科学文化对小学科学课程所产生的影响，正确理解小学科学课程的性质及目标。过去的小学科学课程改革在一定程度上忽视了文化的影响，随着科学哲学的发展，人们越来越重视科学文化对小学科学课程带来的影响，课程改革被认为是课程文化的重建。我国新一轮基础教育课程改革，特别注重课程文化的重建，小学科学课程标准中充分体现了科学文化的内涵，科学文化的特性在小学科学课程中得到了充分的反映。新一轮小学科学课程改革注重科学课程的文化建设，课程目标定位在培养小学生的科学素养上，通过科学文化的传承，使学生在获得科学知识的同时，形成良好的科学素养。

（三）科学文化与科学教育

科学文化是近代发展起来的与科学实践活动相联系的知识、方法、态度及影响人们生产、生活、思维方式所表现出来的文化状态，它崇尚客观经验，提倡开拓、进取的人生观，对近现代社会发展和人的素质提高具有深刻的影响。科学文化以其独有的文化内涵和现实影响力催生了现代教育制度，促进了现代科学教育的诞生。同时，也推动了科学教育改革，引导了科学教育的发展方向。科学文化促进了小学科学课程的变革，指引着课程改革的方向，使课程改革更加联系自然、社会和科学技术，充分反映经济社会发展、科学技术进步给人类带来的福音。

1. 科学文化促进了科学教育的诞生。

教育是文化的产物，当文化发生变化时，教育也必然会发生相应的变化。科学教育是科学文化的产物，科学文化在不同民族文化传统中的传播是现代教育发展的重要文化基础，也是科学教育得以确立、普及和推广的前提。科学文化的发展催生了现代科学教育，促进了科学教育在思想、理论及实践活动方面的深刻变革。科学文化树立了新的世界观、知识观和价值观，从而改变了传统的教育观，科学教育观的建立是科学教育在人类社会中建制的理论基础和前提。科学不仅推翻了把地球置于宇宙中心的符合圣经的古典天文学，而且也推翻了上帝创造了地球和人的观点，同时，树立了人类靠自身的探索、思考理解和掌握利用自然的信念。这种认识论的变化不仅带来世界观的转变，知识观也随之发生了变化，不仅古典人文是知识，科学研究的成果更是宝贵的知识。

知识观的转变进一步带来价值观的转变。自16世纪“科学教育之父”弗朗西斯·培根断言“知识就是力量”开始，“实用性”就逐渐成为判断知识价值的标准。他宣告：“为人类服务的理想是科学事业的最终目标”，科学教育的内容应当是“为人类的幸福最有价值的知识”①。斯宾塞以“什么样的知识最有价值”奠定了科学知识价值观的社会主导地位。文化价值观的转变必然

① Hurd P. D. Inventing Science Education for the New Millennium[M]. New York: Teachers College Press, 1997: 24.

带来教育价值观的转变，既然实用的科学知识最有价值，那么教育系统就应该接受科学文化、传播科学文化。为了能够使科学步入正规教育并受到广泛的重视，科学共同体不遗余力地为之做着思想和舆论上的准备。赫胥黎认为，“科学教育的最大特点，就是使心智直接与事实联系，并且以最完善的归纳方法来训练心智；也就是说，从对自然界的直接观察而获得的一些事实中得出结论。由于科学教育具有这样重要的特点，其他任何教育是无法替代的。”① 启蒙思想家爱尔维修曾明确指出，根据洛克的感觉心理学，心灵的不平等可以归之为一个已知的原因，这就是所受的教育不同，要改进人类的生存状态，只要改革立法和教育制度就行了，而改革教育立法和教育制度的关键在于遵循科学原则，普及科学知识，实施科学教育。②

19 世纪科学教育在欧美得到全面开展。美国在 1862 年颁布了著名的“赠地法案”《莫雷尔法》，要求“捐赠公共土地给各州建立农业和机械学院”，并且各州必须至少建立一所学院，其目的是“教授农业和机械学有关的每一门学科，以促进追求职业生涯的工业阶层的自由与实际的教育。”③ 该法明确规定，高等教育必须进行变革，承认科学的进步，转向农业和机械工艺。《莫雷尔法》旨在向新兴的资产阶级和普通工人与农民子弟提供贴近他们生活和职业生涯的高等科学教育。这在世界教育史上是史无前例的。1876 年美国又成立了本国第一所研究型大学——约翰·霍普金斯大学。这两大事件，标志着美国现代科学教育制度的确立。法国在 1882 年颁布了著名的《费里教育法》，并在此基础上彻底改革了法国的教育体制，确立了科学教育的合法地位。英国也在 1870 年颁布了《初等教育法》，并逐步建立了自己的现代教育体制。德国在普法战争失败后对大学进行改革，又推行了一套国家控制实行义务教育的初等和中等学校体系，从而完成了德国教育和科学的双重体制化。

综观世界各国科学教育的发展道路，国家的文化背景不同，科学发展的道路也不同。1662 年以格雷山姆学院为主体的英国皇家学会成立。1666 年底由国王赞助的新的科学团体——巴黎科学院成立，但是科学教育却没有同时普

① ［英］托·亨·赫胥黎. 科学与教育［M］. 单中惠，平波，译. 北京：人民教育出版社，1990：107.

② 张钢. 科学文化与近代教育发展——兼论科学教育与世界科学中心的转移的互动关系［J］. 自然辩证法研究，2000（5）：42.

③ 丁邦平. 国际科学教育导论［M］. 太原：山西教育出版社，2002：64.

及。美国则以“拿来主义”的原则实现了科学文化和科学教育的双重建制。而中国和印度则在两次世界大战的洗礼下重新建国，新建国家走的也是科学文化与科学教育双重建制、科教兴国的发展道路。

同时，科学文化不仅催生了科学教育，还为其如何科学地发展提供智慧，集中表现为科学文化为科学教育学奠定了学科基础。无论是科学史、科学哲学，还是科学社会学都为科学教育学赖以存在的学术奠定了基础，科学文化的务实精神决定了科学教育学学科的实践性和生产性。可见科学文化无疑是引导科学教育合理发展在理论上最有力的保障。

2. 科学文化发展推动科学教育改革。

无论是科学文化的确立还是转型，科学文化每前进一步，都会伴有知识观、科学观、教育观的变革，从而引发价值体系和行为方式的转变，进而会带来教育（包括科学教育）的改革。科学教育从诞生之日起所引发的一系列变革都毫不例外地验证这一事实。科学文化确立时期，古典知识观让位于科学知识观，绅士教育观让位于实用教育观，价值判断标准更加强调实践层面上的有效性，进而使科学的目的性处于至尊地位。科学共同体内部十分关注科学文化重要的传播途径和场所——教育，积极倡导在学校中设立科学课程，从而引发了科学教育与以人文为核心的古典教育的“战争”，在这场“战争”中，科学知识在人类知识体系中的重要地位得到了普遍的认可，甚至人们判断知识的价值标准也发生了变化。斯宾塞对“什么样的知识最有价值”的回答是：“科学知识最具有实用价值”，并将教育的方向由绅士教育转向实用教育。

当注重科学的实用价值发展到极端时，科学教育也走向了反思。在传统科学文化占主导地位的时期，由于强调知识的重要性，科学教育基本采取分科教学的教学形式，科学教育的目的是培养专家和精英。但是由于以杜威为代表的进步主义运动将“实用”和“经验”的观念在具体教学实践中推向了顶峰，却没有出现人们期待已久的高质量的科学教育，于是以结构功能主义教育思想为指导的科学教育改革运动应运而生，其核心工作就是编制与教学过程和儿童的智力发展结构相适应的结构课程。①

“伦理”维度介入“科学”使得科学文化开始转型，从传统走向现代。人

① 叶澜．中国教师新百科·中学教育卷［M］．北京：中国大百科全书出版社，2002：457.

们不仅思考科学的实用价值，还考虑科学自身的发展逻辑。对科学文化这一重要的时代内涵的理解需要全社会的支持，科学面对伦理时，如何进行科学教育已是与社会每个成员未来命运休戚相关的问题了。这个时代的科学教育要“面向大众”，让每个人都能够理解科学，参与国家重大的科技决策，决定人类自身的命运。①

20 世纪 80 年代后，世界各国开始进行了课程改革，科学教育改革也在世界范围内展开。以美国为首的新一轮科学教育改革的哲学基础是建构主义。建构主义强调科学探究的方法，认为每一个儿童都能像科学家那样，通过亲历科学探究的过程，在自己已有经验的基础上构建自身对科学的理解，获取科学知识，培养探究能力，发展科学情感态度与价值观。科学教育的目标也相应调整为培养学生的“科学素养”，而不是简单的知识体系和科学方法的掌握，还要能够理解“科学—技术—社会”之间的关系，拥有正确的科学观和科学态度，培养与新时代科学文化相适应的科学精神。② 我国小学科学课程改革的哲学基础也是建构主义，同样强调科学探究是科学学习的主要方式，科学课程的主旨是培养学生的科学素养。科学课程不仅注重对儿童进行科学知识和技能的传授，同时也注重科学情感态度与价值观的培养。但在小学科学课程改革的过程中，还是没有摆脱注重科学知识和技能的传授，科学情感态度与价值观的培养仍然被忽视，成为留于口头的话语。

3. 科学文化引领科学教育发展的方向。

传统科学文化对科学教育的影响分为直接影响和间接影响两种。一是通过改变科学教育学的母学科——教育学的研究范式，进而确立科学教育学的研究范式。教育学作为科学教育学的上位学科，其研究范式和研究成果必然会对科学教育学的研究范式和发展方向带来直接的影响。二是由于传统科学文化关注知识的实用价值，导致该阶段的教育关注培养实用性人才，科学教育以培养专家和技术人员为目的，教学方式采用的是分科教学的形式，科学教育的出发点是满足国家建设的需要。

科学自然观的转变使科学文化由封闭走向开放，对科学的理解也从一元走向多元、从中心走向边缘，对于什么是“科学”，未形成统一的认识。后现代

① 郭元婕．科学文化及其对科学教育的影响［J］．教育研究，2006（6）：62－63.

② 叶澜．中国教师新百科·中学教育卷［M］．北京：中国大百科全书出版社，2002：457.

主义者认为，科学是一种文化，科学文化是丰富而多元的。科学文化以其独有的文化内涵和影响力催生了现代教育制度，促进了现代科学教育的诞生，并且无时不在引导教育的发展方向，激发教育改革，累积科学教育智慧，构建宏观的教育制度文化和微观的校园科学文化，是当代文化发展和建设的主导方向，是创新文化的核心内容。如何在科学文化的指引下，构建当代的科学教育及课程体系，这的确是广大科学教育工作者应该认真思考的问题。然而，教育对文化也不仅是被动的顺应，还应该发挥其能动作用来传播文化，而且要引导文化和创造文化。科学文化对科学教育的重要影响就是科学课程文化的创建及重建。

（四）科学文化视野下的小学科学课程目标检讨

从科学文化的角度看待小学科学课程，可以为我们打开另一个视野。从某种意义上说，人类的历史就是人类文化的发展史。科学文化作为当今社会的主流文化之一，举世公认。近百年来，科学技术突飞猛进，它在推动社会进步的进程中扮演着越来越重要的角色。科学技术的成果，时刻影响着人类物质生活和精神生活的方方面面。特别是近几十年来的高科技成果，在很大程度上影响社会经济、政治、军事以及文化等各个方面，即便是意识形态也不能有所例外。今天科学技术在世界文化中已经起到了核心的作用，可以这样说：当今世界文化是以科学技术为主要特征的文化。所以科学哲学家邦格认为：“科学是一种特殊的社会文化现象，而且是迄今为止最高层次、最有突出成就的文化现象。”

科学文化影响着世界的发展，是当今最有影响力的文化。当今发达国家为什么能超越许多国家？其主要原因是科学和技术的发达，本质的原因是科学文化的发达。科学文化是近现代世界范围内教育改革运动的基础。近现代科学课程的建立，现代教学方法的确立，教育思想的更新，都与科学文化的发展密切相关。科学课程实质应是以科学为主要文化资源的课程，这就意味着科学课程在科学文化那里已经“继承”了先天的文化基因。因此，了解科学文化有助于认识科学课程的本性，而了解科学文化又要在更为广阔的视野中进行。从科学与技术、人文、社会的角度认识科学将会引导我们从不同的视角认识科学课程。①

19 世纪初，裴斯泰洛齐就倡导在小学进行实物教学（object teaching）。随着裴斯泰洛齐教育思想在欧美各国的逐渐传播，以及初等义务教育在这些国家的实施，实物教学形态的科学启蒙教育开始在工业国家得到推广。实物教学的主要做法是教儿童详细描述各种动物、植物和矿物，使其观察和学习自然现象。通过实物教学，希望儿童学会观察和交流——两种“研究”科学的基本能力。到 19 世纪末期，这种实物教学法在美国便不再流行了。19 世纪 90 年代至 20 世纪头 10 年，美国教育开始摆脱欧洲教育传统的影响，进入教育理论和实践的创新时期。此后小学科学教育发生了较大的变化。首先是学科名称上的改变，即以“自然学习”（nature study）取代了实物教学。其次是教学内容上的变化，这个时期科学启蒙教育注意儿童自身的需要，因而健康和卫生的知识加入到小学科学教育内容中。第三，强调科学方法的训练。杜威认为，科学方法的训练与获得实际科学知识至少同样重要。第四，这一时期美国科学教育研究工作在一些大学里开展起来了，如 1927 年哥伦比亚大学克雷格（Gerald S. Craig）的博士论文被公认为是小学科学教育发展中里程碑式的著作。②

认真研究科学哲学及科学文化的演变与发展后，我们便会发现科学文化深深地影响着当今世界科学课程改革的目标。从科学文化的视角检讨 20 世纪 50 年代后至今的世界小学科学课程改革，我们发现小学科学课程的目标是在不断地修正完善，使之更加适应经济社会和科学技术的发展、满足儿童发展的需要。总结起来小学科学课程目标改革经历了以下四个阶段。

1. 以学科为中心的课程改革。

从国际上看，现代科学教育改革始于 20 世纪 50 年代末，其直接起因，一般认为与 1957 年苏联人造卫星的发射成功有关，因为它造成了对资本主义世界科技和人才领域的严峻挑战。从这时开始，西方发达国家对小学科学课程进行了全面认真的审查，其结论是必须将其以“自然”知识为主题的性质进行彻底改造，使之成为“科学教育的性质”。在此理论基础上，开创了对科学的本质（the nature of science）的教育意义的研究热潮，并在斯宾塞和杜威等前

① 于海波. 科学课程的文化阐释与时代建构［D］. 兰州：西北师范大学，2003：62 - 63.

② Esler W. K. et al. Teaching Elementary, Science, Belmont［M］, California: Wadsworth Publishing Company, 1993: 9 - 10.

人思想的基础上，将“探究”和“过程”的概念与科学性质的教学实践联系起来。① 于是在这种思想指导下组织编写出了有关科学课程的学生用书和教师教学用书，其中著名的课程项目有：美国的“科学课程改进研究”（The Science Curriculum Improvement Study，SCIS）、“小学科学学习”（The Elementary Science Study，ESS）和“科学：一种过程方法”（Science：A Process Approach，SAPA）；英国的“牛津初等科学”（OPSP）、“纳菲尔德初等科学”（NPSP）和“科学：5—13 岁”。虽然新的科学课程开发的哲学基础是“探究”和“过程”，其新课程的知识结构具有前所未有的科学性，但从教学上讲，在很大程度上只是将从前传授知识的模式转化为传授结构的模式而已，对怎样将科学“探究”和“过程”与特定年龄和能力的孩子的教学现实相联系的问题未能顾及。加之，没有针对新科学课程及时、有效地进行教师培训，从而导致了新科学课程在实践上的失败。

2. 课程改革反思阶段。

60 年代末到 70 年代末为反思阶段。60 年代改革的经验和教训揭示出课程、教材与课堂之间存在着一条鸿沟，而造成这个鸿沟的主要因素有两个：一是对孩子的学习特点研究不够；二是教师科学素养欠缺。因此，在 70 年代整个教育哲学的思潮转向“儿童中心主义”的大环境中，提出了影响深远的建构主义学习理论。重要的工作有杰亚夫（R. Drive）的发现：学生科学学习与其先前的经验的相关性，要大于与其通常意义上的认识水平的相关性，而这个特点是与学生科学概念的形成与转变的机制紧密相关的。② 建构主义学习理论为传统的“探究”和“过程”的概念找到了心理学上的意义，孩子在“探究”过程中构建新概念或修正旧概念，这为科学教育改革的深入发展提供了坚实的理论根据。

3. 以建构主义占主导地位的多元思潮时期。

20 世纪 80 年代到 90 年代中期是以建构主义占主导地位的多元思潮时期。在总结了 60 年代的经验教训并运用建构主义的理论进一步丰富“探究”和

---

① Lederman N. G. Students' and Teachers' Conceptions of the Nature of Science：a Review of the Research [J]. Journal of Research in Science Teaching，1992(29)：4.

② Drive R，Easley. Pupils and paradigms：A review of literature related to concept development in adolescent science students[J]. Studies in Science Education，1978(5)：61 – 84.

"过程"的教学意义的基础上，提出了全新的科学教育目标："发展全体民众的科学素养"。其重要标志是美国1985年启动的"2061计划"。该计划及其相关文献，如《面向全体美国人的科学》，集中体现了近半个世纪以来科学教育研究和实践的主要成果：①科学教育不仅要超越"知识"领域，还要超越"过程"领域，即"价值和态度"领域也应成为科学教育的目标；②科学教学必须与孩子的生活经验相联系，要将孩子的已有经验和认识作为教学的起点；③提出培养终身学习科学的能力；④重视教师培训，建议不仅要为学生制订标准，还要为教师教育制订标准。[①]

4. 科学课程改革走向成熟。

自20世纪90年代中期以来，科学课程改革进入了新的成熟阶段，其中最显著的标志是发达国家为了控制科学教育质量而推出全国统一的课程标准。英国1999年7月公布了《国家课程标准》，对5—16岁孩子明确提出了科学教育的学习目标。美国于1996年公布了《国家科学教育标准》，明确科学素养是科学教育的目标，强调"科学的过程"和"科学的探究"，科学史、科学哲学、科学社会学对科学教育的意义得到广泛的重视。[②] 我国也于2001年颁布了《全日制义务教育科学（3～6年级）课程标准（实验稿）》，将小学科学课程的性质确定为科学启蒙课程。

二、小学科学课程内容的科学知识观检讨

（一）科学知识观及其内涵

科学知识观主要是指人们对科学知识的基本看法、见解与信念，是人们对科学知识本质、来源、范围、标准、价值等的各种假设，是人们关于知识问题的总体认识和基本观点。知识观不是知识本身，它是关于知识的知识，是伴随着知识的积累、丰富与增长人们对知识所做的一种意识与反思。这种观点隐含

① ［美］美国科学促进会．面向全体美国人的科学［M］．中国科学技术协会，译，北京：科学普及出版社，2001：31．

② ［美］美国国家研究理事会．国家科学教育标准［M］．戢守志，等，译，北京：科学技术文献出版社，1999：125－137．

着对知识的假设与信念，也表达着对知识的理想和诉求。①

从形态上看，有以下几种具有代表性的科学知识观：①科学知识是具有完整体系、逻辑严密的知识体系，科学知识是对世界的真实反映；②科学知识是一个动态的发展过程，是人与自然进行“对话”的结果，它具有个别性、主观性、发展性的特点；③科学知识是人类或个人凭借已有的经验来说明、解释、预言自然界的假说，这种科学知识观强调科学知识发展的建构性特征；④科学知识“并非是合理认识的必然结果，而是一种偶然的知识”，“科学理论就是人类创造出的一种隐喻”②，“科学知识的发展就是隐喻的扩展与变迁”③。从科学知识的功用、价值角度来看，科学知识观可以概括为以下几方面：①科学知识具有无限的价值，可以解决人类的一些问题，“知识就是力量”；②科学知识与价值无涉，它只是对客观世界认识的结果，与意识形态无关；③科学知识蕴涵着价值观念和意识形态的成分；④科学知识功用有限，世界上很多问题科学知识没有也无法涉及。

由此看来，人们对科学知识的根本认识还存在着诸多不同。作为以科学为主要文化资源的科学教育和科学课程，必然会受到知识观的影响。因此，科学知识观的分析研究对于科学教育者非常重要，更何况目前我国科学教育的主要任务之一是科学知识的传授。对科学知识的理解应该是全面的、客观的，科学知识只能是人类认识自然的阶段性成果，虽然科学家始终以揭示世界的本性和规律为己任，但这只能是局外人对科学家的极大期望和科学家奋斗的终极目标，科学家能做的只是不断地努力，力求更好，其成果不过是科学发展长河中的一朵浪花。理想与现实的差距永远存在，但将理想等同于现实却是以往我们思维方式上的误区。④

（二）科学知识观的演变

知识来源问题，是近代哲学知识观的一个中心问题。关于科学知识来源的理论可以归纳为两种，即唯理论与经验论。前者认为通过人类理性就能获得知

① 潘洪建．知识观的概念、特征及教育学意义［J］．江苏大学学报（高教版），2005（4）：1－5.

② ［英］巴里·巴恩斯．科学知识与社会学理论［M］．鲁旭东，译．北京：东方出版社，2001：译者前言．

③ 同②，74.

④ 于海波．科学课程的文化阐释与时代建构［D］．兰州：西北师范大学，2003：85.

识，后者认为任何知识的来源都是从经验获得的。罗素认为知识的来源有感性的和直观的两种，它们是科学知识的材料和内容。他认为："我们应该区别对于事物的知识和对于真理的知识。每种知识都可以分为两类，一类是直接的，另一类是派生的。"① 对于事物的直接知识，我们称之为认识的，根据所认识的事物而言，它包括两种，即殊相的和共相的。对于事物所具有的派生的知识，我们称之为描述的知识，它永远包括对于某种东西的认识和真理的知识。我们所具有的直接的真理知识可以称作直观的知识，由直观而认识的真理可以称作自明的真理。罗素认为，"每个人的知识，从一种重要的意义来讲，决定于他自己的个人经验：他知道他曾看到和听到的事物、他曾读到的和别人曾告诉过他的事物以及他根据这些与他所能推论出来的事物。"② 他认为，所谓科学知识就是由感觉经验所判定为正确的那些信念。比如在谈到物理学时，他说："作为一门实验科学的物理学，所用的每个非数学的名词都是从我们的感觉经验中得来的，而且正是由于这理由，感觉经验才能够证明物理学定律的正确或错误。"③ 罗素除了强调科学知识来源于经验事实外，也特别强调科学知识的逻辑结构，他认为这是知识的构成工具和必要形式。他在具体分析知识的逻辑结构时，将其区分为原子命题、分子命题、知识系统三个层次。原子命题是对感观所获得的原始感觉经验的直接描述。科学知识就是一个以逻辑原子为核心构成的命题系统。分子命题是用一些逻辑符号把两个或两个以上的原子命题结合在一起的命题，它是原子命题的真值函项。它与感觉经验不存在直接的对应关系，其真假值取决于构成它的命题。各门学科知识系统都是由描述该研究领域的感觉材料也即原子事实的一系列原子命题和由这些原子命题推出的各种分子命题所构筑起来的。在一个知识系统中，一个命题亦即一个逻辑算子，在各个命题之间可以进行逻辑的推演。因此，罗素指出："如果我们已知一切原子事实，并且已知除我们所知者外别无任何原子事实，那么我们在理论上就该能够把无论什么形式的真理都推出来。"④

① 转引自龚超，李侠. 论罗素的科学知识［J］. 文教资料，2007（7月下旬刊）：119.

② ［英］罗素. 人类的知识［M］. 张金言，译. 北京：商务印书馆，1989：4.

③ 同①，297.

④ ［英］罗素. 我们关于外间世界的知识［M］. 陈启伟，译. 上海：上海译文出版社，2006：41页.

罗素的知识观直接影响了以石里克等为代表的维也纳学派的逻辑经验主义的知识观，只不过，罗素的原子命题在维也纳学派那里转换成对观察语句（记录命题）的高度重视。所谓记录命题是指对直接的体验内容或者现象所做的记录。在逻辑实证主义那里，纽拉特认为，统一科学中的任何词语都不可能完全避免不精确性的干扰，因为所有命题都是和记录命题联系在一起的。“认为存在一个以整洁的原子命题为基础而构建起来的理想语言，就是虚构。这个虚构和拉普拉斯的精灵的虚构一样是形而上学的。”① 罗素主张一切间接的知识必须以直接的知识为基础，亲自认知的知识是直接的知识，它在本质上比任何有关真理的知识都要简单，而且在逻辑上也与真理的知识无关。他在《哲学问题》一书中提到四类亲自认知的知识：①感觉材料。“当我们站在桌子面前，就认识构成桌子现象的那些感觉材料——桌子的颜色、形状、硬度、平滑性等。这些都是我看见桌子和找到桌子时所直接意识到的东西，构成桌子现象的感觉材料是我所认识的事物，而且这些事物是我所直接认识的。”② ②通过记忆。“我们常常记得我们所看见过的或听见过的或以其他方式曾达到我们感官的一切事物，而且在这种情况中，我们仍旧会直接察觉到我们所记忆的一切，尽管它表现出来是过去的而不是现在的一切知识的根源。”③ ③内省的认识。“我们不但察觉到某些事物，而且我们也总是察觉到我们是察觉到了它们的。当我看见太阳的时候，我也总在察觉到我看见了太阳。因此，我看见太阳就是我所认识的一个客体。……这类认识可以称为自觉，它是我们关于内心事物所具有的一切知识的根源。”④ ④某些共相。罗素强调，我们不仅能直观到个别的东西，而且能直观到个别的东西和个别的东西之间的关系，而对这些关系的直观意味着我们直观到某些共相。⑤

波普尔认为，科学始终是一种大胆的猜想和假设，而不是关于世界的真理体系，“他彻底抛弃为科学主义所推崇的确实性思想，主张科学的任何层次上

---

① 鲁道夫·哈勒．新实用主义——维也纳学圈哲学史导论［M］．韩林合，译．北京：商务印书馆，1998：215.

② ［英］罗素．哲学问题［M］．何兆武，译．北京：商务印书馆，1999：37.

③ 同②，38.

④ 同②，39－40.

⑤ 张庆熊．二十世纪英美哲学［M］．北京：人民出版社，2005：59.

都没有经验的确实性"① 提出了科学发展的证伪原则。库恩认为，科学理论不过是科学共同体协商的结果，范式之间具有"不可通约性"。由此，库恩将情境性、相对性、不确定性、主观性色彩引入科学领域。比较而言，费耶阿本德的革命更为彻底，他认为"科学家在进行科学活动时，并非总是遵循理性的原则，"② 科学研究的方法也是多种多样的，并不存在一种永恒的、"广谱"的科学研究方法，他提出"怎么都行"。当然，费耶阿本德的本意在于强调"根据科学的实践来选择最适合的方法，其中包括用非科学的方法来充实自己，以免让某种预设的成规变成了僵死的教条。"③以大卫·格里芬为代表的建设性后现代主义学派"更多关注的是人与世界、人与自然的关系问题，而且很大程度上是从科学的层面出发讨论问题的"④。"建设性的后现代主义者反对现代哲学中的二元对立和还原论"⑤，因为二元对立和还原的思想所导引出的世界观必然是机械论的世界观，他们信奉由怀特海的后现代有机论和整体论结合而生的整体有机论。同时，"建设性后现代主义反对现代世界观的人类中心主义"，"强调人与自然的同一，并预言以人性与自然的'同一性'为旨归的后现代世界观将帮助人们走向'完美的人性'"⑥。可见，建设性的后现代主义力主消解现代科学观中的事实与价值、真理与道德、目的与手段等二元对立的局面，同时充满了人文关怀和对人类未来的忧虑，对科学观的变革具有重要而深远的影响。

后现代主义对科学的认识可以概括为四个方面⑦：①科学研究不仅需要实证、数学、逻辑等理性方法，而且也需要非理性的研究方法，尤其是在创造性的活动中非理性方法更重要。②后现代主义对笛卡儿以来的基础主义持否定态度，认为"事物并没有固定的本质，人们的认识绝对不能找到一个固定的阿基米德点"，即无法为科学认识找到一个可以衡量其合理性、确定性的标准。他们强调对事物认识的多元主义，认为不同理论是从不同角度对事物的透视，但他们之间是"平权"的，就像玻尔的互补原理揭示的那样，不同的理论自

---

①③　赵树峰．论后现代主义科学观的合理性及其现实意义［J］．武汉大学学报（人文社科版），2000（4）：471－472．

②　殷正坤．科学哲学中的理性主义和非理性主义［J］．哲学研究，1987（10）：56．

④　［美］大卫·格里芬．后现代科学［M］．马季方，译．北京：中央编译出版社，1998：2．

⑤　［英］罗素．哲学问题［M］．何兆武，译．北京：商务印书馆，1999：5．

⑥　同⑤，8－9．

⑦　洪晓楠．后现代主义科学哲学及其启示［J］．理论月刊，1999（1、2）：47－50．

有其价值所在。③后现代主义对待真理的问题意见并不统一，但对其存在持否定态度是主流。自从近代科学得到迅猛发展以来，科学就总是被人们视为“正确”“合理”“客观的”“真理”的同义词，人们逐渐在真理与科学之间画上了等号。其实，科学绝非真理。这几乎是波普尔、库恩到费耶阿本德、范弗森、罗蒂等一致的看法。④后现代主义主张科学与人文走向融合。后现代主义“把科学看做是人类历史活动，强调科学与其他文化的联系，特别是与人文文化的联系，强调人的价值取向在科学活动中的作用”。①

（三）多元文化的科学知识观

传统的科学课程知识观有两个基本的哲学隐喻：一是经验实证主义科学知识观；二是累积的科学知识发展观。既然教科书所呈现的科学知识是客观的、正确的，怀疑便没有了立论的基础，科学实验的功能也便狭窄地局限于验证，以得出与教科书相同的结果。科学知识是逐步累积的，学校科学课程的知识就应该是经典的、基础的科学知识；要成为科学家就要不断地学习、记忆、积累科学知识，科学学习变成了科学知识的学习，因为其中没有怀疑、反思、直觉和顿悟。课程被理解为狭窄的“学科”，书本内容被奉为“圣经”，学习方式单一，师生处于不平等的地位。学生长期生活在书本世界里，远离现实生活，知识是被动累积的，而不是自主生成的，虽然掌握了一些科学知识，但在社会实践和科学活动中却缺乏解决实际问题的本领，缺乏创新的意识和能力。然而，科学知识是客观世界在人们头脑中的反映，要获得科学知识必须按照自然本来的样子或事物之间本质的联系去认识它。培根曾说：“人，既然是自然的仆役和解释者，他所能做的和了解的，就是他在事实上或思想上对自然过程所观察到的那么多，也只有那么多。”② 科学知识被认为是知识的典范，远离主观、情感和价值取向。

多元文化的兴起带来了多元化的视角。库恩在《科学革命的结构》一书中，提出了科学和科学知识的发展并非是一种累积的结构，而是经过前科学、常规科学、革命科学等阶段进行的不断循环的革命，科学发展是一种范式的革

---

① 肖峰．论科学与人文的当代融通［M］．南京：江苏人民出版社，2001：43.

② 北京大学哲学系外国哲学史教研室，编译．西方哲学原著选读（上册）［M］．北京：商务印书馆，1987：345.

命，每一种范式之间具有不可通约性。科学研究具有相对性，价值是多元的。① 以爱丁堡学派为代表的科学知识社会学家主张科学知识不是纯粹的自然实在与客观经验的反映，而是由利益、权力等社会因素所建构，经过宣传、妥协和约定为科学共同体所接受的。科学知识的社会建构表明了社会的发展性、过程性、文化性和境域性。这对科学课程知识观的丰富和发展开拓了新的领域。

科学知识发展的过程性，可以让学生理解科学教科书提供的科学知识只是当前人类对自然世界认识的阶段性成果，科学知识和科学世界不能等同起来。人们对自然世界的认识是不断发展的，其中有累积的过程，也有突变的过程，科学发现也存在一定的偶然性。《科学素养的基准》中提到："科学家们相信这个世界是能被认识的，但它永远无法被完全认知。否则，一旦完成工作，那么科学也就会终止。的确，科学家们在找到这个世界是怎样运行的一系列问题的答案的同时，还不免会发掘出新的问题。所以，只要人类的追求存在，这种探索还会继续下去。"②

尽管自然世界"决定了"什么是对其正确的反映，但这种决定是哲学意义上或终极意义上的。现实中，对于什么是科学知识，是由科学共同体来最终决定的，虽然科学共同体有一套科学判断的标准，但并不能杜绝其中有人为因素的作用。也就是说，教科书所呈现的科学知识是科学家对话、阐释、争论、妥协的结果。我们始终无法得到对自然世界的终极解释，我们当前所知道的、所认识的、所认可的科学知识是有待证伪的知识。"学生在学习科学的过程中需要理解，科学是它的历史的反映，科学是一个处在不断变化之中的事业。……借以阐明科学探究的不同侧面、科学的人性侧面以及科学在各种文化的发展过程中的作用。"③

《面向全体美国人的科学》指出，科学家的工作在利益与事实之间保持着必要的张力。社会建构论者就是运用了这种利益理论来解释为什么是这一种解

① ［美］托马斯·库恩. 科学革命的结构［M］. 金吾伦，胡新和，译. 北京：北京大学出版社，2003：10－12.

② ［美］美国科学促进会. 科学素养的基准［M］. 中国科学技术协会，译. 北京：科学普及出版社，2001：5.

③ ［美］史蒂芬·科尔. 科学的制造——在自然科学与社会之间［M］. 林建诚，王毅，译. 北京：上海人民出版社，2001：69.

释而不是另外一种解释被科学共同体接受为科学理论。这种利益可能来自社会体制，如政治体制、经济体制，可能来自宗教方面，也可能来自情感领域。当然，社会建构论者一方面让我们从一种新的视角去重新审视我们习以为常的科学知识观，另一方面社会建构论者过于夸大了或者只看到了利益的影响，未看到科学家或科学建制向事实一边倾斜。这种科学课程知识观重建的影响具有两面性。①

科学知识并不完美，它并不能解释世界上所有的事实，它只是描述了事实中的一部分——自然界，而且即使在自然界领域里还有许多问题未能被科学解释，已有的解释中也可能因受技术设备的限制或影响存在不完美性，有待于进一步探究。人类获取自然知识的能力是非常有限的，科学探究对科学家们提出的所谓科学问题，也常常得出不完善的答案，如宇宙的起源、人类的诞生等。科学家在陈述获得的科学问题的答案时，“总是要附加一些否定的状语，如‘在许多情况下’和‘很长时间里’。”② 这说明了科学结论的境遇性。

相信世界是有序而且能够被认知是科学家的一种信仰，世界永远无法完全被认识，说明科学是持续不断的事业，即使现在看来多么完美的解释终究会被更完美的理论所代替，“科学不会终结”！

基于多元文化视角的科学知识社会建构主义知识观，对传统的科学课程知识观进行了深刻的解构，科学知识的发展性、过程性、文化性和境域性对科学课程知识观的重建产生了重要的影响。人们更加注重科学知识的过程而不仅仅让学生记住教科书所呈现的科学结论，对话、交流、互动、探究成为当前科学课程改革的主流话语；人们在注重显性科学知识的同时，对日常知识、缄默知识表现出前所未有的关注；科学教科书所呈现的知识不再是千古不变的真理，它处于不断发展的过程之中，是学生进一步认识客观世界、进行知识创新的基础和养料；孤立的科学课程知识观日渐淡出科学课程的视野，科学与“文化—技术—社会”联系更加紧密，对科学作为一项社会事业的理解成为提高学生科学素养的一个重要维度。这些变革映射出关于科学知识本质的研究成果越来越多、越来越快地被科学课程的改革所关注，新的科学课程知识观正处于重建之中。

---

① 赵长林. 科学课程知识观的重建与发展［J］. 中国教育学刊，2005（8）：31－32.

② ［美］大卫·格里芬. 后现代科学［M］. 马季方，译. 北京：中央编译出版社，1998：2.

（四）小学科学课程内容检讨：科学知识观视角

人类对科学和科学本质的认识与发展，使当代科学课程改革越来越重视如何通过科学课程的学习使学生获得对科学本质的理解，不仅学到科学知识，而且培养科学精神，富有创新意识。科学课程的重心逐渐由关注科学知识的教育更多地转向了关注科学素养的形成与发展。正如美国《国家科学教育标准》中指出的："我们这个国家已经把所有的学生都应具有良好的科学素养作为自己的一个既定目标。"① 我国《全日制义务教育科学（3～6年级）课程标准（实验稿）》中也指出："本次课程改革以培养小学生的科学素养为宗旨。"②

当前，科学教育的改革就是要让学生知道科学与技术是一项社会事业，是人类思想和社会行动的产物。科学探究是让科学教学更加有效的重要保证，学生的学习依赖于学生对经验意义的自我建构，建构主义的方法要求不同的课程和教学方法与之相适应。让学生理解科学研究的内涵、掌握现代科学知识。科学教学应该包含科学技术的精神和品质。让学生从自然现象的问题（科学）以及人类如何与其所处的环境和谐共存（技术）开始，通过主动的探究过程，寻找科学技术问题的答案。让学生有机会提出自己对自然现象的解释和解决问题的方案，然后与科学和技术课程中的概念相比较，让学生有机会通过应用使他们所理解的知识达到新的状态。培养全体公民的科学素养是解决教育公平，保证不同群体接受科学教育机会的关键所在。科学教育改革的理念还没有真正深入科学和技术课程的主题细节中，当代的小学科学课程改革不能忽视青少年本身就是科学课程的一部分、而不是位于科学课程之外这一点。

我国新一轮小学科学课程改革，强调学生的知识主要来自生活、自然、社会及学生的经验。要求学生在现实生活、自然、社会中去发现问题、探索问题，寻找解决问题的办法，并通过科学探究获取科学知识。认为学生获取科学知识的过程是知识的建构过程。与以往小学"自然"课程内容相比较，小学科学课程内容增加了"科学探究""情感态度与价值观"两部分内容，将学生学习科学的过程、学习科学的态度都纳入了科学课程的内容，也就是说学生需

---

① ［美］美国国家研究理事会，编. 国家科学教育标准［M］. 戢守志，等，译. 北京：科学技术文献出版社，1999：15.

② 中华人民共和国教育部制订. 全日制义务教育科学（3～6年级）课程标准（实验稿）［M］. 北京：北京师范大学出版社，2001：1.

要学习广泛的科学知识，而不仅仅学习“生命世界”“物质世界”“地球与宇宙”等方面的科学知识。学生需要通过“科学探究”，在“探究的过程”中学习科学知识，在学习科学知识的过程中，培养科学情感态度与价值观，科学课程的内容是建立在“科学探究”的基础上的。只有通过上述多方面内容的学习，才能使学生养成良好的科学素养。

三、小学科学课程实施：科学知识社会学视野

（一）科学知识社会学的形成

科学知识社会学（Sociology of Scientific Knowledge，SSK），产生于20世纪70年代，它以其独特的视角对科学本质和科学知识的形成机制进行了社会学分析，并以“知识的社会建构”为核心，对传统科学观和客观主义知识观提出了强有力的挑战，深化了人们对科学本质和科学知识本质的认识。

20世纪70年代初，英国爱丁堡大学成立了一个比系级建制略低的单位“科学元勘小组”（Science Studies Unit），成员主要包括巴恩斯（Barry Barnes）、布鲁尔（David Bloor）、沙宾（Steven Shapin）和皮克林（Andrew Pickering）等。理论家主要是巴恩斯和布鲁尔，他们提出了系统的关于科学的研究纲领；其他人则在此纲领下做大量具体的案例研究，产生了一批令人耳目一新的研究成果，既引起学界的不断赞赏也引起学界的愤怒声讨。外界称英国这个小组的科学社会学工作为“爱丁堡学派”。最能代表爱丁堡学派SSK观点的著作是布鲁尔所著的《知识与社会意象》，他认为：“知识社会学能够研究和解释科学知识特有的内容和本性。”① 当时多数社会学家认为研究科学知识的生产环境和研究科学知识的内容本身是两回事，而后者超出了探索范围，社会学家不能碰这个禁区。而布鲁尔认为，这种心甘情愿限制自己研究范围的做法本身就有违科学本性，是不彻底的社会学研究。应当把所有的知识，包括科学知识，都当做调查研究的对象。而以前社会学家把本来可以研究的领地让给了心理学家和哲学家。“知识社会学本来完全可以强有力地深入到哲学家们心中，这些人一直堂而皇之地把界定知识的本性作为自己的任务和现在所占据的

① David Bloor. Knowledge and Social Imagery[M]. Chicago: The University of Chicago Press, 1991: 3.

领域。实际上，社会学家心悦诚服并急不可耐地把他们对科学的关注局限在对科学的制度框架和外部因素上。这种做法并未触及被如此创造出来的科学知识的本性。”布鲁尔分析：“人们之所以对从社会学角度彻底审查科学犹豫不决，是因为他们缺乏魄力和意志。他们认定这是一项注定要失败的事业。”

爱丁堡学派在实际中真的突破了禁区，开始对科学知识本身进行社会学分析，发表大量研究成果，并创办了自己的杂志，实实在在创立了 SSK，在世界范围内引来一大批追随者。近 30 年 SSK 日益壮大，大有盖过默顿学派正统科学社会学之势。从今日之形形色色的 SSK 研究表现出来的淡淡的反科学情绪，很难猜测到当初的 SSK 研究纲领竟有着彻底的科学味。当年布鲁尔在《知识与社会意象》中提出著名的“SSK 的强纲领”，其动机是使科学之社会学研究成为标准的经验科学，即类似自然科学的研究。

强纲领（Strong Programme）由 4 个信条组成：第一是因果性。能够导致信念或者知识状态的条件应当是具有因果性的。除了能协同导致信念的社会原因以外自然尚有其他类型的原因。第二是无偏见性或者叫公正性（impartiality）。不论真或假、合理性或非理性、成功或失败，都要无偏见地加以对待。这些相悖的方面都要得到解释。第三是对称性。在解释的式样上要求有一种对称性，比如同样的原因应当能同时解释真实的和虚假的信念。第四是反身性。原则上它的解释模式能够应用于社会学本身。布鲁尔还对每一条原则进行了说明，主要目的是阐明社会学家也是科学家，应当像科学家一样行事。“如果社会学不能彻底地应用于科学知识，则意味着科学尚未科学地认识自身。”于是他首先强调了寻求因果性的重要性。“强纲领”要求公平且对称地对待合理性和非理性，这与科学哲学家和传统社会学家的观念相去甚远。

劳丹说，当且仅当在某些信念难以就其理性优点加以解释时，知识社会学才可以着手解释它们；思想史学家可以利用已有的工具去解释充分合乎理性的那部分思想史，对科学的外部关系及理论选择中的偶然性等非理性状况，才轮到知识社会学家插手。哲学家牛顿·史密斯的口号是：社会学只是用于反常现象，当且仅当出现背离合理性的反常情况时才需要社会学。布鲁尔指出：“在世俗文化中长期居住令人确信，科学知识相对于宗教必然有所不同并更加优越。我们不难看到，宗教寻求传统、制度、法律以及既得利益团体的支持。我们于是试图得出结论，相反，关于自然世界的命题其可信性并不依赖于此类东西。难道它们不是完全得自关于自然的一种合理的好奇吗？可信赖性由宗教转移到科学身上是相对近来的进展。其中一个副效应是，今日的科学知识社会学家发现自己处于上一世纪学者同样的境地，那些学者仔细考察了公认的圣经教义的历史可信性。关于他们的工作，人们反复给出类似的论证，也采取了类似的姿态。”布鲁尔的确从论证方式中找到了类似性，而且是惊人的类似性。但关键的一点是科学与宗教之间有多少类似性，他只是想当然地把两者联系起来，而这正是我们所反对的。

宗教知识与科学知识是完全不同的，前者根本无法与后者相比。宗教不具有客观性和统一性（世界上有各种对立的宗教），而科学是客观的和统一的（全世界只有一种科学）。宗教侧重的是人的内心体验，而科学侧重的是对外部世界的认识和改造。事实上，整体 SSK 和各种反科学运动都在试图模糊科学与其他知识之间的界线，试图瓦解科学知识的客观性，将它说成是一种意识形态。在大科学时代，科学日益社会化、政治化，但因此就得出结论说科学知识的内容本身也社会化了、政治化了，还缺少根本性的证据，甚至迄今为止一例这样的证据也未能找到。

1979 年拉图尔（Bruno Latour）和伍尔加（Steve Woolgar）出版了著名的《实验室生活：科学事实的社会建构》，对美国西海岸著名的梢克（Salk）研究所进行了两年的研究，突破了经典 SSK 的模式。此书的出版标志着巴黎逐渐成为科学元勘的一个后起之秀。

在 20 世纪 80 年代中期，拉图尔与同事卡龙（Michel Callon）合作倡导“行动者网络”理论（ANT），自此 SSK 的“巴黎学派”正式成立。但与此同时，巴黎的学者竭力想与英国学者划清界限，而爱丁堡学派和巴斯学派也都指责拉图尔等违背了 SSK 的基本纲领。1986 年《实验室生活：科学事实的社会建构》再版时，作者将此书的副标题有意进行了改动，删除了“社会”两字。在新版“后记”中作者坦言，随着科学之社会研究的不断发展壮大，形容词“社会”已不像以前那样具有“对抗”意味。作者说：我们毫不羞愧地承认“社会”这个词不再具有任何特殊含义。“社会”一词对默顿学派有意义，可用“社会”一词定义排除了对科学内容的考虑后的研究领域。此外，它对爱丁堡学派还有意义，他们尝试用社会变量解释科学的技术内容。而拉图尔等人的工作是用人类学方法对科学进行内在论的描述和解释。于是对拉图尔而言，“科学之社会研究”中的社会已不再具有实质含义。另一项重要的关于实验室的研究工作由女学者卡林·诺尔－塞蒂纳（Karin Knorr-Cetina，生于奥地利，美国籍，现居德国）完成，1981 年她的名著《知识的制造》出版。1983 年她与马凯主编《科学被观察：科学之社会研究展望》。在英格兰，马凯和吉尔伯特（1984）提出了“话语分析纲领”，将 SSK 方法与后现代文本分析技术结合起来。1991 年马凯出版文集《科学社会学：一种社会学的朝圣》，他将此书献给科学社会学之父默顿，卷首引用了班扬（J. Bunyan，1628—1688）《天路历程》中的一段。1992 年皮克林编辑《作为实践和文化的科学》，试图实质性地推进 SSK 的发展。他特别强调实践和文化的重要性，在一定程度上反思了 SSK 过去的极端主张。他认为 SSK 中应当去掉一个 K（指知识）和一个 S（指社会)。因为科学实践研究的主题已不是知识本身。

如果按照皮克林的理解，整个 SSK 研究经历了近 30 年的发展似乎又回到了或者说只剩下了朴素的 Science Studies，即科学元勘。SSK 的案例研究还会如雨后春笋一般不断涌现，但从逻辑可能性看新鲜见解很难再出笼，SSK 肇始的一系列科学元勘运动已基本告一段落。SSK 运动以案例研究取胜，在最近 20 多年里生产了一大批成果，其中相当多是关于科学的历史研究和关于当代科学研究过程的现场（field）研究（对应于人类学的田野研究）。

（二）科学知识社会学与科学哲学

“相对主义科学社会学的出现，不仅受到了科学史和科学哲学发展的影响，而且也受到了社会氛围的影响，这种社会氛围倾向于反实在论的相对主义概念。”① 当后现代主义已经成为渗透到当代生活各个方面的一种强势力量时，我们从科学知识社会学最激进的“强纲领”中，完全可以看到这种学说与科学哲学的相通之处。②

巴恩斯在《科学知识与社会学理论》一书里，并不否认自然科学已经专门化了，并且已经有自己的术语和方法。但是，他认为科学不仅体现了一组程序和方法论的约定，从文化传播的角度和知识评价方面来看，应当把科学看成是一种文化现象，是与整个文化联系在一起的，依赖于整个文化资源的文化活动，而不应该像默顿学派那样，把它看成是一种特殊的理性事业。巴恩斯认

① ［美］史蒂芬·科尔．科学的制造——在自然和社会之间［M］．林建成，王毅，译．上海：上海人民出版社，2001：5.

② 郑华秀．后现代视野下的科学知识社会学［J］．科学技术与辩证法，2003（4）：56 - 57.

为，知识（包括自然知识）只是指已被集体接受的信念，并不是必然正确的信念，因为自然信念具有多元性和多样性。同时，科学知识也不是合理性认识的必然结果，而是一种偶然的知识，不应把科学的变迁看做是纯粹的内部变化的结果。默顿学派认可的与经验相符、一致性、逻辑性和有效性等特征并不能把科学与其他知识形态独立地区分开来。科学知识严格地受到社会文化因素的影响，“事实是被集体界定的、任何知识体系由于其制度特征，必然只包含集体认可的陈述。”① 从这些观点我们很容易看出，SSK 对传统科学知识观核心主张的一种后现代式的意义消解。

布鲁尔在《知识和社会意象》一书中也指出，科学知识作为对自然现象的认识，它们不是专指真实的信念，而是指得到集体认可的信念。这些知识的产生和存在是有条件和原因的，它们的内容也是可以发生重大变化的。他还将“强纲领”的核心立场和方法论主张归纳为四条原则并进行了所谓“纲领性论证”，这四条原则是因果性、公正性、对称性和反身性。因果性要求社会学家承认知识与社会因素及非社会因素之间存在因果关系；公正性要求应当公正地对待真理和谬误、理性和非理性、成功和失败；对称性要求凡是能用于社会科学知识的原则，也应当能运用于自然科学知识；反身性要求科学知识社会学必须经受自身原则的检验。这正式体现了科学文化哲学（后现代主义）的相对主义倾向。

“强纲领”拒绝传统科学哲学的主张，认为理性、客观性和真理等概念的内容是由具体的社会群体的有局限的文化规范所决定的。这种与后现代主义的反中心主义、反基础主义相通的对理性、真理和客观性的解读，不仅为我们提供了一个大大不同于以往传统的科学形象，同时也提供了科学知识同其他文化形态的社会关联的一幅人文主义图景。

诺尔的实验室研究，是典型的对人类学中的民族志的田野调查工作方法的横向借用。诺尔把对实验室的研究当成人类学中对异文化的考察与记录，用人类学的所谓中立价值观去研究科学和科学的生产过程。这种方法的确是考察科学生产的一个比较新颖的视角。好的工作的意义在于使远离人们日常生活的科学实验室又一次以真切的记录展现在世人面前，有助于消除科学的神秘性。但

---

① ［英］巴里·巴恩斯. 科学知识与社会学理论［M］. 鲁旭东，译. 北京：东方出版社，2001：24.

这个过程不应该是单向的，正如马尔库斯指出："促使文化批评成为强有力的形式的路径在于避免单方面地依靠去神秘化手段以求得一种效果，而应把读者置于相似性和差异性的开放本质中，让他们展开不断的辩证对话。"①

随着科学与技术的进步，人类自启蒙运动以来的科学主义信念不断得到强化，人们普遍认为，建立在客观真实性、严格的实验程序和事实材料基础上的科学即代表真理。科学的目的就是求真，追求真理是科学的最高目标。尤其是20世纪以来，科学似乎处于一种可以成为其他学科典范，甚至是唯一评价标准的地位。人们认识到科学知识的产生并不简单地由自然界和逻辑所决定，也要受到社会人文因素的制约；按照卡林·诺尔-塞蒂纳的看法，"实验室的研究表明，科学对象不仅技术性地在实验室中被创造出来，而且符号性、政治性对象也技术性地被建构。该思想的一个含义是，人们认识到：在达到目标的过程中，研究不仅干预了自然界，而且也深深地干预了社会。另一个含义是，科学成果已终于被看做是文化实体而非由科学家发现的、纯粹由自然所赋予人们的东西。"② 同时他们的研究思路提示人们对科学不仅仅可以从功能和宏观层面上进行社会学研究，还可以对科学活动和科学知识的产生进行微观的经验研究。科学发展的事实已经证明，科学的发展是离不开社会因素的。在科学社会学的视野中，知识与其他事物一样是人制造出来的，而不是我们平常设想的完全与社会无涉的纯客观的东西。③

（三）科学知识社会学视野下的小学科学课程实施

科学知识社会学所主张的"科学知识的社会建构"的观点，已成为科学教育家的信念。社会建构"这一术语把注意力引向一种中心的概念，即科学知识是一种人类的创造，是用可以得到的材料和文化资源来制造的，而不仅仅是对预先给定的和独立于人类行动的自然秩序的揭示。"④ 建构论"更像是一种方法论取向，而不是一组哲学原则，它系统地将注意力指向作为社会行动者

① ［美］乔治·E. 马尔库斯. 作为文化批评的人类学：一个人文学科的实验时代［M］. 王铭，等，译. 北京：生活·读书·新知三联书店，1998：73.

② ［奥］卡林·诺尔-塞蒂纳. 制造知识：建构主义与科学的与境性［M］. 王善博，等，译. 北京：东方出版社，2001.

③ 郑华秀. 后现代视野下的科学知识社会学［J］. 科学技术与辩证法，2003（4）：57.

④ J. Golinski. Making Natural Knowledge：Constructivism and the History of Science［M］. Cambridge：Cambridge University Press，1998：5-6.

的人类在制造（making）科学知识中的作用”。① 用科学知识社会学的理论去认识当今科学教育及小学科学课程改革，必然引起人们对科学教育观的重新思考，尝试重建关于科学教育的知识观、目的性以及课程与教学观。②

1. 树立相对的知识观。

科学知识社会学在分析科学知识的本质时，首先对科学知识的客观性进行了彻底否定，认为知识不是纯粹客观的，可以把科学知识看成由假说和模型所构成的系统，这些假说和模型是描述世界可能是怎样的，而不是描述世界是怎样的。这些假说和模型之所以有效并非因为它们精确地描述了现实世界，而是以这些假说和模型为基础精确地预言了现实世界。③ 正如波普尔认为的，由于人们根本就不可能获得完全证实或证明的知识，所有的知识都是一种“暂时的”理论，都是对现有问题的“猜测性解释”，都是有待进一步检验和反驳的，或者说是向进一步检验和反驳开放的。所以，根本就不存在建立在确定性基础上的知识进化和积累，有的只是猜想和反驳，其中“混杂着我们的错误、我们的偏见、我们的梦想、我们的希望。”④

总之，知识是相对的，是人们对客观世界的一种解释、假说或假设，它不是问题的最终答案，它必将随着人们认识程度的深化而不断更新、升华和改造，并随之出现新的解释、假说。与此同时，科学知识具有相对性、暂时性的原因在于它的产生受到社会文化和个人因素的影响。科学知识的产生，不仅受到信念系统、实验室情境的制约，而且还受到诸如政治的、经济的甚至宗教的等各种因素的影响。

2. 追求多元的科学教育目标。

传统的科学教育目标定位于单一的认知领域，把学生看成是知识的“容器”，认为学生掌握的知识越多越好。课程目标设计服务于知识的线性积累。学生往往生活在书本世界里，把主要精力花费在记忆上，从而忽视了科学精神、科学方法和科学思维习惯的培养。

---

① J. Golinski. Making Natural Knowledge: Constructivism and the History of Science[M]. Cambridge: Cambridge University Press, 1998: 5 - 6.

② 袁维新. 科学知识社会学视野中的科学教育观［J］. 外国教育研究，2005（7）：16 - 17.

③ 孙可平，邓小丽. 理科教育展望［M］. 上海：华东师范大学出版社，2002：126.

④ Popper. K. R. Conjectures and Refutation[M]. London & Henley: Routledge and Kegan Paul, 1963: 30.

科学知识社会学对科学知识客观性的否定启示我们，科学知识作为一种科学活动的产物是可变的，不能体现科学的真正本质。“科学的本质不在于已经认识的真理，而在于探索真理……科学本质不是知识，而是产生知识的社会活动，是一种科学生产。”① 每一种理论与法则的建立都隐含着科学家们的科学探索精神和科学方法的运用（知识的建构过程）。为此，科学知识社会学的科学观认为，基础教育阶段科学教育的核心目标是培养学生的科学素养，而科学素养至少包括科学知识、科学技能、科学精神和科学态度等方面的内容，而科学精神和科学态度是以往我们的理科课程所忽视的，实际上这应该是科学教育的目标所在。科学教育应该努力培养有知识、有思想、有能力、有情感、有创新的，具有一定科学素养的公民。中国科协副主席、中国工程院院士韦钰指出：“一个创新型的国家必然由具有创新精神和创新能力的国民组成，是一个具有创新文化的社会。为了这一点，必须大力提高国民的文化和科学素质，培育创新文化。”“科学教育的目的不是简单地传授知识，而是在建立一种新的文化，包括对我们生活的世界的态度、思维方式，包括价值取向。科学文化中核心的精神是实事求是，追求真理，这是建设创新型国家必须具有的。”②

3. 倡导综合的科学课程观。

科学知识社会学对科学课程的影响已在当今世界科学教育改革中体现出来。如 1989 年，英国的科学课程改革中科学史教学有了更进一步的进展，同时要求广大教师和学生要了解“科学的本质”。并明确指出：“科学是一种人类的建构。”这些观点明显带有科学社会学的思想。英国《国家课程》指出：“学生逐渐认识和理解科学思想随时间的变革，以及这些思想本质和它们所得到和利用是怎样受到了社会、道德、精神和文化环境的影响，而它们是在这样环境中发展起来的；在这样做时，他们应开始认识到虽然科学是对经验进行思想的一种重要方式，但却不是唯一的方式。”美国《国家科学教育标准》和“2061 计划”将“科学的历史和本质”或“科学的性质”列为重要的内容，充分体现了“建构”的思想。如“2061 计划”中指出的：“科学的进步与发

① 夏禹龙．科学学基础［M］．北京：科学出版社，1983：45.

② 韦钰．科学教育不是简单传授知识［N］．科学导报，2007－1－1（6）.

明在很大程度上依赖于社会其他部分的状况。"① 这种在科学教育中要求学生学习和认识科学本质的做法，必然要求学生认识科学与社会的关系，以及社会对科学发展的影响。或者更明确地说，认识社会因素对科学的"建构"作用。柯柏恩（W. W. Coben）指出："无论人们对科学知识的性质怎样评论，对科学的学习必定要被看做是一种社会的建构。因此，任何科学课程的设置都带有一种社会的视角。"②

为进一步加强科学与社会的联系，将社会的成果尽快反映到科学课程中，让科学教育更好地为社会服务，我们必须重构科学课程的内容体系，树立"大科学课程"观。不能像过去那样将大量的内容或某些学科知识内容简单地相加，而是要从社会、历史、哲学等角度对自然科学内容进行重新编排。要将科学史、科学社会学、科学哲学等方面的内容融入科学课程中，让学生知道自然科学知识并不仅仅是靠积累得来的，它是自然科学范式不断渐变和不断革命的结果；也可以使他们尝到曾经和正在接受挑战的那些概念、命题、公式和定理，尝到最新、系统的自然科学知识，从而使学生建立起"开放的"知识观和"完整的"自然科学知识体系，形成对科学知识和科学方法的社会建构观。

4. 实施建构与对话的教学过程观。

要改变科学知识"传授——接受"过程，转变学生被动接受式的学习方式，反对各种形式的灌输，用科学社会学的观点指导科学教学过程，大力提倡建构与对话教学。科学知识社会学认为，科学不是独白，而是人与自然、人与人的对话。在对话过程中要学会科学共同体的共有的范式和共同的科学话语，而不是将其转译为自己的语言。同时，要认识到不同科学共同体之间的范式是不可通约的，恰恰是通过对话才能使不同的科学共同体达成共识。

传统的科学教学在本质上是一种独白式教学，科学知识社会学主张科学知识的社会建构，必然倡导对话教学。在对话教学中，师生互为对话的主体，围绕着具体的问题情境，在各自不同的立场上阐发自己的思考，最终达成知识的融合和精神的交流。袁维新教授认为，对话教学有以下几种方式③：①"人与

① ［美］美国科学促进协会．科学素养的基准［M］．中国科学技术协会，译．北京：科学普及出版社，2001：11.

② W. W. Coben. Socio-Cultural Perspective on Science Education: An International Dialogue［M］. Kluwer Academic Publishers, 1988: 2－10.

③ 袁维新．学习与教学的新概念：在对话中建构知识［J］．天津教育，2003（5）：16－18.

物理环境的对话”，这是一种变革现实的活动性对话，是在人（学习者）与物理环境相互作用中实现对物理现象的变革和知识的建构的过程，是师生对话的条件之一。②“人与文本的对话”，包括教师与文本的对话，学生与文本的对话。这是一种意义阐释性对话，是对文本的理解、阐释、再发现和意义重建，也是教学中师生对话的重要条件之一。③“人与人的对话”，包括教师与学生的对话，学生与学生的对话。这是在人与文本、人与物理环境对话的基础上进行的合作性、社会性意义生成过程。④“人与自我对话”，这是一种反思性对话，是个体通过对自身内在经验和外在世界的反思，实现对知识（关于外部世界）和自我身份的双重建构过程。

当前，小学科学课程的实施强调科学探究，但对科学知识的建构重视不够，学生在进行观察、发现问题、提出问题、解决问题、得出结论的过程中，没有深入思考知识的产生和形成过程，换句话说不是在进行科学知识的真正建构，而是在完成科学探究的过程。为此，我们必须充分认识科学探究对科学知识建构的重要作用，努力探索科学知识建构的方法与途径，推进小学科学课程的改革与创新。

（四）小学科学课程实施中的主要问题

虽然我国小学科学（3～6 年级）彻底摆脱了过去小学自然课程所追求的目标，但在具体的实施过程中，仍然受到了过去小学自然教学的影响，在课程目标定位、教学方法及手段、教学评价方式等方面还没有做到真正的创新，需要进一步探索与实践。小学科学课程改革仍然存在以下三方面的问题，需要广大科学教育工作者努力转变教育观念，认真探索以探究为中心的科学教学模式及方法，使小学科学真正成为以科学素养培养为宗旨的科学启蒙课程。

1. 科学知识观绝对化。

科学是“关于自然、社会和思维的知识体系”，这是 19 世纪以来占据主流、影响最大的对科学的理解。但这种将科学视为“知识体系”的观点是狭隘的、片面的，不能反映科学的全貌。同时，它将继续影响着我国科学教育的改革。其危害表现在以下几方面①：①使科学神秘化、神圣化。科学研究被看

① 周险峰，李丽．中小学科学教育课程改革的观念性支持［J］．中国教育学刊，2005（2）：15.

做少数知识精英和科学家的专利，普通人只能毫无疑义地接受和信仰科学结论。②使科学理论确定化、绝对化。科学教材在介绍和解释科学理论时带有强烈的“宣布真理”的特征，教师在教学时经常用验证性的实验对理论加以证明。这些都让学生误认为书中所描述的各种规则、定律和理论是确定的、绝对不变的科学真理，而无法认识到科学知识的相对性和科学发现的真实过程。③科学教育是面向过去，而不是面向未来。科学教育很少关心学科的研究动态，不了解科学发展的趋势，只是要求学生掌握千百年来人类积累的系统的科学知识。④教学方法封闭。我国的科学教育不鼓励学生讨论和争辩，也没有时间让学生讨论和争辩。这样一来，学生有不同意见也不能发表，学生批判思维的价值就得不到凸显，创新能力的培养就无从谈起。

然而，科学是在对已有结论的不断反思和批判中前进的，正如我们在第二章中所讨论的，绝大多数西方当代科学哲学家和科学史学家，像波普尔、库恩、拉卡托斯、劳丹等人的学说都反映出这样的共识：不存在永恒不变的科学真理，科学在本质上是相对的、可变的、处在不断地修正和发展过程中。科学具有历史性与活动性特征，科学本质上是“一种探索活动”，而知识只不过是科学的产物而已。因此，将科学看成是绝对真理是违背科学本质特征的。

2. 注重科学结论，轻视科学过程。

对学生而言，科学探究的过程比单纯的知识结论具有更大的发展价值。只有当结论是探究过程的必然产物时，它才能让人信服。然而，现实科学教育改革中还是体现出重结论而轻过程的倾向。具体表现在科学课程编制采用“成功模式”，即只有与教科书中提到的科学成就紧密相关的部分科学研究工作才写入教科书，忽视科学的发展历史，摒弃了科学发现与进步的真实背景，只是吸取成果。①

科学结论固然是人类智慧的结晶，人们应该继承和传播。所有的知识都是在前人知识的基础上发展起来的，但是我们在教育中往往不重视体现这一过程。如牛顿的万有引力定律是以开普勒的行星运动三大定律为基础的，但在教学中，我们谈论更多的是苹果落地激发了牛顿的灵感。只有当知识发生过程教学在科学教育中占据重要位置时，培养学生的求实态度和创新精神才不是一句

---

① 徐学福．科学的相对性及其在课程和教学中的渗透［J］．比较教育研究．2001（8）：11－15.

空话。知识产生过程教学就是再现知识的来龙去脉，也就是揭示知识的本质、顺序与联系。这种教学过程有利于遏制注入式教学和突出学生主体，有利于增强教学过程的发展功能，全面提高学生素质。就是要让学生更多地去从事科学探究活动，将其摆到与科学家同样的位置上，让学生获得科学活动的体验，逐步学会如何从事科学研究，包括逐步形成正确的科学观念等。

3. 重视“读科学”，忽视“做科学”。

“读科学”的教育隐含的假设是：科学知识是被前人证明了的客观真理，科学教学是传授知识的过程。教学目标偏重学生逻辑思维能力的培养，而忽视解决问题能力和动手能力的培养，忽视学生将科学原理变为解决真实情境中问题的工具。教学中以“教师讲—学生听”“教师问—学生答”为主要形式。很少让学生通过活动、实践来获取知识技能和培养相应的情感态度。课堂演示和学生实验多为验证性实验，缺乏教师自由发挥和学生的自主探究。在课外作业安排上，教师很少布置像观察、制作、实验、社会调查这类实践性的作业，让学生通过自主探索完成。“读科学”会导致知识丧失了原本应有的意义——解决问题的工具和进一步探究的基础，而变成供人记诵的材料和应付考试的工具。学生虽然学习到了大量的科学知识，但对生活中的具体问题缺乏探究欲，在面对具体问题时束手无策，没有形成“爱科学”的情感、态度和“用科学”的意识、能力，更谈不上体验科学探究所蕴涵的无限乐趣。

我国长期教学实践中的讲授法几乎成了唯一的方法，并且形成了“满堂灌”的现象。今天的科学课程改革应该强调探究、发现学习，改变“唯一”的局面；同时改革、改善讲授法本身，克服“满堂灌”现象。要从根本上改变“读科学”现象，提倡“做科学”，促使学生主动参与、乐于探究、勤于动手。

第五章 基于科学哲学的小学科学课程建构

科学不仅是需要学习的一堆知识，而且也是一种学习的过程或方法。

——杜　威

探究学习是儿童通过自主地参与获得知识的过程，掌握研究自然所必需的探究能力；同时，形成认识自然的基础——科学概念；进而培养探索未知世界的积极态度。

——施瓦布

科学哲学的发展彻底打破了传统的认识论和分析哲学的狭隘框架，从根本上改变了以往的哲学定位，从而有可能真正从整个社会、历史和文化的背景中来理解科学，理解科学精神和科学的价值，也有可能真正拉近科学与人文两种文化的距离，促进科学与人文两种文化的融合，从而推动整个人类文化的普遍繁荣和人的全面发展。

遵循这种哲学理念来建构小学科学课程，必将改变过去强调基础知识和基本技能的科学教育价值观，尊重科学发展的规律，更加注重科学发展历史，注重科学的过程，注重情感态度与价值观的培养。科学启蒙教育是科学课程的性质，科学素养的培养是科学教育的目标，通过变革小学科学课程教学内容、教学方法、学习方式以及评价方式等，促进科学教育目标的实现，构建符合素质教育要求的、以培养科学素养为目标的、促进学生全面发展的小学科学课程体系。

一、小学科学课程性质：科学启蒙教育

《全日制义务教育科学（3~6年级）课程标准（实验稿）》中指出："小学科学课程是以培养科学素养为宗旨的科学启蒙课程。科学素养的形成是长期的，早期的科学教育将对一个人科学素养的形成具有决定性的作用。承担科学启蒙任务的这门课程，将细心呵护儿童与生俱来的好奇心，培养他们对科学的兴趣和求知欲，引领他们学习与周围世界有关的科学知识，帮助他们体验科学活动的过程和方法，使他们了解科学、技术与社会的关系，乐于与人合作，与环境和谐相处，为后续的科学学习、为其他学科的学习、为终身学习和全面发展打下基础。学习这门课程，有利于小学生形成科学的认知方式和科学的自然观，并将丰富他们的童年生活，发展他们的个性，开发他们的创造潜能。"①

在小学阶段，科学启蒙的任务应包括以下几方面的内容。

1. 细心呵护儿童与生俱来的好奇心，培养儿童对科学的兴趣。

儿童天生就对周围的事物充满好奇心，对于儿童提出的"为什么""怎么样"，通过科学课上的一系列活动使他们找到想要的答案，使儿童的好奇心得到最大限度的满足。

对科学具有好奇心是培养科学兴趣最好的心理基础。"兴趣是最好的老师"。所以小学科学教育的任务就是使学生的好奇心得以保持和发展，逐步形成对科学的兴趣和爱好。

2. 引领儿童学习与周围有关的科学知识。

科学课将引领儿童对周围世界包括生命世界、物质世界、地球与宇宙三大领域的知识进行学习，使儿童在头脑中形成关于这个世界的轮廓、关于这个世界的模型，形成对这个世界的初步理解。

3. 帮助儿童体验科学活动的过程和方法。

科学课将带领儿童去亲身经历、体验科学发现的过程，学习运用科学的方法，探究科学的结果。在该过程中，儿童像科学家一样，真刀真枪地搞科学。

---

① 中华人民共和国教育部制订. 全日制义务教育科学（3~6年级）课程标准（实验稿）[M]. 北京：北京师范大学出版社，2001：1-2.

儿童要自己提出研究的问题；对问题作出正确的假设；根据自己已有的经验设计能够验证假设的实验；亲自动手做实验，从而验证假设正确与否；分析实验结果，得出结论；最后还要向全班公布，发表自己的研究过程及结果。

4. 使儿童了解科学、技术与社会的关系（实施 STS 教育）。

人类不断探究科学的奥秘，目的是要将科学转化为技术与生产力，使人类的物质生活更加趋于文明。科学只有与生产、生活联系起来，并在生产和生活中发挥作用，才能体现其价值所在。然而科学也是一把双刃剑，它在给人类带来福音的同时，也会给人类造成灾难和不幸。这一点也应该逐步让学生领会。

5. 培养儿童乐于与人合作，与环境和谐相处的意识。

在科学课的学习过程中，儿童都被分配在一个个小组里进行探究活动，每个人要与同伴进行协商，要听取同伴的意见，要有分工，要集中集体的智慧才能完成小组的探究活动。在这种环境氛围里学习，儿童逐渐养成了与人合作的精神，学会了与人和谐相处的方式，这是人类生存的一种必需的素养。

科学课是小学的基础课程，是科学启蒙课程，其作用表现在以下几方面。

1. 科学启蒙教育能促进儿童身心健康发展。

小学生的身体正处于生长时期，这是人生长发育的重要阶段，发育得好，可以为一生的健康打下良好的基础；小学生的智力和动手能力正处在发展时期，必须从早期开始对学生进行智力培养和动手能力训练；小学生的情感、态度、行为、习惯等也正处在形成阶段，这些方面更需要早期培养，使其朝着正确的方向发展。

2. 科学启蒙教育能帮助学生正确认识周围世界。

我们周围的世界是一个五彩缤纷、气象万千的世界，要正确认识周围世界及其变化规律，必须具有一定的科学知识、科学方法和科学观点。

3. 科学启蒙教育能使学生更好地适应学习和生活的需要。

科学启蒙教育可以提高学生的学习能力。一方面学习科学知识可以帮助学生学习其他学科的知识；另一方面，学习科学的方法，有助于其他学科的学习。科学启蒙教育可以提高学生的生活能力。

4. 科学启蒙教育将为提高全民族的科学素养打下良好的基础。

科学探究是科学学习的主要方式，让学生体验科学探究活动的过程和方法，发展初步的科学探究能力。科学课程将培养学生良好的科学态度、情感与价值观，使学生初步认识科学的本质以及科学、技术与社会的关系，形成保护自然的意识和社会可持续发展的意识，培养社会责任感。科学课程为学生形成健康的生活方式，合理地解决个人生活、工作和社会决策中所遇到的问题，以及终身发展奠定基础。自然界是有规律的，这种规律是可以被认识的。科学是认识自然最有效的途径。科学知识反映了人类对自然本质的认识，对自然现象具有解释和预见的功能。科学可以转化为技术，变成改变世界的物质力量。科学技术是第一生产力。科学是以多样统一的自然界为研究对象的探究活动。科学探究不仅涉及逻辑推理和实验活动，同时还是一个充满创造性思维的过程。科学知识是全人类，特别是科学家探究活动的结果，它是人类智慧和劳动的结晶。科学不仅是科学家的事业，而且是一项全社会的事业。每一个人都应当关注科学、技术的发展。

二、小学科学课程类型：综合的科学课程

课程是培养人才的蓝图，在任何一个国家的教育教学中它总是居于中心地位。广义的课程是指所有学科（教学科目）的总和，是学生在教师指导下的各种活动总和。狭义的课程是指课程表上安排的科目，如数学、物理、化学、生物、科学、信息技术等，实际上是指一门学科。课程具有社会性和历史性，在不同的社会条件下、在不同的历史阶段、在不同的认识论和方法论背景下以及在不同的认识层次和研究角度，人们对课程的认识有所不同，从而导致了课程定义的差异性与多样性，并形成了不同的学派。关于课程的内涵在第二章中已经做了较为详细的讨论，这里不再重复。

我国基础教育课程改革所倡导的课程概念是："学习者在学校的指导下所学得的全部经验"，包括学习者在德、智、体、美、劳等诸方面的发展。这个概念的课程既包括课内活动，又包括课外活动。实际上，课程是客观实在与主观理念相统一的复杂体，其实质是人类的经验，是在学校的教育环境中，以使学生获得适应个体发展和社会进步需要的经验及目的的计划和过程，是目标、过程和结果的统一体。其存在形态表现为教学内容及进程的安排计划，包括课程设置（计划）、课程标准（大纲）、教科书和教学方案等，它们都体现了课

程目的，并为课程目标服务。①科学课程有两方面的含义：①指学校所开设的物理、化学、生物、地球科学等理科分科课程；②指综合科学课程，即融合物理、化学、生物及地球科学的内容，而不细分为各个学科，但内容范围也不仅限于综合科学课程，还适当地扩展到科学与技术、社会领域。当前，在我国小学阶段实施的就是综合的科学课程。

综合科学课程产生于20世纪60年代末期，一经出现就得到迅速发展，到目前已经成为一种世界性的潮流。综合科学课程的发展，一方面表明了这种课程的巨大教育价值，另一方面也显示了学校课程多元化发展的态势。综合课程是将具有内在逻辑或价值关联的原有分科课程内容以及其他形式的课程内容统整在一起的，旨在消除各类知识之间的界限，使学生形成关于世界的整体性认识和全息观念，并养成深刻理解和灵活运用知识来综合解决现实问题的能力的一种课程模式。

布卢姆于1972年对综合科学课程做了比较系统的理论探讨和特征分析，提出了评判综合科学课程的依据。他指出：综合科学课程具有两个或更多的维度，其中最重要的是“范围”和“强度”。“范围”指综合科学课程所包括的学科范围和研究领域。它可分为六个层次：①一门自然科学内部的综合；②两门相近的自然科学的综合；③多门自然科学之间的综合；④基础科学与应用科学的综合；⑤自然科学与社会科学的综合；⑥科学与非科学的综合。“强度”指课程真正综合化的程度，可以分为三个层次：协调型、组合型和整合型。布卢姆认为，只有在范围上包括两个以上学科和强度上有实质性结合的课程才能被称为综合课程。综合科学课程是当前我国基础教育课程改革中着力建设的一种新型课程形态。综合科学课程是为了克服各学科课程分科过细的缺点，采用合并若干理科课程的办法而编制的课程；是指打破了传统分科课程的知识领域，组合了两个以上的学科领域构成的一门学科；它强调各个学科领域之间的联系和一致性，避免过早地或过分地强调各个领域的区别和界限，从而防止各个领域之间彼此孤立、相互重复或脱节的隔离状态的课程。综合科学课程作为一种课程形态，其本质表现为：①目标通常指向学生的知识增长与统一、能力的培养和提高以及知情意行的协调发展。综合科学课程所综合的不仅仅是知识体系，更要将学生的知与行统一起来，将学生的学习与社会生活统一起来，使

---

① 周青．科学课程与教学论［M］．北京：科学出版社，2007：64．

学生既能获得知识，又能提高和发展能力；②综合科学课程的内容有着明显的跨学科性质，其内容的组织打破了原有的学科体系和学科界限，强调所研究的客观对象的整体性；分科课程中各科知识是自成体系、各不相关的。综合科学课程将各科的知识有机地整合起来，学生在学校所学到的知识是相互联系、融会贯通的；③综合科学课程的学习活动方式是灵活多样的，单从课程实施的时间和空间安排上看，有的有固定时间，以课堂教学为主要途径；有的在时间安排上则比较灵活机动，可以在课外和校外开展。综合科学课程强调各学科相互联系，各学科相关联的部分融合在一起，各学科领域之间相互协调，从而避免了各学科知识体系之间相互孤立、彼此分离的状态。综合科学课程的作用表现在：能促进学生全面发展，有利于调动学生学习的积极性与主动性，对学生的终生发展有着重要的意义，有利于促进社会与科学的发展。

依据科学哲学建构的小学科学课程，是一门综合的科学课程，它应该包括自然的、社会的、科学的、人文的内容，包括学生个人的科学和社会的科学，包括生命科学、物质世界、空间与宇宙、科学探究、情感态度与价值观等内容，学生学习科学的过程应该是科学的发现过程的再现。

三、小学科学课程目标：培养科学素养

课程目标是教育理想、教育目的的体现，是培养目标在特定课程门类或科目中的具体化、操作化表述。在现行的国家课程标准中，已经用“课程目标”的概念代替了“教学目标”的概念。与教学目标相比，课程目标要求全面体现素质教育的精神，从知识目标的一维表述，发展成为“知识与技能”“过程与方法”“情感态度与价值观”的三维呈现。在国家课程标准中，各课程门类或科目在课程目标的规定上，总体上降低了知识性的要求，但由于课程目标表述的是一种公民素养的基本要求，因而更重视和关注非知识性的要求，从人的发展角度来看，应该是提高了要求，或者准确地说，是对课程实施和教学提出了适应时代需要的新要求。

我国小学科学课程总体目标是：“通过科学课程的学习，知道与周围常见事物有关的浅显的科学知识，并能应用于日常生活，逐渐养成科学的行为习惯和生活习惯；了解科学探究的过程和方法，尝试应用于科学探究活动，逐步学会科学地看问题、想问题；保持和发展对周围世界的好奇心与求知欲，形成大

胆想象、尊重证据、敢于创新的科学态度和爱科学、爱家乡、爱祖国的情感；亲近自然、欣赏自然、珍爱生命，积极参与资源和环境的保护，关心科技的新发展。"① 这一目标的确定，反映了小学科学课程是以培养科学素养为宗旨的科学启蒙课程。

（一）科学素养的内涵

20 世纪末期，科学教育出现了以科学素养的培养为科学教育最高宗旨的发展趋势。科学素养可以被认为是："人们经由科学的学习，所获得的知识、能力、态度等各方面智力的增进。"克劳普法（L. E. Klopfer）认为，科学素养是指"每个人所应具备的对科学的基本解释。它包括五个方面的内容：①了解重要的科学事实、概念原则和理论；②把有关科学知识应用于日常生活情境中的能力；③具有利用科学探究过程的能力；④理解科学性质的一般原理和关于科学、技术与社会的相关作用；⑤具有明智的对待科学的态度以及具有与科学有关的事物的兴趣。"② 科学素养是一个融科学知识、科学方法、科学态度和科学价值观等多种因素为一体的复合概念。

美国《国家科学教育标准》指出："所谓有科学素养是指了解和深谙进行个人决策、参与公民事务和文化事务、从事经济生产所需的科学概念和科学过程。有科学素养还包括一些特定门类的能力。""有科学素养就意味着一个人对日常所经历的各种事物能够提出、能够发现、能够回答因好奇心而引发出来的一些问题。有科学素养就意味着一个人已有能力描述、解释甚至预言一些自然现象。有科学素养就意味一个人能读懂通俗报刊刊载的科学文章，能参与就有关结论是否有充分根据的问题所作的社交谈话。有科学素养就意味一个人能识别国家和地方决定所赖以为基础的科学问题，并且能提出有科学技术根据的见解来。有科学素养的公民应能根据信息源和产生此信息所用的方法来评估科学信息的可靠程度。有科学素养还意味着有能力提出和评价有论据的论点，并且能恰如其分地运用从这些论点得出的结论。"③ 美国《面向全体美国人的科

---

① 中华人民共和国教育部制订．全日制义务教育科学（3～6 年级）课程标准（实验稿）［M］．北京：北京师范大学出版社，2001：5.

② 转引自丁邦平．国际小学科学教育的发展趋势［J］．教育研究与实验，1998（3）：33.

③［美］美国国家研究理事会．国家科学教育标准［M］．戢守志，等，译．北京：科学技术文献出版社，1999：28.

学》中也指出："具有科学素养的人应该意识到科学、数学和技术是相互依赖的人类认识与实践的成果，它们具有的力量也受到限制；理解科学的基本概念和原理；熟悉自然世界并认识它的多样化和统一性；能将科学知识和科学思维方式运用于个人和社会的目的。"英国《国家课程标准》指出，科学素养标准中的能力标准应该包括：科学应用能力、科学调查能力、科学交流能力、自我教育能力和科学创造能力。

我国科学课程标准指出，科学素养就是对个人决策、参与公共和文化事务以及经济生产所需要的科学素养概念和过程知识的理解。具有科学素养的人能够提出、发现和解答与日常体验有关的问题。他们能描述、解释和预言自然现象。科学素养有不同的程度和形式，人的一生中科学素养都在不断发展和变化。

科学素养概念的提出是基于科学技术高速发展及其给人类生产所带来的巨大影响，还缘于人类日益增长的征服自然的能力和欲望，使人类居住的地球环境日益恶化所敲响的警钟。

高科技时代，科学素养不再是少数人的专利。一个国家综合国力的强弱越来越取决于各类人才的质量和数量，取决于劳动者的素质，特别是全体公民的科学素养。科学课程的目标就是要全面提高学生的科学素养。

（二）以科学素养为目标的科学教育价值取向

我国中小学科学教育是基础教育，在教育目标价值取向上与大学科学教育或专业教育有所不同。它把培养学生的基本科学素养确定为教育目标价值取向，而不是着眼于培养未来的科学家或专门人才。把科学素养作为中小学科学教育目标价值取向，要求掌握适用性宽广的科学概念、科学方法及科学技能，关注"科学—技术—社会"之间的联系，关心科学与技术的社会价值，培养学生的科学精神、科学态度和科学探究能力等作为科学教育的目标。美国《国家科学教育标准》所规定的学校科学的教育目标是：培养学生能"由于对自然界有所了解和认识而产生充实感和兴奋感；在进行个人决策之时恰当地运用科学的方法和原理；理智地参与那些就与科学技术有关的各种问题举行的公众对话和辩论；在自己的本职工作中运用一个具有良好科学素养的人所应有的知识、认识和各种技能，因而能提高自己的经济生产效率。”① 英国《国家课程标准》中确定的科学教育目标：①使学生了解科学概念；②训练科学研究方法；③建立科学与其他知识的联系；④了解科学对社会的贡献；⑤认识科学对个人发展的贡献；⑥认识科学知识的本质。美英两国科学教育目标都是以培养学生科学素养为价值取向的科学教育，集中反映了国际科学教育发展的趋势。

我国中小学科学教育目标过去曾强调工具理性、学科本位，关注传授知识的完整性、系统性、逻辑性和结构性。但随着世界科学教育改革的不断深入，在实施素质教育的大背景下，我国的科学教育开始向实施科学素养教育转轨，并且从小学开始就注重对学生进行科学启蒙教育。2001 年颁布的义务教育阶段科学课程标准和 2003 年颁布的高中阶段各有关科学教育的课程标准中都把培养学生科学素养作为科学教育的目标。为此，以培养学生科学素养为价值取向的科学教育目标，正指引着我国中小学科学教育走向深入。② 所以，小学科学课程是以培养学生科学素养为目标的科学启蒙课程。

（三）以科学素养为目标的小学科学课程

西方发达国家对小学科学教育十分重视，将科学与数学、英语同时作为基础教育阶段的核心课程，对课程教学目标、内容、方法及评价等方面作出了具体描述，十分注重在小学科学课程中培养与发展学生的科学素养。

我国小学科学课程总体目标是：“通过科学课程的学习，知道与周围常见事物有关的浅显的科学知识，并能应用于日常生活，逐渐养成科学的行为习惯和生活习惯；了解科学探究的过程和方法，尝试应用于科学探究活动，逐步学会科学地看问题、想问题；保持和发展对周围世界的好奇心与求知欲，形成大胆想象、尊重证据、敢于创新的科学态度和爱科学、爱家乡、爱祖国的情感；亲近自然、欣赏自然、珍爱生命，积极参与资源和环境的保护，关心科技的新发展。”③ 同时，对科学探究、科学知识和情感态度与价值观三个方面提出了

① ［美］美国国家研究理事会. 国家科学教育标准［M］. 戢守志，等，译. 北京：科学技术文献出版社，1999：17.

② 刘克文. 我国中小学科学教育价值取向［J］. 教育研究，2007（6）：43－44.

③ 中华人民共和国教育部制订. 全日制义务教育科学（3～6 年级）课程标准（实验稿）［M］. 北京：北京师范大学出版社，2001：5.

具体的分目标。总体目标和分目标勾画出了小学生科学素养的大致轮廓。

我国小学科学的内容标准包括：科学探究、情感态度与价值观、生命世界、物质世界、地球与宇宙等内容。强调科学探究是学习科学的中心环节。科学探究不仅可以使小学生体验到探究的乐趣，获得自信，形成正确的思维方式，而且可以使学生识别什么是科学，什么不是科学。科学探究不仅涉及提出问题、猜想与假设、制订计划、观察、实验、制作、搜集证据、进行解释、表达与交流等活动，还涉及对科学探究的认识。科学探究能力的形成依赖于学生的学习和探究活动，必须紧密结合科学知识的学习，通过动手动脑、亲自实践，在感知、体验的基础上，内化形成，而不能简单地通过讲授教给学生。在小学阶段，对科学探究能力的要求不能过高，必须符合小学生的年龄特点，由扶到放，逐步培养。在具体的教学实施过程中，可以涉及科学探究的某一个或某几个环节，也可以是探究的全过程。

构建小学科学内容体系，要强调学生学习科学的兴趣，注重与生活的联系；在课程教材的编写方面则强调要围绕探究加以组织，加强与其他学科的联系，让学生在做中学科学；通过科学的内容学习，让学生对科学知识产生兴趣，愿意学习科学知识、乐于进行科学探究，从而掌握科学知识的产生历史，培养科学情感态度与价值观，实现科学课程的科学启蒙目标。

四、小学科学课程内容：融入 HPS 教育理念

（一）HPS 教育理念

HPS 是指“科学史、科学哲学和科学社会学”（History，Philosophy and Sociology of Science）的缩写。把科学史、科学哲学和科学社会学的有关内容纳入科学课程中以提高科学教育的质量，是近年来国际科学教育界高度重视的一个课程理论。科学史、科学哲学和科学社会学是科学学（science studies）的三个分支学科，它们共同担负起阐述科学本质、提高科学教育质量的使命。

很久以前，一些著名科学家和教育家就倡导在科学教育中进行科学史、科学本质或科学方法的教学，但这个问题重新受到国际科学教育界的高度重视，并以 HPS 教育的形式再次进入科学课程中，则是近年来的事。当前，科学教育学者们关注科学史、科学哲学和科学社会学对科学教育的作用与以往迥然不

同。20 世纪 80 年代末成立的国际科学史、科学哲学与科学教学研究小组，迄今已举办了三次 HPS 与科学教学的国际会议。1992 年创办的国际学术刊物《科学与教育》（Science & Education）专门刊登科学史、科学哲学和科学社会学与科学教育相关的论文。HPS 教育已成为国际科学教育研究中的一个前沿性课题。

20 世纪 80 年代末，对 HPS 教育的关注也反映在一些国家科学课程与教学改革中。美国的《科学素养的基准》（1993）、《国家科学教育标准》（1996），英国《国家课程标准》（科学课程部分）（1988）等，都对 HPS 课程与教学有明确的要求。此外，科学史和科学哲学课程也已成为许多国家培养理科教师课程的一部分。在美国一些学区，学完科学史和科学哲学课程才能取得科学教师证书。

美国著名科学史学家和科学哲学家库恩是第一个将科学史引入科学哲学的学者。在库恩之后，科学史和科学哲学研究融为一体，你中有我，我中有你。正如拉卡托斯所言："没有哲学的科学史是盲目的，没有历史的科学哲学则是空洞的。"但是，即使在 20 世纪 60 年代科学课程现代化的"黄金时期"，同时关注科学史和科学哲学的学者也寥寥无几。虽然有布鲁纳、施瓦布、鲁滨逊、克劳普福、赫尔顿、卢瑟福等人为了改进科学教学，认真地探讨了科学史和科学哲学，但在大多数科学教育专家那里还未注意到这方面，所以那时科学教育与科学史和科学哲学彼此缺乏必要的联系，这种状况一直持续到 20 世纪 80 年代中期。1985 年，达西尔在《科学教育与科学哲学：25 年互不相干的发展》一文中指出，西方国家在科学课程改革中，由于有关学科之间缺乏交流而失去了良好的合作机会，从而也失去了为科学课程改革提供坚实的理论基础的机会。

将科学史、科学哲学以及科学社会学引入科学教育中，其目的是为了使人们加深对科学本质的认识和理解。正如马修斯（M. R. Matthews）指出："科学的本质很久以来就是理科教师和课程专家们所关心的问题，自 19 世纪初期科学开始在学校课程中取得一席之地以来，人们一直希望学生不仅要懂得科学，而且要通过内化科学精神，懂得欣赏科学的本质，使科学教学对文化品质和个人生活产生有益的影响。显然，要实现人们合理的长期存在的期望，必须依靠教师和课程专家们理解科学方法和认识论（即对科学本质的认识）。"19 世纪英国政府在《教育中的自然科学》的报告（汤姆逊报告）中，更为明确地提出在科学教学中应当进行科学史和科学哲学的教学。报告指出："需要……把科学的主要成就及其取得这些成就的方法引进教学中，应当要有更多的科学精神而不是干巴巴的事实……其方法是开设科学史课程。……科学史和科学哲学知识应当成为每个中学理科教师智慧的一部分。"

科学教育要真正起到教育作用，而不仅仅是训练的作用——从根本上提高科学教育的质量，就不能不让学生深入理解科学的本质。要让学生正确理解科学的本质，必须将科学知识产生、形成的过程告诉学生，让他们了解科学家是如何通过艰苦的工作，获得对自然、世界、社会的认识，形成对科学本质的认识。为此，将科学史、科学哲学、科学社会学融入当今小学科学教育改革中，给学生讲解科学家的故事，让学生了解科学知识的产生和形成过程，必将激发学生学科学、爱科学、用科学的兴趣，并促进其科学素养的形成与发展。

（二）HPS 教育在科学教育中的作用

由于科学史和科学哲学你中有我，我中有你，后来又有科学社会学的加盟，使这三个学科对科学本质的研究水乳交融，形成了 HPS 教育三位一体的格局。丁邦平教授认为，HPS 教育对科学课程改革的作用表现在以下几方面。①

1. 在科学课程中加入 HPS 教育的内容，为原来非人文化（dehumanizing）的学校科学课程提供了人文化的因素。这一主张在两次"世界大战"之后，在西方国家尤其深入人心。

2. HPS 教育可以起到沟通英国学者斯诺（C. P. Snow）所提出的"两种文化"的作用，因为 HPS 课程内容可以构成文理科学生学习的共同基础。

3. 把 HPS 教育纳入科学课程中还有助于克服科学教育中的一些问题，如学生缺乏学习科学的动机，女生不愿学习科学，公众对科学的厌倦和冷漠态度，以及对科学在历史文化和社会中的地位理解不足，等等。

4. 尤其重要的是，科学课程中有了 HPS 教育的内容，可以使学生更好地把握科学本质，使学生懂得科学究竟是什么，科学知识是怎样产生的，科学在社会发展和进步中的作用，科学和科学方法的优点与局限性，等等。只有对当代科学有了这样全面辩证的认识，才能区分科学与非科学和伪科学，才能驱散

① 丁邦平. HPS 教育与科学课程改革［J］. 比较教育研究，2000（6）：9 - 10.

唯科学主义的迷雾，正确认识科学技术对社会发展的推动作用。

当前西方科学教育专家都认识到，科学教育中不能没有 HPS 教育的内容。如果说，早期为数不多的关心科学本质的学者还只是针对理科学生的话，那么，20 世纪 80 年代和 90 年代的科学教育学者提出的 HPS 教育则是针对所有学生的，这反映了普及科学教育的时代要求。在当前科学教育改革中，有关科学本质的知识都写进了“科学素养”的定义中。正如梅奇椎（Y. Meichtry）所说的那样：“在过去 30 年里，文献中所报告的科学素养的定义普遍强调理解科学本质的重要性。”①

事实上，自 20 世纪 90 年代以来，美国在科学教育改革中已经把理解科学本质列入科学教育的目标之一。如美国得克萨斯州 3 年级科学和 7 年级生命科学的宗旨与目标就体现出对科学本质的认识。

1. 3 年级科学。

宗旨与目标：3 年级科学学习旨在使学生理解生命科学、物质科学（即物理和化学）和地球科学的基本概念，重点是物质科学的概念。3 年级科学课程与教学围绕以下四个基本目标加以组织。

（1）问题解决——使学生获得发现生命世界与非生命世界里的问题，并尝试解决这些问题的能力（50% 的教学时间用于问题解决）。

（2）科学知识——使学生获得以下领域的知识：动植物、物质能量、机械和声音、地球、大气和影响地球上生命的天体、良好的健康与营养习惯（25% 的教学时间用于科学知识）。

（3）科学本质——使学生理解科学知识的历史发展，获取生命科学、物质科学和地球科学等领域的知识的手段（15% 的教学时间用于科学本质）。

（4）科学技术与社会——学生要理解他们获得的各门科学的知识可以怎样运用于他们的个人生活中（10% 的教学时间用于科学技术与社会）。

2. 7 年级的生命科学。

宗旨与目标：学习生命科学旨在使学生对从最简单的到最复杂的生命的复杂性有所了解，生命科学课程围绕下列四个基本的科学教学目标加以组织。

---

① Meichtry Y. J. The Impact of Science Curricula on Student Views about Nature of Science[J]. Journal of Research in Science Teaching, 1993(30): 429 - 444.

（1）科学知识——学生获得生命有机体的基本形式及其与环境互动的知识（占35%的教学时间）。

（2）问题解决——学生获得发现自然界不平衡现象发生时产生的问题，并尝试解决这些问题的能力（占35%的教学时间）。

（3）科学技术与社会——学生理解他们关于生命有机体的知识可以怎样运用于他们的社区和他们的个人生活中，以提高人类的福祉（占15%的教学时间）。

（4）科学本质——学生了解生命有机体知识的历史发展情况以及获取这些知识的手段（占15%的教学时间）。

丁邦平教授认为，对科学本质问题的高度重视还与建构主义的兴起密切相关。建构主义对传统的科学观提出了严峻的挑战，这在建构主义的早期著作——如诺福克（J. D. Novak）的《教育理论》一书中就表达得非常清楚。在该书（1986年版）的序言中，诺福克说："在哲学界，哲学家们一致认为，实证主义的认识论既不是一种有说服力的观点，也不是一种有创见的观点……现在正在兴起的认识论观点是建构主义，它是建立在库恩、图尔敏及其他人的思想之上的。"① 英国学者迪瑞福也宣称："建构主义不把真理看做是感觉印象与现实世界之间的吻合，而是把它看做是我们的感觉印象与我们的观念之间的吻合，真理的权威性存在于我们每个人之中。"②

作为当代西方科学教育的一个主流理论，建构主义以其旗帜鲜明的科学本质观影响着科学教育改革和实践。它把科学本质问题凸显于科学课程与科学教学之中，旨在培养学生的理性怀疑精神和创新能力。如果说以往只有少数科学课程注重在科学史和科学哲学内容中融入科学本质的讨论，而大多数科学课程只是以隐性课程的形式承载着科学本质的教育任务的话，那么建构主义则明确地提出，要在科学课程中进行显性的科学本质教育。用英国里兹大学教授李奇的话来说："倘若认为发展学生对科学本质的理解是科学教育的一个确定目标，而不是科学教育的潜在结果，那么，就必须找出我们所希望促进的科学本

---

① Novak J. D. A Theory of Education[M]. Ithaca：NY Cornell University Press，1986：452. Quoted in Michael R. Mattews(1998). op. cit. 990.

② Driver R.，Bell B. Students' Thinking and the Learning of Science：a Constructivist View[J]. School Science Review，1986(67)：452. Quoted in Michael R. Matthews(1998). op. cit. 990.

质的特性。”①

（三）HPS教育与科学课程的融合

1997年，英国伦敦大学国王学院孟克（M. Monk）和奥斯本（J. Osborne）在《科学教育》杂志上发表了《把科学史和科学哲学融入课程中：一个教育学的发展模式》一文，② 提出了把HPS教育融入科学课程与教学中的新模式。其理论基础特别关注两点，一是学生的已有知识和经验（通常叫做儿童的“选择性框架”或“儿童的科学”）；二是“我们如何认识”这一重要的认识论问题。这个模式一般叫做“孟克与奥斯本的融合模式”，如表5－1所示。

表5－1　孟克与奥斯本的融合模式

阶　段	教　师　　　　学　生	结　果
1. 演示 2. 引出观念 3. 学习历史 4. 设计实验 5. 科学的观念与经验性检验 6. 评论和评估	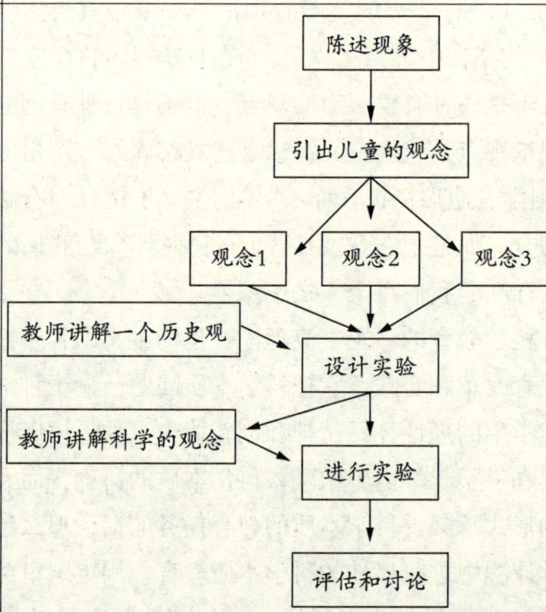	1. 产生有关一个特定现象的一系列观念，可能包括科学的观念。 2. 通过实验检验这些观念。 3. 利用实验资料进行解释。 4. 得出科学的概念，证据的局限性和不同形式的解释。

这一模式假设，学习的课题是科学史上某一个科学家曾经研究过的自然现

① Leach J. Students' Understanding of the Nature of Science. in: G. Welford, J. Osborne & P. Scott (Ed.) Research in Science Education in Europe: Current Issues and Themes[M]. London: Falmer Press, 1997. Quoted in Michael R. Matthews (1998). op. cit. 990.

② Monk M., Osborne J. Placing the History and Philosophy of Science on the Curriculum: A model for the Development of Pedagogy[J]. Science Education, 1997(81): 408.

象，如落体的变化、植物从哪里获得营养、燃烧现象等。教学过程分为六个阶段。

第一阶段，教师演示。教师让学生的注意力集中于某一现象上，由此产生一个需要解决的问题。教师向学生演示的应是以往科学家们在历史上进行理论研究的一个现象。因此，并非所有的题目都适宜于这种教学。但在教学中有了这种解决问题的探究性学习，正如马赫所言，它们将使学生切身感受到什么是科学发现，并在他们头脑里扎根。

第二阶段，引出学生的观念。教师应当用各种有效的方法把学生关于这一自然现象的观念搜集起来，如采用问答、概念图（concept map）、词语联想、绘画、讨论等方式。采用这些教学策略时还可以加上小组学习的方式，因为小组学习可以让更多的学生有机会积极参与进来。在这个阶段教师要鼓励学生提出各种观念及其解释，由此调动和激发学生积极地和创造地思考。这就使学生感受到，科学家的作用不仅在于发现所谓“科学事实”，而且要通过他们创造性的想象建构它们。因此，这个模式提供了一种机制，超越了把科学教育等同于传授最终的知识产品的传统教学方式。

第三阶段，学习历史。教师需要进行以下工作：①介绍早期科学家关于这一现象思考的例子，作为供学生考虑的又惊又喜的一个观点；②提供当时经济、社会、政治状况的背景信息；③举例说明当时其他科学家不同的观点；④引导学生讨论或探索这些信息或其他支持这种历史观点的背景情况；⑤按时期和事件简要地总结历史上的研究。教师可以口头讲述，也可以通过课本或多媒体材料让学生在小组里积极学习。学习历史当然要与前面选择的要进行学习和研究的自然现象有关，是教师经过仔细考虑的、适合于教学需要的科学故事，让学生明白为什么古代科学家有那种想法。每个科学故事都可以提供给学生思考的机会。这种科学故事创造了一个探究科学思想的情境，让学生认识到古人并不是因为愚蠢才产生错误的观念，而是受到当时资料和收集资料的技术手段的限制，或者受到不同观念影响的结果。

科学史表明，科学发现与科学家的时代背景有着一定的必然联系。教师在教学中将科学故事作为学习科学概念的一个环节，可以使学生在心理上和情感上接近科学，可以激发他们的想象力，还可以使他们用一种移情的方式设身处地地体验以往科学家的探究和思考。埃根（K. Egan）在《以讲故事进行教学》一书中极力主张这种机械性的教学。它的目的限于狭隘的认知观点，旨在提高学生的理性思维能力。然而，这种教学模式却不能发展和利用学生思维的想象和创造性成分。用埃根的话来说，传统的科学教育是基于："一种贫乏的经验主义的科学观，误用了科学的权威以教育来促进一种狭隘的逻辑思维，却牺牲了我们从儿童富于想象的活动中经常见到的其他类型的思维形式。"① 萨滕（C. Sutton）认为，科学故事有益于科学教学。利用科学故事进行科学教学能够使儿童通过情感的方式掌握有用的概念工具。斯迪纳（A. Stinner）甚至提倡要以科学故事为线索重新编写科学教材，以"故事线索"（storyline）的方式进行科学教学。

第四阶段，设计实验。有了多种多样的观点（或观念），既有学生提出的，也有历史上科学家提出的。这时，教师可以让学生考虑哪种观点正确。在该阶段，又可以激发学生的想象力来设计实验。因为在设计实验决定哪种观点有效和正确时，他们需要进行创造性和富于想象力的思考。教师要通过实验使学生知道通常可提出一系列可供选择的或辅助性的假说解释实验证据。既要让学生弄清楚搜集有效证据的方法问题，又要揭示"我们如何知道"的证明或解释问题。这两个方面结合起来才使科学构成一种独特形式的知识，从而使学生认识到以下几点：①一个正在研究的自然现象；②班上不同的学生对正在进行的研究会有稍微不同的思考，以及造成分歧的原因；③过去有人思考过这些事情；④过去人们遇到这种现象的历史情境；⑤可用来检验某种观点有效性的可能性实验。

第五阶段，讲解当代的科学观点，即介绍教科书上对这种自然现象的解释。教师的讲解会成为一种新的声音，增加一种观点。这种观点是可以通过现代实验予以证实的。学生学习这一科学的观点（或概念）是在前面一系列活动之后进行的，这或许为他们的观念转变提供了一个思想基础。在该阶段要对科学概念进行实验，由实验提供的资料帮助学生接受科学观念。实验证据支持科学的解释，但并不一定是无可辩驳的。科学史表明，即使是后来被普遍接受的科学观念至少在开始阶段并不是很容易被人接受的。也就是说，实验证据并不是科学知识的唯一裁决者。因为"批评者以否定性的结果为理由对争论的现象不予考虑，而任何剩下的肯定性的结果都被辩解为不适合、幻觉，甚至是

① Egan K. Teaching as Story Telling [M]. London: Routledge, 1997. Quoted in M. Monk & J. Osborne. op. cit. 418.

欺骗。然而，支持者则把否定性的结果解释为未能完全重复获得肯定性结果的相同的条件而造成的。所以，实验似乎不能解决争端。”①

第六阶段，总结与评价。该阶段的目的在于帮助学生更加深刻地了解科学探究的过程、历史上的科学探究和科学概念。

从上面的描述可以看出，孟克和奥斯本的融合模式有以下几个特点：①科学史与科学哲学的学习与当前科学概念或理论的学习有机地融合在一起，使教师不再像以往那样感到科学史与科学哲学是科学课的附加部分；②整个教学过程提供了一个解决问题的情境，是一个探究过程，因而有利于培养学生解决问题的能力和创新能力；③充分发挥了学生的主体性，促进了他们的主动学习和知识建构；④使学生认识到早期的科学家在解释一些自然现象时，与他们一样有着类似的错误观念，从而使他们得到一种心理上的支持；⑤在学生错误观念的基础上通过探索形成正确的科学概念，这种建构主义学习方式有利于学生深刻理解科学概念。

澳大利亚新南威尔士大学教育学院科学哲学教授迈克尔·马修斯（Michael R. Matthews）也积极倡导把科学本质的内容纳入科学课程与教学中，这一主张集中反映在他 1994 年出版的专著《科学教学：科学史和科学哲学的作用》一书中。马修斯深知科学哲学和科学史素养对理科教师的重要性。他希望理科教师多懂一些科学哲学、科学史和科学社会学，然而他又是一位现实主义者，认为希望所有理科教师和理科师范生都成为有能力的科学哲学家、科学史学家或科学社会学家是不现实的。因此，应当把目标限制在让师范生或教师了解课堂上出现的有关认识论和科学本质的问题范围内。

在马修斯看来，在任何一个理科课堂上，哲学问题无处不在。因为任何理科教材或课堂教学都会涉及这样一些术语：定律、理论、模式、解释、原因、真理、知识、假说、证实、观察、证据、理想化、时间、空间、场、物种……至于科学史，理科教学中都会不可避免地遇到许多科学家的名字，如伽利略、牛顿、波义耳、达尔文、孟德尔、法拉第、伏特、道尔顿、玻尔、爱因斯坦等。一名优秀的理科教师应当能够对这些与科学哲学有关的术语和科学史上的著名人物作一些解释，就像一位音乐教师会说一说贝多芬、莫扎特和其他音乐

① Collins H., Pinch T. The Golem: What Every-one should Know about Science[M]. 1997. Cambridge University Press. Quoted in M. Monk & J. Osborne. op. cit. 419.

大家的故事一样。依照马修斯的观点，当教师和学生在科学教学过程中遇到上述术语时，当他们停下来问一问它们是什么意思以及正确使用它们的条件时，哲学就出现了，因此所有这些概念都起源于哲学家对认识论和行而上学问题的思考，因而它们也有助于哲学思考。

将 HPS 教育理念融入科学课程教学中，必将增强学生对科学的兴趣，提高学生的科学素养。但我们不能否认，利用它们进行成功教学的前提是对理科教师提出更高的要求。理科教师需要更多地了解科学哲学、科学史和科学社会学的知识，从而为他们从事科学教学、加深学生对科学本质的理解作好理论准备。

《全日制义务教育科学（3~6 年级）课程标准（实验稿）》指出："通过科学教育使学生逐步领会科学的本质，乐于探究，热爱科学，并树立社会责任感；学会用科学的思维方式解决自身学习、日常生活中遇到的问题。"① 我国小学科学课程应将科学家的故事、科学与自然、科学与社会、科学与技术之间的相互联系告诉给学生，让他们加深对科学本质的认识。在科学课堂上利用课程本身蕴藏的哲学史和科学哲学素材进行科学本质的教育既是有益的，也是可行的。美国哲学教授马修斯（Gareth B. Mattews）所撰写的《哲学与幼童》一书，揭示了儿童提出的大量哲学问题，足以证明儿童是喜欢进行哲学探讨的。马修斯发现，"他们中许多人在孩提时代就已经在运用哲学了。"② 20 世纪 80 年代初美国另一位哲学教授李普曼（Mathew Lipman）等人编写的《儿童哲学》一书，内容涉及艺术、社会学和科学等学科的概念，是利用哲学故事教儿童思维技能的好教材。③

只有在小学科学教育中融入 HPS 教育理念，并将科学史、科学哲学和科学社会学融合起来，使学生充分认识科学的本质及其特征，才能真正实现小学科学教育的目标，才能对小学生进行科学启蒙教育，才能培养与发展学生的科学素养。

---

① 中华人民共和国教育部制订．全日制义务教育科学（3~6 年级）课程标准（实验稿）［M］．北京：北京师范大学出版社，2001：1．

② ［美］马修斯．哲学与儿童［M］．陈国荣，译．北京：生活·读书·新知三联书店，1989：1．

③ 丁献．美国中小学思维教学概览［J］．外国教育研究，1989（4）：35．

五、小学科学课程实施：以探究为中心的科学

从科学文化哲学的角度来看，科学活动就是特定群体在科学文化共同体内从事的旨在探究和认识未知世界和问题的过程。而科学课程的主要实施途径是在特定文化背景中发生的探究教学。

（一）科学教育中的探究：历史的视角

探究进入学校科学课程的时间还不到一个世纪。1909 年，美国著名教育家杜威在美国科学促进会的一次报告中提到科学教育过于强调知识的积累，而对科学作为一种思维方式和认知态度却没有给予足够的重视。他指出："科学不仅是需要学习的一堆知识，而且也是一种学习的过程或方法。"20 世纪 50—60 年代，探究作为一种教学方式，越来越被人们所接受。如果学生想要了解科学研究方法，还有什么方式比自己积极参与探究的过程更好呢？教育家施瓦布为树立这一科学教育观念起了重要作用。他认为科学应该被视作一种概念结构，它随时可能因发现的新证据而被修改。他的观点启示教师应该以探究的方式将科学呈现给学生，学生也应用探究的方式学习科学知识。为了实现这种转变，施瓦布建议教师首先在实验室给学生亲身实验的机会，然后根据学生的经验来组织教学。也就是说，在学习课本上的科学概念与原理的解释之前，学生应先在实验室进行实验，然后用实验所得证据作出解释，最后对解释加以提炼。为此，施瓦布对科学教学提出了"探究的探究"的方法。这种方法中，教师提供给学生的是科学研究的读物和报告。学生就其中的细节进行讨论：如研究的问题、收集的数据、所用技术的作用、对于数据的解释以及科学家在研究中得到的结论。学生阅读的材料包括各种可能的解释、不同假设进行辩论的辩词以及科学探究中的其他问题。通过这种方式，学生认识到科学知识的构成以及知识是如何获得的。

杜威、施瓦布以及布鲁纳和皮亚杰等，对当时科学课程开发的和科学教学产生了重要的影响。1957 年，苏联第一颗人造卫星上天，大大促进了科学教学的改革与发展。科学探究越来越受到重视，强调科学探究过程的学习与对科学知识的掌握具有同等的重要性。

美国"2061 计划"和《国家科学教育标准》都明确强调科学探究是科学

学习的中心环节。如《国家科学教育标准》中明确指出："科学学习的中心环节是探究"，教师"需要运用多种不同的策略"来促进学生知识和能力的掌握。①

在教育学领域，研究者们主要是将探究作为个体的一种学习方式来进行研究。如施瓦布认为："探究学习是儿童通过自主地参与获得知识的过程，掌握研究自然所必需的探究能力；同时，形成认识自然的基础——科学概念；进而培养探索未知世界的积极态度。"我国学者认为，探究学习是"学生在教师指导下，为获得科学素养以类似科学探究的方式所开展的学习活动。"②"是学生从问题或任务出发，通过形式多样的探究活动，以获得知识和技能、发展能力、培养情感体验为目的的学习方式"。③ 从上述定义中我们可以看到，尽管研究者们对于探究的表述有所不同，但大家普遍认为，探究是个体围绕着问题或任务进行的一种探索活动，因此，问题是探究的起点。探究作为一种类似于科学研究的活动，要经历科学研究的一般过程。探究的实质就是发现问题和解决问题。

探究是个体在新的环境中通过自主探索、调查和研究来发现和认识新事物、解决新问题的活动。

科学探究是一般探究的"子集"，属于狭义探究的范畴。科学探究除了具有上述探究的一般特征外，它还具有一个重要特征，那就是科学家群体在长期探索自然规律的过程中所形成的有效认识和实践方式，其中最重要的就是科学思想方法。所谓科学探究，简言之，就是个体通过自主地调查和研究来认识和解释自然的活动。要准确地理解和把握科学探究，必须明确以下几方面内容：①科学探究的对象是自然界，是对自然现象或问题的一种调查和研究。通过科学探究，个体发现和揭示客观事物的本质及其相互关系，掌握自然发展的规律。正如美国学者韦尔奇所指出的："科学探究是一般探究的'子集'，它的对象是自然界"。④ ②科学探究作为一种认知活动，要经历一定的活动程序或阶段。尽管其研究问题的方式、途径和手段各不相同，不存在绝对统一的模

---

① ［美］美国国家研究理事会．国家科学教育标准［M］．戢守志，等，译．北京：科学技术文献出版社，1999：35－55．

② 徐学福．探究学习的内涵辨析［J］．教育科学，2002（3）：34．

③ 李亦菲，杨宝山．如何认识探究学习与研究性学习的关系［J］．学科教育，2002（12）：34．

④ 靳玉乐．探究教学论［M］．重庆：西南师范大学出版社，2001：2．

式，但无论是哪一类科学研究，从发现问题到解决问题，都要经过一些类似的活动过程或阶段，如形成问题、建立假设、制订研究方案、检验假设、得出结论等。正是上述这些活动过程构成了被称为“探究”的科学过程，进而也成为判断某种活动是否是科学探究活动的依据。[①] ③在科学探究中，为了发现和认识自然现象或事物的特征，揭示自然的发展规律，个体要运用一系列的科学方法，包括观察、比较、分类、测量、交流、预测、假设、实验等来寻求对于自然问题的答案，获得对自然世界的理解。因此，科学方法是科学探究的灵魂。当然，在不同的研究领域，针对不同的问题，可以运用不同的研究方法，不存在固定或统一的模式。同时，在不同发展阶段，具有不同发展水平的个体可以运用不同的方法来进行探究。④科学探究作为一种探索活动，具有双重的含义。它既可以指科学领域里的探究，即科学家所进行的各种探索自然的活动，也可以指个体以一种类似于科学研究的方式进行的各种科学学习活动。美国《国家科学教育标准》认为，科学探究包括形成科学研究问题、收集数据、建立假设、检验假设和交流结果。“科学探究是指科学家们用来研究自然界并根据研究所获事实证据做出解释的各种方式。同时，它也指学生构建科学知识、形成科学观念、领悟科学研究方法的各种活动。”[②] 英国《国家课程标准》将科学探究过程划分为制订计划、获取并表达证据、思考证据、评价四个步骤。我国《全日制义务教育科学（3～6年级）课程标准（实验稿）》提出，科学探究包括提出科学问题、进行猜想和假设、制订计划和设计实验、获得事实与证据、检验与评价、表达与交流几个部分。

科学探究除了具有上述探究的一般特征外，还具有一个重要特征，那就是科学家群体在长期探索自然规律的过程中所形成的有效认识和实践方式，其中最重要的就是科学思想方法。

（二）科学探究教学：科学文化的视野

1. 探究教学的本质。

美国教育家安德森（Anderson）在《教学和教育百科全书》中对探究教

① L. W. Trowbridge, R. J. Bybee, J. C. Powell. Teaching Secondary School Science[M]. 7th ed. Columbus Ohio: Prentice-Hall Inc, 1996.

② ［美］美国国家研究理事会. 国家科学教育标准［M］. 戢守志，等，译. 北京：科学技术文献出版社，1999：30.

学的本质特征作了概括："不把构成教学目标的有关概念和认知策略直接告诉学生，取而代之，教师创造一种智力和社会交往环境，让学生通过探索发现有利于开展这种探索的学科内容要素和认知策略。这种教学的基本原则是：由学生自己亲自制订获取知识的计划，能使学科内容有更强的内在联系、更容易理解，教学任务有利于激发内在动机，学生认知策略自然获得发展。同时，这个过程中学生还认识到能力和知识是可变的，从而把学习过程看做是发展的，它既要以现有的学习方法为基础，又要将其不断地加以改进。"①

靳玉乐教授认为，探究教学在实质上是一种模拟性的科学研究活动。具体说来包括两个相互联系的方面：一是有一个以"学"为中心的探究学习环境；二是给学生提供必要的帮助和指导，使学生在探究中明确方向。②

郝志军博士从探究教学系统的构成及其特性和内涵的角度，指出了探究教学的实质：①探究教学是发展学生精神生活的过程；②探究教学是学生自我探索和发现真理的过程；③探究教学是主体生命活动的展现过程；④探究教学是教师教学实践智慧施展的过程。③

从上述学者的观点可以看出，科学探究具有两层含义：一是科学家的探究过程，二是教学或学习过程。前者为后者提供模式或模型，后者是对前者的模仿或模拟。

探究教学是在教师指导下，学生主动地从学习生活和社会生活中选取与教学目的和教学内容有关联的问题或项目，用类似于科学研究的方式去获取知识、应用知识、解决问题的教学活动。④ 由此可见，探究教学实质上是将科学领域的探究引入课堂教学，使学生在教师指导下和相互有效启发下，通过类似科学家的探究过程理解概念和科学的本质，并培养科学探究能力的一种特殊的教学方法。凭借教材和教师提供的信息，通过主体参与教学，积极探索多种解决问题的方式和方法，有效感知和理解教学内容，达到发展创新智能的目的。探究教学是在教师的指导和启发下，通过学生自主、独立的探索活动，有效感知和理解知识，构建知识，获得情感体验，掌握解决问题的方法，发展探索精

---

① Lorin W. Anderson. National Encyclopedia of Teaching and Teacher Education［M］. 2nd ed Elervier Service Ltd, 1995: 109.

② 靳玉乐. 探究教学论［M］. 重庆：西南师范大学出版社，2001：15.

③ 郝志军. 探究性教学的实质：一种复杂性思维视角［J］. 教育研究，2005（11）：69－70.

④ 同③，66.

神和创新能力的学习方式。探究教学实质上是将科学领域的探究引入课堂，使学生通过类似科学家的探究过程理解科学概念和科学的本质，并培养科学探究能力和科学精神的一种教学方式，是科学文化的重现。

2. 探究教学的特征。

（1）注重科学素养。

探究教学是面向全体学生的，其目的是培养具有科学素养的一代公民。科学素养概念的提出基于科学技术高速发展及其给人类生产带来的巨大影响。克劳普法认为，科学素养是指“每个人所应具备的对科学的基本解释。它包括五个方面的内容：①了解重要的科学事实、概念原则和理论；②把有关科学知识应用于日常生活情境中的能力；③具有科学探究的能力；④理解科学性质的一般原理和科学、技术与社会的相互作用；⑤具有明智的对待科学的态度以及具有对与科学有关的事物的兴趣。”① 因此，科学素养是一个融科学知识、科学方法、科学态度和科学价值观等多种因素为一体的复合概念。

探究教学不像传统教学那样，把学生看做是被动接受知识的容器，而是将学生引导到教学中，让学生主动参与学习，通过探究活动，让学生亲自动手、动脑，主动提出问题、搜集资料、提出假设、验证假设、得出结论、进行交流。在这个过程中，学生应用自己已有的知识建构起对事物新的认识，发展观察能力，提出问题、分析问题、解决问题、交流结果的能力，培养严谨的科学态度、探究创新精神、与他人合作的能力。通过形式多样、内容丰富的探究活动进行教学，可以使学生从多角度深入地理解知识，建构知识间的关系，从而使他们在面对实际问题时，能更容易地激活知识，灵活地运用知识去解决问题，真正激发学生学习的内在动机。

（2）强调探究过程。

对于需要开展探究教学的科学教师而言，他们首先关注的是科学探究的基本程序，并希望以此来把握科学探究的过程特征。近年来，许多学者提出了大同小异的科学探究程序，如有人从比较的角度出发，认为科学探究包括形成科学研究问题、收集数据、建立假设、检验假设、交流结果五个基本特征，学生

① 丁邦平．国际小学科学教育的发展趋势［J］．教育研究与实验，1998（3）：33．

的探究学习也要相应地体现这五个特征。① 《全日制义务教育科学（7～9年级）课程标准（实验稿）》指出，科学探究的程序包括六个方面，即提出科学问题、进行猜测和假设、制订计划和设计实验、获取事实与证据、检验与评价、表达与交流。当然，实际的科学探究非常复杂，远不是某个简化的程序所能精确反映的，而且不同的研究者会提出不同的程序，但这并不影响人们以此为范型来设计和开展探究教学。其原因就在于教学不是科学探究本身，探究教学是类似而不等于科学探究。② 由此可见，探究不是为探究而探究，更为重要的是探究过程本身就体现着学生的需求和愿望，展示着学生的才智和品行，发展着学生的特长和个性。

(3) 提倡合作学习。

探究教学需要全体学生积极参与到探究活动的各个进程中去。在探究教学中，通常需要分组进行问题探究、分组制订工作计划、分组调查、分组实验、分组讨论、分组交流与总结等，开展小组内或小组间的合作学习。在合作学习的过程中，学生根据自己已有的经验、文化背景，以及对事物的理解去建构新的知识，发现自己的不足，对自己和他人的观点进行反思或批判，从而建构起新的和更深层次的理解。合作学习让学生懂得彼此尊重、理解和宽容，学会表达自己的思想，倾听他人的意见与说服他人，形成合作研究的能力，同时增强学生的团队精神和合作意识。

(4) 重视形成性评价。

开展对探究教学的评价十分有利于提高探究教学的质量，它能促进教师组织实施探究教学能力的提高，促进学生探究水平的发展。探究教学评价包括教师评价和学生评价。教师评价要注意评价对探究教学的组织协调及实施能力，教学目标确定的正确与否，教学内容安排是否合理，教学组织形式是否恰当，教学安排是否有利于学生探究能力的发展和提高，同时，也要重视对学生进行形成性评价。要评价学生理解了哪些概念，哪些概念还模糊不清或不知道，是否能灵活地运用知识解决问题，是否能提出问题，是否能设计并实施探究计划，是否能分析处理所收集的证据，是否能判断证据是支持还是反对自己提出

① National Research Council. Inquiry and the National Science Education Standards[M]. Washington DC: National Academy Press, 2000: 34－35.

② 徐学福. 科学探究与探究教学 [J]. 课程·教材·教法，2002 (12): 21.

的假设等。为此，在探究教学中必须重视形成性评价，如学生探究过程用的记录本、撰写的报告、绘制的图表、制作的模型等，以及与学生进行的交流、讨论，从而全方位地及时了解学生在探究学习过程中的情况。开展探究教学评价的最终目的是要促进教师提高实施探究教学的能力和水平，促进学生发现问题、分析问题、解决问题等各种探究技能的提高，增强他们获取知识的能力。

3. 探究教学的主要模式。

所谓探究教学模式，就是在探究教学理论的指导下，在探究教学实践经验的基础上，为发展学生的探究能力，培养其科学态度及科学精神和按模式分析等方法建构起来的一种教学活动结构和策略体系。一般来说，探究教学模式包含四大要素：理论基础、教学目标、操作程序与实施条件。探究教学模式表现为教学活动结构和教学策略体系。之所以这样理解，是由于探究教学模式从发展之初就是作为教学策略出现的，更注重微观层面，因而具有可操作性；同时，探究教学模式具有特定的顺序性和阶段性，因此，形成了一定的教学活动结构。教学模式的本质是程序，是对教学设计、实施、评价与反思等程序的说明。① 科学探究教学模式旨在使学生参与研究重要的科学问题，让学生有机会去探究和形成他们自己的解释，给学生提供科学的解释以帮助他们把自己的解释与之相联系，为学生创造扩展、运用和评价他们所学知识的机会。他们的共同特征表现在以下五个方面②：①学生参与围绕科学问题、事件或现象展开的探究活动，探究要与学生已有的认识相联系，教师要设法造成他们的思维冲突，或者刺激他们学到更多知识；②学生通过动手做实验探究问题，形成假设并验证假设，解决问题，并为观察结果提供解释；③学生分析、解释数据，并将他们的观点进行综合，构成模型，利用教师和其他来源所提供的科学知识阐述概念及解释；④学生拓宽新的理解、发展新的能力，并运用所学知识于新的情境；⑤学生和教师共同回顾并评价所学内容和学习方法。

从科学教育的发展来看，出现过众多的教育模式。如探究训练模式（Inquiry Training Model）、科学探究模式（Scientific Inquiry Model）、概念获得模式

---

① 高潇怡．科学教育中的探究教学模式发展述评［J］．外国教育研究，2007（3）：76.

② ［美］美国国家研究理事会，数学及技术教育中心，《国家科学教育标准》科学探究附属读物编委会．科学探究与国家科学教育标准——教与学的指南［M］．罗星凯，等，译．北京：科学普及出版社，2004：34.

(Concept Attainment Model)、集体探究模式(Group Inquiry Model)等。从科学教育发展过程中所偏重的目标和内容来看，可以从促进概念获得、重视科学探究能力以及促进科学价值判断等不同的角度对众多的科学教育模式进行分类。

(1)“学习环”模式。

在科学教育发展的过程中，强调探究的教学模式很多，这些教学模式的共同特点就是重视学生对科学现象的亲身感受和操作，通过科学观察和动手操作等活动建立科学概念。在这些模式中，“学习环”模式最具代表性，是一种影响较大的、比较体现探究教学理念的模式，随后对“学习环”模式的修订以及由此发展形成的教学模式，体现了科学探究的教学思想的发展过程。

“学习环”模式是卡普拉斯(Karplus. R.)于20世纪50年代末在美国国家科学基金会(NSF)支持下，通过开展一项关于小学科学课程的项目——科学课程改善研究(Science Curriculum Improvement Study，SCIS)——首次开发出来的一种科学教学策略，这套策略被命名为“学习环”(learning circle)。①“学习环”模式实际是围绕科学概念而进行的一种科学探究教学的策略。研究者将“学习环”看做是学生探求科学知识的一种方式，通过此种方式来引导学生进行知识的建构。“学习环”的基本模式如图5-1所示。

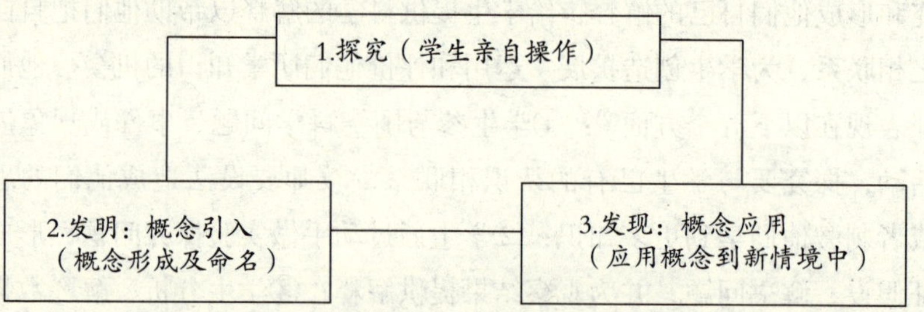

图5-1 “学习环”的三阶段教学模式

①探究阶段。教师主要是提供教学情境，提供令学生感兴趣的观察事件，引发学生积极探索；而学生可以自由地操作、探究物质材料从而获得直接经验，在探究现象的过程中，他们可以采用相关的研究发现如观察、分类、测量等来研究问题，在此过程中培养他们的科学态度以及跟同伴的合作与交流等科学精神。

① Atkin J. M., Karplus R. Discovery or Invention[J]. The Science Teacher, 1962(29): 45-51.

②发明——概念引入阶段。教师适宜地引入一些有关的科学术语、概念、模式、规则，以帮助学生澄清探究中出现的疑问，帮助学生形成更完整的科学概念。学生能够在教师的引导下表达探究结果，进行讨论，归纳形成结论，从而形成科学概念。

③发现——概念应用阶段。教师将上一阶段引入的概念运用于新的问题解决情境之中，以促进孩子对概念的深入理解，学生将发展出的新概念应用于新情境中，进而解决相关问题。

可见，概念的探究是儿童发现新知识的过程；概念的引入是学生在教师指导下初步获得新知识的过程；概念的运用是儿童利用他们发现和获得的知识来建构新理论的过程。“学习环”模式出现之后即被广泛引用，也不断地被修改，从而不断发展。

（2）“学习环”模式的发展。

①“5—E”模式。Trowbridge 与 Bybee（1990）提出了以探究为基础的5—E 教学模式。5—E 教学模式是对“学习环”模式的进一步发展，包括参与（Engagement）、探索（Exploration）、解释（Explanation）、精致化（Elaboration）与评量（Evaluation）五个阶段。“5—E”学习环模式由生物科学课程研究（Biological Science Curriculum Study，BSCS）小组于 1989 年创立，他们在“学习环”基本模式的基础上，增加了“引入”和“评价”两个阶段。它主要由五个阶段构成，即引入、探索、解释、扩展、评价。在引入阶段，教师可以了解学生的替代性概念，使学生过去的经验和当前的事物联系起来，能对目前的活动进行思考并预测下一步的活动。中间的三个中心阶段的内容实际上就是“学习环”基本模式中的三个阶段。评价阶段是“5—E”学习环模式中的一个重要的环节，其余四个阶段都需要评价的参与。“引入”阶段和“评价”阶段的增加，使“学习环”模式发展成为具有完整过程的科学探究教学模式。“5—E”模式作为对“学习环”基本模式的进一步发展，是一套更完备、更符合学生认知特点的教学程序和教学策略。“5—E”学习环模式如图 5 -2 所示。

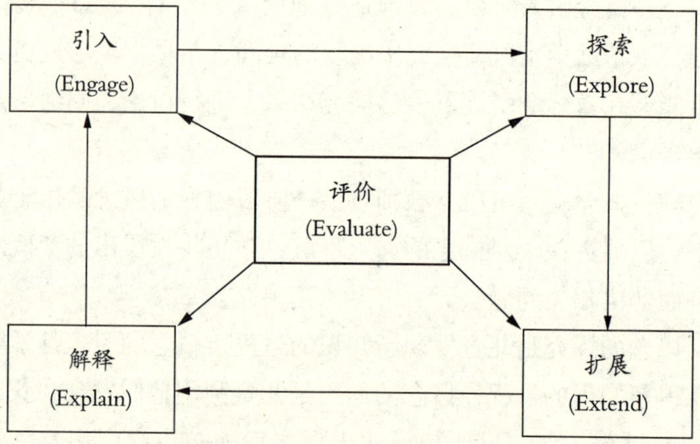

图 5-2 “5—E”学习环模式

引入（Engage）：教学活动能引发学生的学习兴趣，使学生愿意主动参与教学活动，并能将学生的经验与课程内容相联结，经由提问、定义问题与呈现矛盾的结果等方式，引出探讨主题的方向。

探索（Explore）：学生参与活动后，须有足够的时间进行探索，经由动手操作，建构共同的、具体的经验。教师以学生的共同经验为基础，给予充分的时间与机会，协助学生进行探索，并从中学习科学概念与过程技能。

扩展（Extend）：重视学生之间的互动，营造能促使学生讨论以及互相合作的学习环境，分享想法并给予回馈，以建构个人的理解。此外，此阶段亦重视学生是否能将其所形成的解释，应用于新的情境或问题中，本阶段在于强调科学知识与过程技能的一般化，以发展更深、更广的理解。

解释（Explain）：解释意指能确实理解科学知识与过程技能，在此阶段，先请学生提出解释，教师再以学生的想法为基础，并运用口头、影片或教学媒体等方式，简单、明确地介绍科学概念或技能，并引导学生进入下一个阶段的活动，这是有别于直接讲述的教学方式。

评价（Evaluate）：在学生进行探索与提出解释后，给予回馈是很重要的。因此，教师在每个阶段的活动中，皆可进行形成性评价。教师须对学生的理解进行评价，并提供学生应用科学知识与过程技能的机会，甚至可以经由学生自我评价，了解自己的学习情况。

“5—E”教学模式的改进主要表现在它有一套更完备、更符合学生认知特点的教学程序和教学策略。有助于学生学习搜寻证据、操作和解释等科学探究技能。

②预测机制学习环模式。随着认知心理学和人工智能理论的发展，研究者们把预测机制引入“学习环”模式，古德等人修订了“学习环”的基本模式，将“预测”作为科学教学的开始阶段，并且使三个基本阶段形成一个反馈环。研究表明，“预测阶段”的增加有很重要的作用，教师把学生的“预测”记录下来，可以使学生和教师都能够更清楚地意识到学生已有的观点，而且还能够提高学生参与探索的积极性，如图 5 - 3 所示。

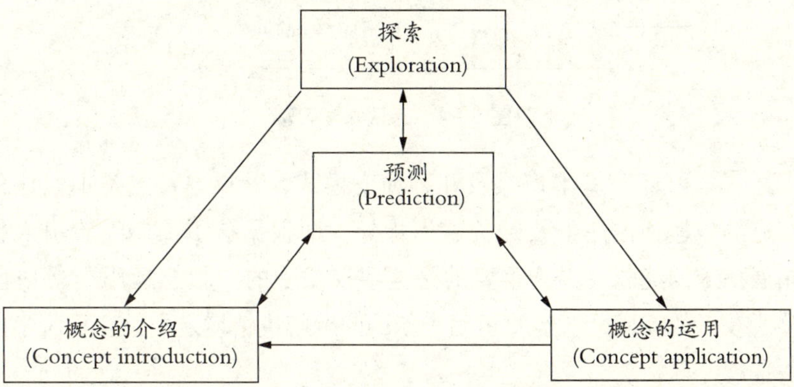

图 5 - 3　预测机制学习环模式

③元认知学习环（MLC）。从古德和巴曼等人对“学习环”基本模式的修订和研究，我们可以看出，在“学习环”基本模式中增加“预测”或者“提出假设”的环节对揭示学习者已有的科学观点很重要，为了使学习者有目的地去反思自己的科学观点，布朗克（Blank）将元认知成分引入其中，并命名为“元认知学习环”。元认知学习环借鉴了巴曼等人修订的四阶段学习环，并在此基础上增加了学生对他们已有的科学观点情况的揭示部分，以揭示学习者建构知识的四个条件，即不满意、可以理解性、合理性和丰富性。① 研究发现，这种元认知学习环模式对教师充分利用学生已有的学习经验有很大的指导和帮助，使用元认知学习环的学生知识的建构程度更深刻一些，如图 5 - 4 所示。

---

① Hewson P. W. A Conceptual Change Approach to Learning Science[J]. European Journal of Science Education, 1981(3): 383 - 396.

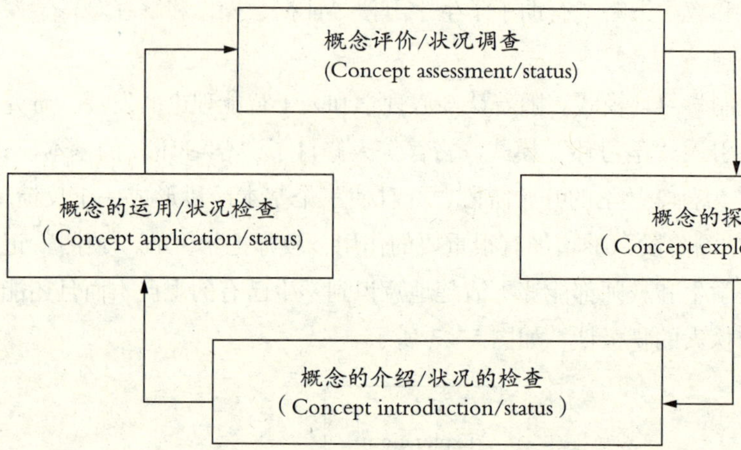

图 5-4　元认知学习环

上述“学习环”基本模式及几种演变模式，其根本特点是不仅让孩子感受到探究的乐趣，也注重教师的适当指导，即根据孩子前期经验引入相关概念，拓展孩子的经验，更为重要的是这些模式中的“概念运用”等阶段鼓励孩子将所获得的新概念新经验运用于新的问题解决情境之中，注重所学内容的理解与迁移。

近年来，有学者仍旧在探索新的科学探究教学模式，提出了概念改变模式和概念图模式。

（1）概念改变教学模式。

耐尔于 1987 年提出概念改变的“七步骤”教学模式。他认为，通过此种教学模式帮助孩子重新思考他们自己的替代概念并形成新的理解，其基本步骤如下。

①导入（Introduction）。教师简单陈述目标、内容或所要进行的活动吸引孩子。

②回顾（Review）。师生讨论以前学过的活动内容，激活学生相关的前期经验。

③发展（Development）。教师呈现新信息，引导出孩子的想法，为孩子下一阶段的调查提供一个适宜的框架。它相当于“学习环”的“概念引入”，但放在“调查和活动”（相当于“学习环”的“探究”）之前，顺序发生了变化。

④调查和活动（Investigation and Activities）。孩子操作材料与大量的活动验证他们自己的想法，教师通过提问、建议、暗示、提供必需的信息给予指导。

⑤表征（Representation）。孩子通过行动、图画、图表、测量、言语等方式呈现活动的结果，教师鼓励孩子用适宜的方式表现活动结果。

⑥讨论（Discussion）。师生讨论活动的结果。教师通过提问来指导孩子，对孩子的错误概念、模糊观念予以澄清。

⑦总结（Summary）。总结活动的结果与结论，并将结论与其他活动相联系。

可见，概念改变的“七步骤”教学模式在关注学生探究学习的同时，更注重学生错误概念、模糊观念的澄清。

（2）概念图（Concept Maps）模式。

1995年诺瓦克利用奥苏贝尔的“先行组织者”思想并结合科学教育的独特性提出了一种促进学生有意义学习的科学教育策略——概念图。概念图模式的实施步骤表现为以下四个方面。

①教师活动前事先设计一个全面的概念图，以帮助设计与组织某一科学主题的系列活动。

②活动开始时教师在黑板上呈现一个基本概念图。解释每一部分对该主题理解的重要性。这个基本的概念图起到一个“先行组织者”的作用。

③活动中，师生共同运用前期经验、动手活动、调查、书本或其他信息源，不断地完善刚刚呈现的概念图。

④活动结束时，孩子建构、总结自己的概念图。将孩子的概念图与理想的概念图相比较，就可用来评估孩子对内容的理解程度。

虽然，概念图模式关注学生的科学学习过程，能够增强学生的学习主动性，对自己的科学学习过程进行监控并负责，教师通过概念图可以持续了解学生对概念的理解和掌握程度，因而能够在真实情境中评估学生科学概念的获得及其变化。但概念图模式也存在一些不足之处，比如概念图不适用于知识结构层次不强的主题。①

---

① Ruiz-Primo M. A, Schultz S. E, Li M, et al. Comparison of the Reliability and Validity of Scores from two Concept-mapping Techniques[J]. Journal of Research in Science Teaching, 2001, 38(2): 260 - 278.

《科学探究与国家科学教育标准：教与学的指南》一书将科学课堂探究教学的基本特征归纳为五个方面[①]：①学习者围绕科学性问题展开探究活动；②学习者要优先考虑证据，证据可以帮助他们解释科学性问题并对提出的解释予以评价；③学习者要从证据中提炼出解释，并对科学性问题作出回答；④学习者通过比较其他的解释，特别是那些体现出科学性理解的解释，来评价他们自己提出的解释；⑤学习者要交流他们所提出的解释。

探究教学基于探究学习而开展。探究教学模式要有效，必须紧扣儿童的探究活动。探究活动实际上是科学文化的传播过程，也是科学文化的再生过程。教师在这个过程中通过指导、帮助、参与学生探究活动，促进科学文化的传播。学生在探究学习中，了解科学概念、定律、理论的产生和形成过程，并运用科学的方法去解释这些现象，从而形成对事物正确的认识，掌握知识、提高能力、培养情感态度与价值观。学生的认知发展水平和科学探究的特点是科学探究教学模式的基础。因此，使用和发展科学探究教学模式必须要考虑儿童的发展阶段和认知特点。各种科学探究教学模式的出现与发展，为教师指导学生开展科学探究学习提供了策略，但是选择哪一种模式指导儿童探究学习要充分考虑孩子的认知特点、活动目标和内容，这样指导才具有适宜性。因此，科学探究教学模式的使用不能机械化，要注意在实际的科学教育教学过程中进一步应用探究教学模式，使其不断发展和完善。同时，尽管学生的科学探究非常重要，但是这并不等于所有教师都应以同样的方式来教学生学习科学，探究包含许多不同的方面，教师要灵活运用多种不同的策略来促进学生的科学学习，同时传播并发展科学文化。

六、小学科学课程评价：立足科学文化

（一）小学科学课程评价及其取向

关于课程评价，美国学者桑德斯认为是“研究一门课程某些方面作为全

---

① ［美］美国国家研究理事会，数学及技术教育中心，《国家科学教育标准》科学探究附属读物编委会．科学探究与国家科学教育标准——教与学的指南［M］．罗星凯，等，译．北京：科学普及出版社，2004：24.

部的价值的过程。根据课程这一术语的不同定义方法，课程评价的焦点或目标可能包括课程需要和学生需要、课程设计、教学过程、在教学中使用教材、学习成果目标、通过课程学习取得的进步、教师有效性、学习环境、课程政策、资料分配以及教学成果等内容。”①

课程评价的价值取向是指每一种课程评价所体现的特定的价值观。从不同的研究视角，可以对课程评价有不同的认识。归纳起来，课程评价取向表现为以下几方面。

1. 目标取向。

目标取向是受到工具理性或技术理性的支配。其特点是，把课程与教学目标，尤其是知识和技能方面的目标作为唯一的参照标准，在追求有效的控制下，将课程和教学的结果与目标作出比较，得出优劣的判断。在方法上主要采用量化的手段。目标取向的评价主要有目标本位评价、效果评价、总结（或终结）性评价、外部评价以及各种标准化测验，等等。

2. 过程取向。

过程取向的评价受到实践理性的支配。在评价中将师生在教学过程中的全部情况纳入评价范围，强调评价者与具体评价情境的交互作用，在一定程度上体现对被评价者的关注，同时仍然注重评价结果与目标之间的比较，承认与目标不相符的教育结果仍然具有教育价值。过程取向的评价主要采用诊断性评价、形成性评价、总结性评价和目标游离评价，等等。

3. 主体取向。

主体取向的评价也是受到实践理性的支配。不过它更突出被评价者与评价者的平等地位，将教师、学生都看做是评价的主体，作为课程与教学情境中的内部人员，他们同样具有主动性。强调在平等交往“协作”中，建构评价过程。主体取向的评价主要采用内部评价、质性评价，等等。

（二）小学科学课程评价理念

随着研究的深入，越来越多的研究者认为真正意义上的学习是学习者主动建构的过程。为此，有价值的学习被认为是以学习者的主体作用为基础，强调

---

① 江山野，等. 简明国际教育百科全书·课程［M］. 北京：教育科学出版社，1991：168.

认知活动中新知与旧知的联系，强调知识和技能的应用、迁移，强调教学方式中的过程和体验，强调教学互动中主体情感态度与价值观等指标的重要影响等。与此同时，采用人本与发展的模式来理解教育和人类发展的关系，是当前教育理念的核心，即尊重个体和个体差异、实施因材施教、实现全民教育、为个体的终身学习打下基础。

评价是与教学过程并行的同等重要的过程，评价不是完成某种任务，而是一种持续的过程，而且不同于教与学的过程；评价被用来辅助教育，它是教与学主要的、本质的、综合的一个组成部分，贯穿于教学活动的每一个环节；评价提供的是强有力的信息、洞察力和指导，旨在促进发展。评价的基本目标是为了教育并促进学生的表现，而不仅仅是为了检查学生的表现；评价是为学习服务的，其目的在于提高学习的效率，是学习的动力和源泉；评价是为人的终身发展服务的；评价应体现以人为本的思想，建构个体的发展。评价要关注个体的处境和需要，尊重和体现个体的差异，激发个体的主体精神，以促使每个个体最大可能地实现其自身价值。

在具体的评价体系中，这些基本理念主要体现在以下几方面。

1. 评价内容多元化。

注重学生综合素质的考察，不仅关注学生的学业成绩，而且关注学生创新精神和实践能力的发展，以及良好的心理素质、学习兴趣与积极情感体验等方面的发展；尊重个体差异，注重对个体发展独特性的认可，给予积极评价，发挥学生多方面的潜能，帮助学生悦纳自己、拥有自信；以质评为基础，应用先进的评价方法，不仅考查“认识”或“概念”等认知层面，同时关注对“表现”等行为层面的考查。

2. 评价过程动态化。

评价不仅关注结果，更注重学生成长的过程，有机地将终结性评价与形成性评价结合起来，给予多次评价机会，其目的在于促进评价对象的转变与发展；鼓励将评价贯穿于日常的教育教学行为中，使评价实施日常化、通俗化。

3. 评价主体互动化。

强调评价过程中主体间的双向选择、沟通和协商，关注评价结果的认同问题，即如何使评价对象最大限度地接受评价结果，而不是结果本身的正确性；改变单一评价主体的现状，加强自评、互评，使评价成为教师、学校管理者、学生、家长共同积极参与的交互活动。

（三）小学科学课程评价基本功能

《基础教育课程改革纲要（试行）》指出，“要建立促进学生、教师和课程不断发展的评价体系，即建立发展性课程评价体系，其最终目标是促进学生的发展。”① 发展性课程评价的提出，不仅体现了当前课程评价最新发展的趋势与先进的评价思想，而且针对了我国现行课程评价体系中的不足与局限，因此，具有前瞻性和现实性。

当前我国科学课程评价中存在的问题主要表现在：过分强调甄别与选拔的功能，忽视改进与激励的功能；过分关注对结果的评价，而忽视了对过程的评价；过分关注评价的结果，而忽视了评价过程本身的意义；评价内容过于注重学业成绩，而忽视综合素质的评价和全面发展的评价；评价方法单一，没有体现新的评价思想和观念的新方法；评价主体多为单一源，而忽视了评价主体多源、多向的价值；等等。科学课程评价的历史发展，事实上体现的是社会和人类自身发展的需要，也是科学技术和教育自身发展的要求，同时也显示出了科学课程文化的情境。

开展科学课程评价的根本目的在于促进科学课程及科学教学的发展。科学课程评价除了固有的积极导向功能、反馈调节功能、反思总结功能外，更重要的是具有发展功能。科学课程评价的发展功能表现在发展学生、发展教师、发展课程和发展社会四个方面。

1. 促进学生全面发展。

评价要用发展的眼光，着眼未来。评价不但要关注学生今天的学业成绩，而且还要关注学生明天的发展前景。评价要有利于学生更好的发展。评价是加油站，目的是促进学生在原有水平上不断发展。因此，通过开展科学课程评价，要发现和发展学生多方面的潜能，更要了解学生发展中的需求，要倡导肯定性评价，帮助学生认识自我，建立自信。

2. 帮助教师提高能力。

评价要有利于教师更好地发展。评价是一面镜子，教师在对照中发现自

① 教育部关于印发《基础教育课程改革纲要（试行）》的通知. 教基［2001］17 号，2001 年 6 月 8 日.

己，解剖自己，提升自己。在科学课程评价的实施过程中，要建立以教师自评为主，校长、教师、学生、家长共同参与的评价制度，使教师从多种渠道获得信息，并对自己的教学行为进行分析与反思，从而不断提高教学水平。

3. 完善科学课程体系。

评价要有利于科学课程更好、更健康地发展。通过评价检查课程的执行情况、对课程实施中的问题进行分析评估，不断调整和完善课程内容、改进课程教学方法，形成课程不断革新的机制，不断完善科学课程。

4. 反映社会发展需求。

发展教师、学生和课程，归根到底，就是发展人，从而推动人类社会的发展。评价应代表人类社会发展的要求和方向，具备现实性、超前性和发展性。社会需要锐意创新、勤于实践的人，评价就应体现社会发展的需要。通过评价，努力提高学生的科学探究能力，培养学生的科学素养，不断增强学生的创新意识和实践能力，从而实现科学课程文化的发展与创新。

（四）小学科学课程评价主要内容

作为课程的主体，学生、教师和学校成为发展性课程评价体系的主要考查对象，《基础教育课程改革纲要（试行）》指出，“要建立促进学生、教师和课程不断发展的评价体系。”① 因此科学课程评价体系应包括：促进学生发展的评价，促进教师发展的评价和促进学校发展的评价。

1. 学生评价。

科学课程强调要让学生形成积极主动的学习态度，学生在获得基础知识和基本技能的同时，学会学习和形成正确的价值观。因此，对学生的评价不仅要关注学生的学业成绩，而且还要注重发现和发展学生多方面的潜能，了解学生发展中的需求，更重要的是要关注学生科学素养的形成与发展。基于这一考虑，科学课程中的学生评价内容应包括科学课程学习目标、一般性发展目标和科学素养评价三个方面。

---

① 教育部关于印发《基础教育课程改革纲要（试行）》的通知. 教基［2001］17号，2001年6月8日.

（1）课程学习目标。

课程学习目标主要以课程标准为依据。科学课程的总体目标是培养学生的科学素养，主要包括科学探究、情感态度与价值观、生命世界、物质世界、地球与宇宙等几个方面的内容。《全日制义务教育科学（3～6年级）课程标准（实验稿）》在科学探究的评价内容方面，指出应重点评价学生动手动脑“做”科学的兴趣、技能、思维水平和活动能力。具体可以评价他们参与科学学习活动是否积极主动，是否持之以恒，是否实事求是，观察是否全面，提问是否恰当，测量是否准确，设计是否合理，表达是否清晰，交流是否为双向或多向，收集、整理信息并进行合理解释的能力怎么样，动手能力怎么样，同伴之间交往合作的能力怎么样，等等。

（2）一般性发展目标。

在进行一般性发展目标的评价时，要特别注意学生科学素养的养成，关注学生科学知识与技能，过程与方法，情感态度与价值观的变化情况，促进学生全面的发展。

①道德品质。爱祖国、爱人民、爱劳动、爱科学、爱社会主义；遵纪守法、诚实可信、维护公德、关心集体、保护环境；自信、自尊、自强、自律、勤奋；能对个人的行为负责，表现出公民所应具有的社会责任感等。

②学习能力。有学习的愿望和兴趣，能承担起学习的责任；能运用各种学习策略来提高学习水平，能对自己的学习过程和学习结果进行反思；能把不同学科的知识联系起来，能运用已有的知识和技能分析、解决问题；具有初步的探究与创新精神等。

③交流与合作。能与他人一起确立目标并努力去实现目标；尊重并理解他人的处境和观点，能评价和约束自己的行为；能综合地运用各种交流和沟通的方式进行合作等。

④个性与情感。对生活、学习有着积极的情感体验，拥有自尊和自信；能积极乐观地对待挫折和困难；表现出勤奋、独立、自律、宽容和自强不息等优秀的个性品质。

在实际的科学教学中，科学学习目标和一般性发展目标很难截然分开地进行评价，也没有特定的课程来专门促进一般性发展目标的发展，通常一般性发展目标蕴涵在科学学习中，与科学课程目标同步发展，其内容也常常融合在一起进行评价。

（3）科学素养评价。

“科学素养”是科学学习过程中的重要内容。关于科学素养的内涵在本章第二部分已经进行了较详细的描述，在此依据国际经济合作发展组织（OECD）的标准将科学素养的评价分为三个要素：科学过程、科学内容或概念和科学背景。

①科学过程（Scientific processes）。科学过程主要是指科学探究过程，包括提出问题或了解问题的心理过程。按照我国科学课程标准中的划分，其基本过程具有六个要素：提出科学问题；进行猜想和假设；制订计划，设计实验；观察与实验，获取事实与证据；检验与评价；表达与交流。

②科学概念（Scientific concept）。科学概念主要指对科学知识、概念的理解和在科学过程中的应用。我国科学课程标准中主要包括：统一的科学概念和原理，生命科学领域，物质科学领域，地球、宇宙和空间科学领域。在科学课程学习中，对科学内容或概念的掌握，将有助于学生在人生中更好地认识自然，理解自然世界。评价者可以设计若干试题对学生进行科学内容或概念的评价。科学内容的评价是不同于传统的知识本位的评价，它是在某一科学领域或者是以一定的科学背景为依托考查学生在科学过程中应用科学知识的能力，而不是识记了多少科学知识。

③科学背景（Scientific situation）。科学背景是指科学概念被理解和科学过程应用的情境，比如实际生活经验、全球气候环境、科学对环境造成的污染，等等。在进行评价时，要充分考虑科学背景对学生学习情况的影响。

2. 教师评价。

科学课程的实施对教师提出了新的、更高的要求，使教师的角色发生了很大的转变。教师不仅是知识的传授者，更是学生学习的促进者；教师不仅是传统的教育者，还是新型教学关系中的学习者和研究者；教师不仅是课程实施的组织者、执行者，也是课程的开发者和创造者。因此，不再以学生的学业成绩作为评价教师水平的唯一标准，而是根据科学课程对教师自身素养和专业水平发展的要求，提出符合素质教育要求的、多元的、促进教师不断提高，尤其是创新能力发展的评价体系。具体包括以下方面。

（1）职业道德。

热爱教育事业，热爱学生；积极上进，具有奉献精神；公正、诚恳，具有健康的心态和团队合作精神。

（2）关注学生。

能够全面了解、研究、评价学生；关注学生个体差异，鼓励全体学生充分参与学习；进行积极的师生互动，尊重学生，赢得学生的尊敬。

（3）教学设计与实施。

能确定教学目标，设计教学方案，使之适合于学生的经验、兴趣、知识水平、理解能力以及其他能力发展的需求；与学生共同创设学习环境，为学生提供讨论、质疑、探究、合作、交流的机会；积极利用现代教育技术，选择利用校内外学习资源。

（4）交流与反思。

积极与学生、家长、校长、同事交流和沟通，能对自己的教育观念、教育教学行为进行反思，并制订改进计划。

对教师的评价应集中体现在对教师教学的评价和对教师素质的评价两个方面。

3. 学校评价。

学校是课程实施的基本单位。通过周期性地对学校课程实施的情况、课程实施中的问题进行分析评估，可以促使学校提高实施课程的能力，并有利于形成促进课程不断革新的机制。其评价内容包括：学校是否有科学课程设置、实施与改革的管理制度；是否按照课程计划的要求开设科学课程；课程实施计划是否能确保教学策略和学习活动以及教育资源、学校评估等要素与课程相一致，并使科学教师、学生、家长和社区成员对学生的学习持有共同的期望；是否有促进学生全面发展和教师不断提高的评价制度；学校是否关注科学教师队伍的建设，是否关注学生科学学习的质量；是否注重对校内外科学课程资源的开发和利用；是否有促进科学教师专业发展的规划和措施；等等。

在大多数情况下，对学校实施某一学科课程的评价很少单独进行，而是包含在对学校的教育实践和组织管理的综合考评之中。

因此，科学课程评价体系内容应该多元化。既要重视学生的学习成绩，又要重视学生的思想品德、创新能力、实践能力以及多方面潜能的发展；既要重视教师业务水平的提高，又要重视教师的职业道德修养；既要重视学校整体教学质量，又要重视在学校的课程管理、教学实施等各环节中教育思想的落实，形成生动、活泼、开放的教育氛围。

（五）小学科学课堂教学评价量表设计

1. 小学科学课堂教学评价量表的种类。

一般来说，课堂教学评价体系应包括三部分：一是教师和学生作为评价主体的课堂教学评价，评价的对象是教师和学生；二是教师同行和教学专家作为评价主体的课堂教学评价，评价的对象是教师的教学活动；三是教育行政管理者、学生家长、教育专家及社会人士作为评价主体的课堂教学评价，评价的对象为整个课堂教学系统。为此，量表的内容指标可从以上三方面进行设计，既可以是课堂教学全方位的体现，也可以是根据需要而侧重某一方面；评价结果的表现形式则根据个人需要而定。综观所有的评价量表，从内容指标上看，有对整节课进行全面分析评价的量表，有对某项教学内容的指标量表，有对学生活动状态的评价量表；从评价主体看，有供教师自我评价的量表，有供学生自己检测或评价同伴的量表，还有专家、领导评价量表，家长评价量表；从评价结果呈现形式看，有记等级的量表，有记分数的量表，还有等级和分数都记的评价量表；等等。

2. 小学科学课堂评价量表案例（表 5－2 和表 5－3）。

表 5－2　案例 1：教师课堂教学自评表

授课者＿＿＿＿＿＿　主题名称＿＿＿＿＿＿　时间：　　年　　月　　日

序号	评价内容	A 级标准	B 级指标
1	教学目标	1－1－1 教学目标的确定和体现。	1－2－1 能够比较准确地体现科学课程标准的指导思想和课程的理念，比较有效地使课程标准的基本思路与教材编制的基本思路有机融合。 1－2－2 能够全面、具体、科学地体现科学课程的教学目标。 1－2－3 能够比较准确地制订符合学生的情感态度与价值观目标，学生综合能力培养和综合素质形成的能力培养目标，以及课程体系科学、合理的知识目标，突出学生情感态度与价值观形成的教育目标。

① 本部分量表设计案例以及部分相关素材由重庆市北碚区教师进修学院高级教师付国经、重庆市北碚区人民路小学高级教师杨国强提供.

续表

序号	评价内容	A级标准	B级指标
2	教学准备和环境创设	2-1-1 教学组织形式、教学资源和教学条件。 2-1-2 学生年龄特点和心理特征。 2-1-3 教学反馈和评价内容的选择。	2-2-1 根据学习内容组织和创造相适应的教学资源和学习条件，注重直观、趣味、形象生动，选择与学生生活密切相关的资料，利于学生的体验、探究、反思、表达和创造等活动。 2-2-2 根据小学生的年龄特征和心理特点选择适当的教学组织形式，采用小组学习、合作交流等形式。 2-2-3 选择适当的教学反馈、评价内容及形式，通过学生学习成果的交流展示，对学生客观地评价。
3	学生学习状态	3-1-1 多种形式的学生参与。 3-1-2 自主合作学习的体现。	3-2-1 学生能够采取多种方式进行有效的学习活动，游戏、模拟、角色扮演、制作、调查、参观等。 3-2-2 学生能够将自主和合作学习相结合，学习过程探讨交流充分，有效地完成学习任务。
4	教学策略与方法	4-1-1 体现体验、探究和问题解决的学习方法。 4-1-2 体现师生相互学习、合作学习。	4-2-1 教师注重创设情境，让学生能够充分感受、注意引导组织学生的自主探究活动，指导学生完成学习计划。 4-2-2 教学过程中师生互动、生生互动，引导学生积极参与课堂教学的全过程，教师适当点拨，指导学生对问题的深入探讨。 4-2-3 根据学生的学习进程，教学中注意处理好几个关系，围绕这些内容组织和指导学生学习活动。
5	教学效果	5-1-1 学生能力方面的效果。 5-1-2 学生学习过程的体验。	5-2-1 学生在学习过程中，逐步形成综合运用所学知识解决实际问题的能力。 5-2-2 学生在学习中的情感体验、态度获得和知识的积累不断提高。
6	教学反思	6-1 我的教学优势和弱势，以及急需改进的地方。 6-2 我在教学上遇到的困难和疑惑，以及急需帮助的地方。 6-3 我在发展上所受到的限制。 6-4 我对自己的发展提出的要求。	

［评析］①此表是以教师自己为评价主体，从教学目标、教学准备活动和学习环境、学生学习状态、教学策略和方法、教学效果、教学反思等六个方面对教师的教学进行评价，体现科学课程关注学生，关注教学过程的新思想、新理念，对教师的教学行为有很好的导向。②此表的评价要点具体，目的性强。③使用开放式的记录来完成评价要点，对于教师来说即时记录所有要点较困难。

表 5－3　案例 2：学生单元学习评价表

我的单元小结	我最大的收获	
	我的最新发现	
	我现在依然困惑的问题	
自我评价	我最感兴趣的一个活动	
	我最得意的一次研究	
	我和小组同学最成功的一次合作	
小组同学对我的评价		
老师对我的评价		
家长对我的评价		

［**评析**］此评价表使用者是学生。评价主体多元化，有学生个体、小组、教师和家长。学生通过一个单元的课堂学习，亲身感受评价的课堂行为，也为教师了解学生的认识水平提供了直接的依据。通过使用此评价表，教师能准确地定位，并有针对性地开展课堂教学，提高课堂教学质量。

（六）小学科学课堂教学评价方法

1. 量表评价法。

量表评价法是指听课教师根据量表上所呈现的各项指标进行观察、记录、评价的方法。量表评价法指标具体、重点突出，评价者对所评价内容有清晰的认识，其优点是目的性、针对性强，收集信息比较客观、全面；缺点是有的量表指标过于量化，操作起来比较困难，尤其是当前我国大多数学校的大班额教学，为教师有效观察每个学生的表现增加了难度。总之，量表评价法是否能收到好的效果，关键是量表设计。量表评价法的一般程序如下。

（1）了解评价量表的结构及使用方法。

（2）熟悉并掌握评价标准。

（3）做好听课记录。

（4）根据量表指标确定评定等级或按项目打出分数。

（5）填写评价量表。

（6）梳理评价意见。

（7）与执教者交换意见。

2. 综合比较法。

综合比较法是指评课过程中不是就某节课而进行评价，而是将几堂课一起进行多方面或某一教学要素的对比评价，从而评价每节课的优缺点及其特色。

3. 网络评价法。

网络评价法是指教师将自己的教学设计或教学过程用文字、图片或录像的形式呈现在网络上，由其他教师或专家在网上对其评价的方法。网络评价法是随着现代信息技术的发展和应用而产生的一种新的评课方法，在当今大力发展远程教育的环境下，网络评价法尤显重要，它对我国教育界大面积提高教育质量和教师课堂教学水平是十分有益的。网络评价法基本步骤如下。

（1）被评者设计教学活动并授课。

（2）被评者用文字或录像记录自己的课堂过程。

（3）被评者将课堂实录呈现在网络上。

（4）评价者在网络上观看课堂实录。

（5）评价者评议并形成文字。

（6）评价者将评价意见呈现在网络上。

4. 庭辩式评价法。

庭辩式评价法是指授课者在授课的基础上，针对听课者提出的各种问题进行答复，对有争议的问题进行有理有据地辩论，以此阐明自己的看法或观点，从而促进听课者与授课者之间的交流。庭辩式评价法作为一种新兴的课堂评价方法，其优越性表现为评课是在一种民主、自由、平等的氛围中进行的，授课者和评课者各抒己见，有助于提高教师专业素质。为了真正实现庭辩式评价法的作用，它要求评课者能联系课堂实际情况，对授课者质疑发问，从授课者那里得到答案，从而尽可能地减少人为的感性成分。庭辩式评价法的程序如下。

（1）教师授课。

（2）评价小组听课。

（3）执教者陈述（授课结束后，执教者面对评价者陈述教学准备过程；教学设计、教学实际情况、创新之处；课堂中对出现的问题如何处理；其他方面）。

（4）评价者与执教者对话（在执教者授课和陈述的基础上，评价者对本节课的内容、执教情况、学生学习以及与本节课有关的内容进行提问）。

（5）辩论阶段（评价者与执教者进行直接辩论，各自阐述自己的观点和看法）。

（6）执教者最后陈述（经过以上讨论，执教者自我评价并进行总结；说出需要特别申明的问题）。

（7）评价者集体评议（在执教者退席后，评价者针对课堂教学及执教者的说课、解疑、答疑等情况，集体综合评议。一般是：评价者针对以上过程，提出各自的意见，提出依据；评价者内部论辩；采用科学的、灵活的方法作出集体评议；拟定有较强针对性的集体意见）。

（8）执教者返回听取意见，评价者确定等级、得出结论。

5. 行为跟进式评价法。

课堂是学生学习活动的主阵地，是学生知、情、意、行等呈现的重要场所。一直以来，课堂评价的关注点是教师如何“教”，而新课程则更关注学生是怎样“学”。小学科学课程应着眼于学生的发展，着眼于学生知识与技能、过程与方法、情感态度与价值观三位一体的发展。科学课程的教学评价主要是为了促进学生的发展，因此评价不能只在学习过程结束后再进行，而必须伴随在教学活动的全过程之中。

行为跟进式评价法是指执教者上完一节课后，执教者对本节课的优缺点进行反思，或评价者与执教者共同讨论教学中的优缺点，提出修改意见后，执教者在修改的基础上再进行教学，再评价和修改，如此反复，使教师的行为改变，教学水平不断提高的方法。行为跟进式评价法的优点是，课堂评价更加关注教师的行为跟进，更加注重教师的发展。行为跟进式评价法的基本程序如下。

（1）执教者授课。

（2）执教者对课堂情况进行反思，或评价者与执教者讨论本节课的优缺点。

（3）执教者根据修改意见再实践，改进不足。

（4）执教者再反思课堂效果，或执教者与评价者再讨论。

（5）总结经验。

6. 即时评价法。

即时评价法就是执教者根据科学课堂的评价标准，或围绕教师确定的教学重点内容，在课堂上不断关注教师和学生的行为，及时发现问题，解决问题，从而实现教学目标的方法。即时评价法具有及时性和灵活性，它能根据学生在学习科学的过程中所出现的问题，及时给予引导。

课堂观察是即时评价法最主要的评价技术，这里所指的课堂观察，是指上课教师或研究者按照一定的目的和计划，在课堂教学活动的自然状态下，用自己的感官和辅助工具对师生的“教与学”行为和学生的“参与状态”等教学现象，进行观察研究的一种方法。开展课堂观察评价，需要教师随时关注学生的状态，从学生的注意状态、参与状态、交往状态、思维状态、情绪状态、探究状态等方面，尤其是学生在小组学习中讨论、交流、合作的参与程度；在思考、获取知识的过程中提出问题和解决问题的能力；在操作过程中的动手能力、表达能力，及时给予必要的、适当的鼓励性、指导性的评价。即时评价法的操作程序如下。

（1）执教者明确并熟悉科学课程课堂评价指标，或本节课的重点评价内容。

（2）执教者边授课边观察学生学习或反思自己的教学。

（3）执教者发现问题并及时解决问题。

（4）课后进一步分析并形成文字。

科学课堂教学评价方法有很多，除了上述方法外，案例分析、课堂观察和成长记录袋等，也是课堂教学评价改革中新兴的评价方法。其中，案例分析评价法是指通过对所选取的具有一定代表性的教学案例的综合分析，让教师了解自己在教学中的优势与不足，或客观地评析他人的教学实践并学习他人的教学经验；课堂观察评价法是指被评教师邀请合作教师到课堂中实际观察自己的教学情况，以帮助教师对课堂教学进行自我监控、自我反思、自我改进；成长记录袋评价法主要是指教师自己有系统、有计划地收集相关资料，以反映教师在某一阶段课堂教学过程中的努力、进步或成就。成长记录袋主要有评价型记录袋：包括课堂学习行为观察评价表，如自我评价、同学对我说、教师评语和家长的寄语等；成果型记录袋：主要收集学生完成学习任务的优秀作品与学习成果的有关资料，如科学日记、观察和实验记录、科学报告、小制作、小论文、小发明等；过程型记录袋：重点是呈现与展示学生学习进步、探索、努力、进取、反思、达到目标与成就的历程有关的资料，如问题的提出、研究方案的制订、问题讨论、点滴进步、师生交流等。这些方法重视教师的自我反思和同行评价，关注教师的专业成长。

科学课程评价不能脱离对科学本质的认识，要从科学知识与技能、过程与方法、情感态度与价值观的变化情况出发，进行实事求是的评价，要更加注重过程的评价，强调对科学探究过程的评价。科学探究过程是科学文化的形成与发展过程，是科学情感态度与价值观的培养过程，开展科学课程评价的目的是为了促进学生科学素养的形成与发展，促进教师教学水平的提高。教师的教学过程实际上就是科学文化的传播过程，学生的学习过程也就是科学文化的探究过程。为此，科学课程评价必须立足于科学文化的情境，使评价能够真正促进科学文化的发展，促进学生科学素养的形成，促进教师教学能力的发展与提高。

七、小学科学课程资源开发：源自科学文化

（一）小学科学课程资源开发的意义

美国《国家科学教育标准》指出："标准鼓励教师们着重以探究为基础而非以事实为基础的、能使学生对少数主题进行深入研究的教学方案。然而要实现标准中所描述的科学教育的前景，除教学实践和材料之外的其他方面也必须变革。学区、学校及系统的其他组成部分的常规事务、报酬、组织结构和期望都必须确保这一前景的实现，并能为教师提供变革其实践的资源、时间和机会。""学习科学是学生自己去做而不是别人为他们做的事情。标准设想出这样一个能动的学习过程，在这一过程中，学生描述事物、提出问题、阐明解释、验证这些解释并和别人交流其观点。通过这种方法，学生们建构起过硬的科学知识体系、使用知识解决新的问题、学习怎样清晰地交流并建立起批判的、逻辑的思维技能。"①

我国小学科学课程是以培养学生科学素养为宗旨的科学启蒙课程。为此，我们应结合小学生的年龄特点，从他们所熟悉的周围事物出发，让他们学习一些浅显的科学知识，帮助小学生体验科学活动的过程和方法，从而为科学素养

① ［美］美国国家研究理事会. 国家科学教育标准［M］. 戢守志，等，译. 北京：科学技术文献出版社，1999：30.

的形成打下基础。因此，我们要充分挖掘周围实物资源上所蕴涵的科学教育价值，促进小学生科学素养的形成。科学课程资源开发与利用具有以下三个方面的意义。

1. 丰富科学课程文化。

课程资源的内涵丰富，不仅包括校内的课程资源，也包括校外的课程资源；不仅包括课本上的，也包括课本以外的课程资源；它包括自然界中的动植物、自然地形、地貌、山川、海洋、森林等自然界的课程资源，也包括图书馆、博物馆、展览馆等社会课程资源。开发与利用好这些课程资源，不仅可以让学生从课本上学到必要的科学知识，而且可以使学生从这些客观存在的资源中亲身感受、领悟科学知识，让他们享受到获取科学知识的乐趣，这是科学课堂文化的延伸，是科学文化的发展，这种文化使学生从校内、校外，课内、课外都能直接获得科学知识，将科学课堂延伸到了校外，从而弥补了课堂教学的不足，丰富了科学课堂教学内容，发展了科学课程文化，十分有利于学生科学素养的形成与发展。

2. 提高科学教师能力。

教师是课程资源的开发者，也是课程资源的利用者。教师在整个课程资源尤其是素材性课程资源的开发与利用中起着主导和决定性的作用。教师不仅决定科学课程资源的鉴别、开发、积累和利用，是素材性课程资源的重要载体，而且教师自身就是科学课程实施的首要的基本条件性课程资源。教师的科学素养决定科学课程资源的识别能力、开发与利用的程度以及发挥效益的水平。因此，科学教师是最重要的课程资源，科学教师必须努力提高自身的能力和水平，提高自身的科学素养水平，提高课程资源开发能力，充分利用各类课程资源，为科学课程教学服务。教师要熟悉所在地区、所在学校相关的科学课程资源，要与学校、社区、家庭、学生一道进行科学课程资源开发，主动寻求各方面的帮助，充分利用各种资源，服务于科学教育的目的，努力提高课程开发与利用能力。

3. 培养学生科学素养。

当前国际科学教育的共同目标是培养学生的科学素养。美国《国家科学教育标准》指出，“有科学素养就意味一个人对日常所见所历的各种事物能够提出、能够发现、能够回答因好奇心而引发出来的一些问题。有科学素养就意味一个人已有能力描述、解释甚至预言一些自然现象……”① 为此，我们要充分利用各种科学课程资源，让学生不仅从书本上学到一些科学知识，而且将科学知识运用到对一些科学现象的解释上，让他们走进图书馆、博物馆、科技馆、实验室，走进社区、工厂，走进自然，从自然和社会中去获取科学知识，去解释各种科学现象。同时，还要充分利用现代网络技术，帮助学生增强学习科学和热爱科学的兴趣，从网络上获取更多丰富的科学信息，感受现代科学技术给人类带来的快乐。要采用探究的学习模式，让学生运用各种探究方法进行科学学习，如参观、访问、调查、观察、交流等，要引导学生发现问题、分析问题、解决问题、批判思考、合作与交流，促进学生科学情感态度与价值观的形成与发展。总之，开发与利用社区课程资源，能丰富科学课程内容，满足学生学习科学的需要，十分有利于学生养成学科学、用科学的良好习惯，促进学生科学素养的形成与发展。

（二）源自科学文化的小学科学课程资源开发

课程资源的合理开发与利用是课程目标顺利实现的必要条件。课程改革的深入开展，课程资源的重要性就越显突出。所以，科学课程资源的建设问题是科学课程改革面临的一个现实问题。课程资源源于课程文化，我们必须努力从科学文化中去寻找科学课程资源。课程资源开发与建设是科学文化的发展与创生，将推动科学文化的建设与发展，使科学文化建设更加完善。

1. 课程资源开发的途径。

一般认为课程资源开发主要有五种基本途径②：①开展当代社会调查，不断地跟踪和预测发展动向，以便确定或揭示有效参与社会生活和把握社会所给予的机遇而应具备的知识、技能和素质；②审查学生在日常活动中以及为实现自己目标的过程中能够从中获益的各种课程资源，包括知识与技能、生活经验与教学经验、教与学的方式和方法、情感态度与价值观等方面的各种课程素材，以及开发和利用相应的实施条件等；③研究一般青少年以及特定学生的情况，以了解他们已经具备或尚需具备哪些知识、技能和素质，以确定制订课程

① ［美］美国国家研究理事会．国家科学教育标准［M］．戢守志，等，译．北京：科学技术文献出版社，1999：28．

② 江山野，等．简明国际教育百科全书·课程［M］．北京：教育科学出版社，1995：112－115．

教学计划的基础；④鉴别和利用校外课程资源，包括自然与人文环境，各种机构、各种生产服务行业的专门人才等资源，不但可以而且应该加以利用，使之成为学生学习和发展的财富；⑤建立课程资源数据库，拓宽校外课程资源及其研究成果的分享渠道，提高使用效率。除此之外，课程资源的开发还要根据各地和各学校的实际情况，广开思路，发掘校内外的更加具有针对性和适用性的素材性课程资源和条件性课程资源，从而更好地发挥它们的作用。

学校教师是一个亟待开发的智慧资源宝库，应加以高度重视和充分运用。教学是课程资源的重要组成部分，而且是更为细节的部分，所以，教学活动的资源是微观层次的课程资源。与一般课程资源的开发相比，它更强调特定群体的情境差异性与独特性。教师不仅决定课程资源的鉴别、开发、积累和利用，是素材性课程资源的重要载体，而且教师自身就是课程实施的首要的基本资源。所以，从这个意义上讲，教师是最为重要的课程资源，教师的素质水平决定了课程资源的识别范围、开发与利用的程度以及发挥效益的水平。实际上，随着教育改革的深入开展，许多教师甚至在自身以外的课程资源极其紧缺的情况下，“化腐朽为神奇”，实现了课程资源价值的“超水平”发挥。①

2. 科学课程资源开发的途径。

科学课程实施的范围和水平以及科学课程目标的落实与达到的程度，一方面有赖于科学课程资源的丰富程度，另一方面有赖于科学课程资源开发与利用的水平。科学课程资源开发要紧紧依托科学文化，课程资源开发是对科学文化的发掘。教育是一个系统工程，科学教育也不例外。科学教育更是需要学校、家庭、社会三个方面的合作，共同支持和完成。

（1）学校科学课程资源的开发与利用。

学校科学课程资源主要包括科学教室、实验室、图书馆、阅览室、校园网络、音像阅览室、电子阅览室及其配备的资料，学校内的各种建筑、走廊、操场等的环境布置，树木花草、喷泉园林、气象或环境观测点、生物角、科技景点，等等。

学校应当基于自身条件，从人力、物力、经费上给予全盘考虑，制订出科学课程资源开发与利用的长期规划和措施，并逐一落实到位。学校科学课程资

---

① 吴刚平．课程资源的开发与利用［J］．全球教育展望，2001（8）：29.

源开发与利用的主要途径如下。

①充分发掘现有资源条件，提高学校现有设备的利用率，如自然教学场地、仪器设备、图表、实物、模型、标本、教具等。

②更新科学教育设备，包括创建专门的科学教室、实验室，添加、更新科学课程所必需的实验仪器设备。

③增添科技图书资料，不断丰富藏书资源，提高科技图书资源及其利用率。

④扩展电子阅览室、音像阅览室的功能，通过各种途径补充和更新科技类光盘、音像资料，也可通过播放、录制科技教育频道上的节目扩展学校的科学课程资源。

⑤充分利用校内的土地，开辟科技教育基地，如百草园、气象站、饲养园地等。

⑥在校园内设计并建立科技景点，如太阳钟、风力发电机、科技雕塑等。

⑦利用在科技方面有特长的教师，利用学校所在地的区域特点与资源，积极开发与科学教育有关的校本课程。

（2）家庭科学课程资源的开发与利用。

家庭中的科学课程资源是学校科学课程资源的补充和扩展。每个孩子的家里都存在着各种形式的能被孩子利用的科学课程资源，有效地开发和利用这类资源，将为孩子在家里开展各种科学学习和探究活动提供支持。

家庭中存在丰富的科学教育资源，主要包括家长的阅历与职业背景、家庭饲养与种植的动植物、家庭科技藏书等。家庭中的日常生活和每个孩子密切相关，如家庭住房面积、家具、物品陈设、电器，居室的空气、光线、温度等，家庭里的日常生活用品，如食用油、食盐、调味品、洗涤用品等，洗脸、刷牙、吃饭、喝水……都包含着潜在的科学素材资源和适合小学生科学探究的课题资源。教师应当启发和引导孩子在自己家庭中去发现、开发和利用更多的家庭科学教育资源，加强与家长的联系并鼓励家长关心和参与孩子的科学探究活动。家庭科学课程资源开发与利用的途径如下。

①丰富家庭的科普读物，关注科技资讯信息，引导孩子建立自己的小小图书馆并提高其利用率，如引导孩子按内容分类整理图书、自制简易卡片登记图书、使用书签标记所喜爱的阅读章节、养成良好的阅读习惯等。

②鼓励家长和孩子一起对家庭饲养与种植的动植物进行一些简单的科学探

究活动。

③家长尽可能带孩子接触大自然、接触社会，进行社会实践。

④鼓励和促使家长关注和关心孩子在家里开展的科学探究、科技小制作等活动。

（3）社区科学课程资源的开发与利用。

社区科学课程资源主要包括科技工作者、工厂、农场、田园、科技实验基地、植物园、动物园、科技场馆（如图书馆、科技馆、博物馆、少年宫、农技站等）、大专院校、科研院所等。社区科学课程资源开发与利用的途径如下。

①开展改善社区环境的科技活动。

②与社区科研、企事业单位建立联系，共建科技活动场所，开展现场科技教学参观活动。

③聘请科技人员和专家担任学校科技活动的指导教师，聘请家长中的科技工作者定期向学生进行科普讲座。

④组建学生科技小发明、小制作小组，无线电小组，计算机小组，生物小组，环境保护小组等社团，利用社区资源开展科普宣传和实践活动。

学校在利用社区科学课程资源时，应更多地采用探究学习的模式，让学生运用各种探究方法进行科学学习，如参观、访问、调查、观察、交流等，避免机械灌输的方法。这样有利于学生发现问题、分析问题、解决问题、批判思考、善于交流等能力的发展，形成积极进取、勇于探索、关心社区发展等方面的情感态度与价值观。同时，学校在利用社区科学课程资源的同时，必须向社区提供一定的反馈和回报。学校和社区是双向的、互动的，双方可以各取所需，不可能仅是单向索取或给予。如学生可以利用学到的科学知识为社区人员提供一定的帮助或服务。

（4）科学课程网络资源的开发与利用。

科学课程网络资源具有信息容量大、信息传播快、智能化、虚拟化、开放性和多媒体化的特点，对于延伸感官、扩大科学教育教学规模和提高科学教育教学效果有着重要的作用，是其他形式的课程资源所无法替代的。科学课程网络资源的开发与利用将大大拓宽科学课程的教学内容，并对科学教学方式产生深刻的影响。网络提供的科学学习内容的广泛性和呈现的多样性，使学生可以按自己的学习基础和兴趣来选择科学学习的内容和方式，使学生真正从被动学习转变为主动学习。网络方式的交互性，适合集体学习、协作学习、个别化学习，将彻底改变传统的以教师为中心，以课堂为中心，以教材为中心的科学课程教学方式。科学课程网络资源的开发与利用的主要内容及方式如下。

①建立 CAI（Computer Aided Instruction）科学教学软件库。软件库中的 CAI 科学教学软件内容应丰富、形式要多样，以适合不同年级的科学课堂教学的需要或学生个别学习的需要。

②建立科学教学资源库。为学校教师提供丰富的教学参考资料，包括各种科学教学参考资料、特级教师的优秀教案和优秀科学课例的分析等。

③建立科学电子图书馆。在校园网上建立 CD 服务器，采用光盘储存与科学教育教学有关的视听材料及重要的图书资料。

除此之外，一些电子化图书馆可联入网络，从而组成一个庞大的网上电子图书馆，实现一种全新的科学信息资料检索模式。另外，有条件的地区或学校可以尝试建立虚拟科学教育学校。由不同学校、不同地区的一些优秀科学教师和科学教学设计专家组成的科学教研组负责科学课程的规划与科学教学课件脚本的设计，再由软件编程专家负责把脚本制作成高质量的网上科学教学课件，然后实施网上科学教学，由来自不同地区的学生组成虚拟班集体，这样就可以形成一所或多所虚拟学校，从而实现某个地区乃至全国范围的远程科学教育教学网络。虚拟科学教育学校的教学有多种不同的模式，常用的模式有讲授型、个别辅导型、讨论型、探索型和协作型。其中尤以讨论型、探索型和协作型更能体现网上教学的优越性，也更有利于学生认知能力的培养与发展。

长期以来，中小学课程资源的结构比较单一，除了把教材作为唯一的课程资源外，在课程资源的开发主体、基地、内容、条件等方面也比较单一，而且未能形成有机整体。为此，要打破教材作为唯一课程资源的神话，合理构建课程资源的结构和功能，深入发掘科学课程的文化要素，即使在教材的开发和建设方面，也需要进行结构上的突破，体现时代发展的多样化要求。

科学教师担负着传授科学知识、培养学生科学技能、发展学生科学素养的责任，是科学文化的传播者。教师是最为重要的课程资源，教师的素质水平决定着课程资源的识别范围、开发与利用的程度以及发挥效益的水平。为此，在课程资源的建设过程中，要努力把教师队伍的建设放在首位，通过这一最重要的课程资源的突破来带动其他课程资源的优化发展。

第六章 小学科学课程走向的科学哲学透视

一个理论所以可能和证据不一致，并非因为这不正确，而是因为证据是已被玷污了的。

——费耶阿本德

不要把科学当做证明或证实某些概念、原理的过程，而要把它当做一个发现的过程，一个揭示自然事物的过程和一种提高我们理解力的方法来发现这些事实之间如何联系起来的过程。

——施瓦布

科学哲学的发展促进了科学教育改革与发展，科学哲学的发展对小学科学课程改革产生了深刻的影响。科学哲学中的相对主义将促使科学课程理念、目标、内容、实施及评价等方面的深刻变革。科学方法的多元化困扰着小学科学课程改革。针对当今小学科学课程改革中的主要问题，结合科学哲学对小学科学课程所产生的影响，运用科学哲学中的相对主义观点和多元化的科学方法观透视小学科学课程改革，必将促进科学观、课程理念、课程目标、课程内容、教学方式和教学评价的进一步改革与发展。

一、科学哲学中的相对主义及其对小学科学课程的挑战

（一）科学哲学中的相对主义

许多哲学家指出库恩关于竞争范式的不可通约性导致了相对主义。费耶阿本德比库恩走得更远，通常被称为极端的相对主义者。科学知识社会学则是从社会学的角度对科学知识进行研究，主张科学知识是社会建构的产物，因此它成为新的相对主义学派，而且其影响也超过了前两位。

1. 本体论相对主义。

（1）库恩的本体论相对主义。

本体论相对主义是贯穿于库恩著作的一个持续的主题，库恩在早期著作《科学革命的结构》中，虽然没有充分阐明，但多次暗示。在范式转变中世界本身是变化的，自20世纪70年代以来，他反复强调，在科学革命中，科学家应用的分类体系发生变化，在一个理论中归入某一范畴的实体在另一个理论中可能被归入不同的范畴。

Sankey指出库恩的范畴变化观点的几个重要特征：①范畴变化不是分类框架的全面替换，变化只限于一个分类体系中的一些范畴；②范畴成员的变化不限于个别对象不同类别间的重新分配，一个种类或一个系列的对象也可以被安排到新范畴中去；③至少有一些对象和一些系列对象在不同的分类框架中是相同的，即在不同的分类体系之间存在一个重叠的领域。

（2）费耶阿本德的本体论相对主义。

费耶阿本德是历史主义学派的极端代表人物。他极力为相对主义辩护，为理性主义开出了无政府主义认识论的药方，常被称为彻底的相对主义者。他区分了政治相对主义和哲学相对主义，政治相对主义断定所有的传统都有平等的权利；哲学相对主义主张所有的传统、理论、观点都是同样真的或同样假的，或者用一种更流行的说法对传统的任何真值分配都是可接受的。费耶阿本德的政治相对主义对应于弱相对主义，而哲学相对主义则是强相对主义。

费耶阿本德也主张不可通约性。他是针对内格尔的还原论提出不可通约性的概念的。他指出内格尔的还原论是建立在两个假设之上的，一是次等的科学

理论和基本的科学理论之间是推论关系，即次等的科学理论的定律是基本的科学理论的逻辑推论；二是在理论还原中，术语意义不变。他认为，当理论 T1 转变成更广泛的理论 T2 时，发生的是理论 T1 被整合进理论 T2 的与境之中，也就是说理论 T2 不能还原为理论 T1。“引进一个新理论会导致关于世界的可观察的和不可观察的特征的看法的变化，而且所应用的语言的最基本的术语的意义也会发生相应的变化。”① 在费耶阿本德看来，本体论变化和概念的意义变化是同时发生的，本体论变化导致概念的意义变化，而概念的意义变化是本体论变化的表现。他指出，我们的理论是可检验的，当检验不能产生预期结果时，理论就被放弃，从而发生理论转变。费耶阿本德的本体相对主义否认了科学实在论的本体论承诺，因为不可通约的理论的变化经常带来世界的变化，两个不可通约的理论涉及的不是同一个客观情况，所以对科学做实在论的理解是不可行的。

费耶阿本德认为，科学与非科学没有严格的区别。他认为，以往关于科学与非科学之间存在严格区别的观点，依赖于这样一个神话：科学研究有独特的方法，科学理论经受了严格的科学方法的检验等。因此，科学理论与那些没有经受严格检验的思想相比，能够较好地描述这个世界。他认为这个神话是假的，因为“无论考察历史插曲，还是抽象地分析思想和行动之间的关系，都表明了这一点；唯一不禁止进步的原则便是怎么都行。”②

（3）科学知识社会学派的本体论相对主义。

科学知识社会学派主张对科学知识进行社会学研究，是科学社会学和知识社会学的结合，是社会学的分支。但不可否认的是，科学知识社会学却从根本上触及了认识论问题，他们接受了库恩的思想，并以相对主义自居，他们的社会学是经验研究涉及科学形象的改变，以至于很多哲学家认为科学知识社会学是科学哲学的新发展，并给予了充分的重视。

由于科学知识社会学与库恩哲学之间的这种一脉相承的关系，科学知识社会学与库恩哲学一样，具有相对主义倾向，而且与库恩不同，一些科学知识社会学极力为相对主义辩护。爱丁堡学派是早期的科学知识社会学学派，他们的

---

① Paul K. Feyerabend. Realism, Rationalism and Scientific Method Philosophical Papers[M]. Cambridge: Cambridge University Press, 1981: 145.

② ［美］保罗·费耶阿本德. 反对方法：无政府主义知识纲要［M］. 周昌忠，译. 上海：上海译文出版社，1992：3.

思想，尤其是“强纲领”具有典型的相对主义特征，而实验室研究则开始不自觉地转向了实践科学观，在一定程度上超越了相对主义。

2. 认识论相对主义。

（1）库恩的认识论相对主义。

①合理性相对主义。库恩指出，事实和理念之间的区别是人为的，不存在独立于理论的纯粹的科学事实，“消化一类新的事实，要求对理论做更多的附加调整，除非完成了调整——科学家学会了用一种不同的方式看自然界——否则新的事实根本不会成为科学事实。”① 库恩以氧的发现这一案例来说明新事实和新理论在科学发现中是如何紧密地纠缠在一起的，通过对氧的发现的考察，库恩得出，很难把某个发现归属于某一时刻，归属于某一个人往往也难以做到，因此，事实与理论是不可分离的，只有当理论准备好后，事实才能确立，发现是一个过程，必须经历时间。库恩还用大家熟悉的视觉格式塔转换实验来说明科学家世界的转变。在库恩这里，观察渗透理论这一命题，不仅否定了观察能为科学知识提供绝对的客观基础，使科学的合理性形象受到质疑，而且还导致了本体论相对主义。

库恩认为，并不存在逻辑经验主义所说的稳定的方法，科学中所应用的标准和大量的科学信仰、理论一样，随着科学家工作于其中的范式的变化而变化。他指出许多用来评价科学问题的解决办法的标准内在于范式，范式是“一个成熟的科学共同体在某段时间内所接纳的研究方法、问题领域和解题标准的源头活水”。② 因为方法论依赖于范式，所以“当范式变化时，通常决定问题和解答的正当性的标准，也会发生重大改变”。③

②概念相对主义。库恩认为，一些相继的或竞争的范式应用彻底不同的概念体系，在范式的革命性转变中，“必须改变已经确立、且为大家熟悉的概念的含义”。④ 因为在理论所应用的词汇中发生了一种语义学的转变，所以转变前后的概念体系间不可通约。

概念体系的不可通约是建立在观察渗透理论和整体论的基础上的，不存在

---

① ［美］托马斯·库恩. 科学革命的结构［M］. 金吾伦，胡新和，译. 北京：北京大学出版社，2003：49.

② 同①，95.

③ 同①，100.

④ 同①，94.

纯粹的观察，也就不存在支持一个理论而否定另一个理论的经验事实，革命前后的范式并不具有共同的事实，概念体系之间就不能以事实作为公共的试题单位。而且，概念体系的转变是整体的转变，而不是部分的转变。库恩以牛顿力学和爱因斯坦力学的关系来说明两个相继的范式所应用的概念体系不可通约。从地心说到日心说、燃素说到氧化说、光的微粒说到波动说等范式转换相比，牛顿力学到爱因斯坦力学的范式转换更为精致难辨。逻辑经验主义者就否认牛顿力学到爱因斯坦力学的革命性的转变，爱因斯坦力学中推导出来的已经不是牛顿力学的定律了，因此牛顿力学并不是爱因斯坦力学的一个特例。

③真理相对主义。库恩的概念不可通约性命题使真理相对主义获得了合法性，既然不同范式的概念体系不可通约，那么一个命题的真理性只能在产生它的范式中评判，此外并不存在一个客观的独立于范式的评价标准。从而我们可以看到，库恩概念的不可通约性走向了建构主义的本体论相对主义，所以我们可以从本体论相对主义角度理解真理相对主义，这种理解更为容易。本体论相对主义主张我们所认识的世界是建构世界，一个命题是否是真的就要看它是否与建构世界相符合，因为不同的范式所认识的是不同的建构世界，所以真理只能是相对于范式的。合理性是获得真理的保证，因此，合理性相对主义也是对真理相对主义的有力支持。

（2）费耶阿本德的认识论相对主义。

①合理性相对主义。费耶阿本德坚决否认科学的合理性形象，否认科学与非科学的划界，科学本身并无特殊性，科学与神话、宗教、魔术、巫术等都是构造世界观的方法，科学只是人所发明的以便应付环境的工具之一。它不是唯一的工具，也不是绝对可靠的工具，并不具有任何神圣性。

逻辑经验主义认为，经验事实对科学理论起判决作用，理论必须与经验事实一致。如果一致，则理论得到证实或确证；如果不一致，则理论就被证伪，必须抛弃。逻辑经验主义还强调“一致性条件”，即要求新的假说必须与得到确证的理论相一致。一致性条件是理论一元论的保证。费耶阿本德反对经验事实对理论的判决作用。他认为，理论可以与经验事实不一致，因为，经验事实不是独立自主的，它们都是被证据所“污染”的。费耶阿本德指出，理论和观察、实验是互相影响的。观察不仅渗透了理论，而且充满了理论。实验结果也不是只由简单的观察事实所组成的，它是按照某种理论进行分析而得出的。因此，观察报告和实验结果必然被当时的理论历史背景所“污染”，其中包含着未经检验的理论假设。费耶阿本德指出："一个理论所以可能和证据不一致，并非因为这不正确，而是因为证据是已被玷污了的。"①

费耶阿本德还提出"韧性原理"来解释为什么经验事实不能判决理论。"韧性原理"是指，科学家可以在许多并存的理论中选择一种最有希望成功、最有效的理论加以坚持，即使它遇到巨大的困难也不放弃。另一方面，必须违反方法论规则，坚持这些规则无济于事反而会阻碍进步。他提出了"怎么都行"的方法论多元主义主张，我们要认识世界，便需要使用一切方法，包括理性主义者最瞧不起的方法，也需要保留一切观念，包括最可笑的神话。

方法论多元主义反对的是以往方法论一元主义，而不是它们所主张的各个作为方法的规则本身。他认为，一切方法和规则都有一定的适用范围，不存在普遍标准。同时他提出的反归纳法绝不是一种万能方法，他只是为了证明一切方法都有其局限性，方法应该是多元的。

②概念相对主义。费耶阿本德指出，意义的不变性与实际科学不符，在旧理论中，一些决定理论的术语意义的原则与新理论的原则不一致，解决不一致的办法就是用新原则代替不能令人满意的旧原则，这样，术语的旧意义也就被取消，代之以新意义。20 世纪 80 年代，费耶阿本德对不可通约性概念的使用做了进一步澄清，他指出，不可通约性是罕见的事件，"只有当一种语言（理论、观点）的描述术语的意义条件不允许使用另一种理论或语言的描述术语时才会产生不可通约性，仅仅是意义不同并不导致不可通约性。"② 而且，理论之间是否不可通约还要看所采取的解释方式，"理论可以用不同的方式来解释。在某些解释中，它们可能是不可通约的，而在其他解释中，则不是不可通约的。"③ 在费耶阿本德看来，不可通约性对于哲学家和科学家的意义完全不同，哲学家讨厌不可通约性，认为不可通约性构成了困难，但是对科学家而言则不是。

---

① ［美］保罗·费耶阿本德. 反对方法：无政府主义知识纲要［M］. 周昌忠，译. 上海：上海译文出版社，1992：43.

② Paul Feyerabend. Putnam on Incommensurability[J]. The British Journal for the Philosophy of Science, 1987, 38(1): 81.

③ ［美］保罗·费耶阿本德. 自由社会中的科学［M］. 兰征，译. 上海：上海译文出版社，1990：69.

（3）科学知识社会学派的认识论相对主义。

在认识论上，爱丁堡学派也坚持相对主义。因果性强调对一切信念进行因果性解释，科学知识与其他信念一样，都有其产生的原因，并不具有认识论上的独特地位，因此，科学知识也不能免于社会学的因果性解释。布鲁尔认为，科学并不是纯粹的理性事业，知识不具有任何自主性，社会因素是科学知识的内在组成部分，科学知识不再具有普遍必然性和客观真理性，而不仅仅是地方性或局域性知识，因此要为所有的科学知识寻找原因。

①合理性相对主义。合理性相对主义表现为对中立的观察和不变的方法的否定。为贯彻因果性原则，"强纲领"提出的公正性和对称性原则同样否定中立的观察和不变的方法，而且引入社会因素作为合理性因素的替代物，认为只有社会学角度才能解释科学的真实历史发展过程。公正性原则要求科学知识社会学应当对真理或者谬误、合理性或者不合理性、成功或者失败保持客观公正的态度，对正反两个方面都要作出解释。对称性原则要求科学知识社会学在解释的风格上应当具有对称性，如同一些原因类型应当既可以说明真实的信念，也可以说明虚假的信念。公正性和对称性要求公正且对称地对待在现在我们看来合理的和不合理的科学理论，这样就从根本上抹杀了合理性与非理性之间的区别，这与传统科学哲学家和科学社会学家的理解完全不同。布鲁尔认为社会因素对科学知识的渗透是对称的，它既可导致伪的、非理性的、失败的知识的产生，也可导致真的、理性的、成功的知识的产生。如果将伪的、非理性的和失败的知识产生归因于社会因素的介入，而将所谓真的、理性的和成功知识的产生归因于未受社会因素影响的结果，就违背了对称性原则。因果性原则把相对主义引入科学知识社会学，公正性和对称性原则是对相对主义的进一步贯彻和巩固。

②真理相对主义。布鲁尔和巴恩斯否认知识是有根据的真实的信念，而从社会学角度对科学知识进行定义，"对于社会学家来说，人们认为什么是知识，什么就是知识。它是由人们满怀信心地坚持、并且以之作为生活支柱的那些信念组成的。社会学家将特别关注那些被人类群体视为理所当然的、被人类群体制度化的，或者被人类群体赋予了权威的信念。当然，必须把知识与纯粹的信念区别开来。我们通过用'知识'这个语词来专门表示得到集体认可的信念，同时把个体的和具有个人特征的信念当做纯粹的信念来考虑，就可以做

到这一点。”①“知识是为人认可的信念”这个社会学定义，我们可以从两个方面来理解：第一，这个社会学定义与传统认识论定义不同，表现为以“集体认可的”代替了“有根据的真实的”，取消了科学知识的认识论优越性，正是在这种意义上，我们说爱丁堡学派坚持真理相对主义。第二，这个社会学定义区分了集体信念和个人信念，集体是一个社会群体，不同于纯粹的个人，集体信念虽然不是真理，但也不是个人的任意信仰，集体信念是多个个人达成的一致信念，虽然不具有反映自然界意义上的客观性，但却具有来自主体的客观性——主体间性。巴恩斯还进一步指出了知识所具有的社会特征，即知识得到意识和权威的支持，并被集体地发展和修改。根据布鲁尔和巴恩斯对知识的这个社会学定义，知识就成为一个整体，自然科学知识就是关于自然的信念，它和文学、哲学、政治、道德、宗教等各种信念系统处于同等地位，并不具有逃避社会学研究的理由。巴恩斯指出，“在探索如何全面地从社会学角度理解作为一个整体的知识的本性时，不应该回避科学知识，而应该积极地对它们加以研究和反思。”②

爱丁堡学派比库恩更加激进，他们公然表明自己的相对主义立场，并为相对主义辩护。布鲁尔和巴恩斯旗帜鲜明地声称：“相对主义不但不会对科学地理解知识的形式构成威胁，相反却是这种理解本身需要相对主义。我们的主张是，对于人类学、社会学、制度史和思想史，甚至认知心理学这些解释知识体系及其分布和变化的多样性的学科来说，相对主义都是必不可少的。正是那些反对相对主义的人，那些认为某些形式的知识理所当然地具有特殊地位的人，他们才对知识和认知的科学理解构成了真正的威胁。”③

科学知识社会学“强纲领”的主要观点就是社会因素是科学知识一个必不可少的维度。他们首先扩大了社会因素的影响广度，认为社会因素影响科学知识生产的各个阶段，从选题到观察和实验，再到提出理论，最后到理论选择与评价；其次扩展了社会因素的范围。他们认为影响科学的社会因素不再仅局限于科学共同体，而是广泛的超科学领域，包含着社会各方面因素。

① ［英］大卫·布鲁尔. 知识和社会意象［M］. 艾彦，译. 北京：东方出版社，2001：4.

② ［英］巴里·巴恩斯. 科学知识与社会学理论［M］. 鲁旭东，译. 北京：东方出版社，2001：2.

③ Barry Barnes, David Bloor. Relativism, Rationalism and the Sociology of Knowledge［M］. In：Martin Hollis, Steven Lukes. Rationality and Relativism. Oxford ：Basil Blackwell Publisher Ltd, 1982：21 - 22.

(二) 相对主义的优势与缺陷

自从库恩把相对主义“大规模”引入科学哲学后，关于相对主义的争论就开始了。真理相对主义作为相对主义的基本形式，自然成为相对主义批判者的矛头所指。

真理相对主义蕴涵着矛盾，是不一致的。亚里士多德著名的不矛盾律规定，没有任何东西能够同时具有又没有某种属性，命题的真理性当然也不能例外，即一个真命题不能同时又为假，一个假命题不能同时也为真。而真理相对主义恰恰违反了不矛盾律。另外，相对主义具有自我驳斥性。相对主义的基本主张是一切信仰或宣称只是相对于某个具体与境为真，那么，相对主义宣称“一切信仰或宣称只是相对于某个具体与境为真”本身的真理性又怎样呢？存在两种可能性，或者，相对主义宣称只是相对于某个具体与境为真，因此，在与境之外相对主义没有意义，可以坚持绝对主义，这样，相对主义对于绝对主义者就不构成任何威胁。或者，相对主义宣称对于所有与境都为真，也就是相对主义绝对为真。“相对主义绝对为真”是自我驳斥的，即使其他所有信仰或宣传都是相对与境的，也不能得出“一切信仰或宣称只是相对于某个具体与境为真”，因此相对主义主张本身被排斥在外。因此，在极力主张相对主义时，却否定了相对主义。

这两种选择要么使相对主义没有任何意义，要么直接否定了相对主义，总之都不能将相对主义贯彻到底，所以相对主义理论本身有内在的缺陷，是自我控制的。

有人指出，认知相对主义意味着不同科学共同体成员之间无法交流，而文化相对主义会导致种族冲突，因为相对主义者各执己见，互不相让。持这种态度的人主要在于反相对主义绝对化了，只有彻底的相对主义才可能导致交流的失败，温和的相对主义并不会成为交流和理解的障碍。因为温和的相对主义暗含着思想开放和宽容，即承认各种理论传统存在的权利，要求非批判地承认其他人的道德规则与我们自己的同样有效。真正温和的相对主义者不仅自己坚持主见，更重要的是还尊重别人的主见。

多数批评者认为，相对主义彻底取消了自然界和科学知识的客观性，指责相对主义是荒谬的理论。相对主义否定科学知识具有精确反映自然界的客观性。相对主义否定的是精确反映自然界意义上的客观性，也就是真理所具有的客观性，即相对主义否定的是真理符合论，而不是自然界对科学知识的限制。作为客观的研究对象的自然界虽然不再对科学知识起决定作用，但仍然影响着科学知识，在建构科学知识中是一个重要因素。就是极力强调科学知识是社会建构的结果的“强纲领”的支持者也承认自然界的观察的确在科学发展中起着一定的作用，只是他们把任务定在阐释科学的社会协商上，因此没有解释自然界到底怎样参与到协商中去。因此，科学知识虽然不能与自然界完全符合，但却部分相符。

相对主义除了承认自然的客观性和科学知识具有部分反映自然界的客观性外，还有两种客观性必不可少。相对主义的根本主张就是科学知识植根于与境，如文化、语言、历史时期、性别、种族和社会地位等，这样相对主义就假定了科学知识和产生科学知识的与境之间的因果关系的客观性。相对主义还赋予科学知识另外一种客观性——主体间性，作为主体的科学家并不是作为个体来选择某种理论的，在库恩那里，是科学共同体这一社会群体来作出理论选择，在科学知识社会学那里，知识是集体认可的信念，而不是个人的信仰。

所以，本体论相对主义否认了绝对的超验的实在是可认识的。认识论相对主义否认了科学研究过程中的保证真理的程序理性，进而否认了科学研究的结果是真理等绝对特征。

（三）相对主义对小学科学课程的挑战

20世纪科学哲学的发展表现出：绝对主义式微，相对主义兴起。科学哲学家江天骥教授指出，当代科学哲学家主张多元方法，反对唯一的普遍方法者相当多，有的多元主义者坦然承认自己是相对主义者，有的人不愿意承认相对主义，但实际上还是温和的局部的相对主义者，因为多元主义就意味着温和的相对主义。

相对主义之所以不可避免，根源在于，在主客二分的形而上学框架中，绝对实在和绝对真理实际上都是虚假的预设，是不能达到的幻想。在科学哲学中，则具体表现为：不能为科学与非科学的划界提供一个绝对的标准，不存在理论选择的超历史的规则性标准，不存在中立的观察，理念实体的客观性无从证明，理论之间不能翻译，等等。这些都证明了绝对主义的失败。

相对主义的兴起对科学教育产生了深刻的影响，也对小学科学课程改革提出了新的挑战，影响着小学科学课程改革的科学哲学基础，使人们对科学本质的认识、科学方法的运用、科学知识的获取等，都提供了新的科学哲学指导。

科学课程改革的科学哲学基础不仅仅是逻辑实证主义和波普尔的证伪主义，当前小学科学课程改革将在相对主义的科学哲学指导下进一步深入开展。本书从科学哲学的文化转向视角分析了小学科学课程改革中的一些科学哲学问题，所持的观点并非是绝对的相对主义，而是把科学视为一种文化，从科学文化的角度探讨小学科学课程的改革，从本质上讲也是倾向于温和的相对主义。然而，科学哲学的相对主义的确深入科学课程的改革领域，并深深地影响着科学课程改革的理念和方法论。归纳起来科学哲学中的相对主义要求小学科学课程必须处理好以下三对关系。

1. 科学真理的绝对性与相对性。

真理是主体与客体具体的历史统一，真理的标准同时具有绝对性和相对性。而在西方哲学中，传统的机械唯物论者以及一些实证主义者将经验证实原则绝对化，将已被证实的知识看成绝对真理，将真理标准绝对化。受这种知识观影响的教育片面地强调知识的传递接受，往往把作为前人认识成果的知识分解，按一定的顺序分步教给学生，要求学生达到统一的标准的理解，最后通过与实际生活相距甚远的试题来测验学生的理解掌握情况，从而检验传授是否成功。其结果是，学生虽然可以在考试中表现出色，但却很难在具体生活中产生广泛而灵活的迁移。

波普尔与经验证实原则针锋相对，提出经验证伪原则，认为科学发展经过不断的“猜测—反驳”而逐渐逼近真理，但永远也达不到真理。而库恩则走得更远，他否认客观真理的存在，认为范式只是科学家们的信念，是一种方便的约定，一种工具，新旧范式的更替只是信念的更换，没有任何真理性的内容。库恩以这一极端化的陈述道出了一个重要的哲学命题：真理的标准具有相对性。费耶阿本德主张“不可通约性”，提出“怎么都行”，他认为，理论始终是多元的，科学与非科学没有严格的区别，科学本身并无特殊性，科学与神话、宗教、魔术等都是构成世界观的方法，科学只是人所发明的以便应付环境的工具之一。它不是唯一的工具，也不是绝对可靠的工具，并不具有任何神圣性。他指出：“把一切真理看成是由我们对它的喜爱创造的，而不是‘发现’的。”科学知识社会学派则认为“知识是集体认可的信念”。集体信念虽然不是真理，但也不是个人的任意信仰，集体信念是多个个人达成的一致信念，虽然不具有反映自然界意义上的客观性，但却具有来自主体的客观——主体间性。布鲁尔和巴恩斯对知识社会学定义，知识就成为一个整体，自然科学知识就是关于自然的信念，它和文学、哲学、政治、道德、宗教等各种信念系统处于同等地位，并不具有逃避社会学研究的理由。

实际上，真理具有客观标准，但它从来不是完全绝对的，它是相对的，离开相对性来谈绝对性只会扼杀真理的生命力。受到相对主义的影响，西方一些建构主义者提出了关于教育的新主张，他们强烈抨击传统的客观主义的教育，认为人可以通过不同的方式来建构对世界的理解，并不存在我们所追求的某一个正确意义，意义植根于经验，所以他们提倡情境性的学习，让学生面对具体的情境，建构自己对知识的独特理解，并通过学习者之间的合作讨论，使不同的理解之间得到沟通，从而走向全面和丰富。

20 世纪 80 年代，英、美等发达国家以及我国进行的小学科学课程改革，也充分体现了建构主义思想。但一些极端的建构主义者则提出了知识没有客观标准，所以学生的理解根本没有正确和错误之分，他们反对任何形式的知识传授，只主张让学生独立地建构自己的理解，而这种理解无需外在的评价，只要看它是否有利于具体问题的解决。这不难看出他们是相对主义、工具主义的思想倾向。未来小学科学课程改革，既要看到真理的绝对性，也要看到真理的相对性，不能因为科学哲学走到了相对主义，就不加批判地跟随，而应该妥善处理真理的相对性和绝对性的关系。

2. 科学发展的阶段性与连续性。

库恩认为，科学的发展在于范式的形成与更替，范式的更替便构成科学革命，它成为划分科学史阶段的标志。但他认为新旧范式之间不具有可沟通和比较性，否认新旧范式之间的逻辑联系，所以他在看到科学发展的阶段性的同时，又忽视了各阶段之间的连续性。实际上科学发展是一个辩证否定的运动过程，新范式从来是对旧范式的扬弃，是辩证否定而非完全抛弃，它吸收了旧范式的合理成分，又剔除其糟粕。而费耶阿本德则强调“不可通约性”，体现出科学发展的阶段性和不连续性。科学知识社会学派则强调科学知识的社会建构，充分体现了科学知识的阶段性和连续性。

为此，小学科学课程改革必须引入科学哲学、科学史方面的内容，呈现科学发展的历史过程和丰富面貌，必须承认科学发展的过程是阶段性和连续性的统一，其中存在很多偶然因素和不确定性，而不是只抽取科学发展过程的某些阶段，或者将科学发展过程处理为一个严格按照某种逻辑程序展开的机械过程。对于小学科学课程开发者和实施者而言，要呈现更为丰富的科学历史，尽可能地还原科学发展的真实图景，在真实的历史中总结概括科学发展的阶段性，也要体现连续性。这样做的目的，一是尊重真实的科学历史；二是避免学生获得对科学发展的不正确的认识。

3. 个体的科学与公开的科学。

科学知识社会学中的相对主义除了承认自然界的客观性和科学知识具有部分反映自然界的客观性外，还有两种客观性必不可少。那就是科学知识和产生科学知识的与境之间的因果关系的客观性、主体间性。科学知识社会学派强调科学知识的社会建构，将科学从狭小的圈子扩展到整个社会，将社会引入了科学哲学。

按照科学知识社会学的观点，未来的小学科学课程改革必须要处理好个体的科学与公开的科学的关系，促进个体的科学与公开的科学的融合。要想使学生了解真实的科学，就不能不让他们注意到活生生的科学经验。学生个人从事科学研究的亲身体验与其接受的大量间接的科学知识结合起来，才可以说学生真正掌握了科学。个人的科学最终将转化为公开的科学，即以科学教科书、专著、刊物等媒体公开出版的科学知识。根据库恩的观点，范式的主要作用在于调节和形成科学的正式陈述，因此，公开的科学是科学的非常真实的一部分。但是它也容易使学生知其然，而不知其所以然，因为公开的科学很少提示其来源（即个人的科学）。为此，要让学生获得真实的科学及其科学观，就必须使科学与科学的其他层面结合起来构成一幅立体的、多维的科学图景。只有这样，学生才能够真正理解公开的科学。

当今小学科学课程改革在注重公开的科学时，忽视了学生个体的科学。强调书本里的科学知识，忽视现实生活、社会中的科学知识。未来小学科学课程改革应该处理好个体的科学与公开的科学的关系，使学生不仅仅从书本中获取科学知识，更重要的是要让学生从自然和社会中获取科学知识。为此，课程改革更应该加强与自然、社会的联系，重视学生自己建构科学知识。

二、科学方法多元化与小学科学课程的应对

当前逻辑实证主义的科学研究方法虽然还保持着固有的地位，但是已经遭到了强有力的挑战。这种状况给科学课程，尤其是小学科学课程带来了一定的冲击。只不过由于逻辑实证主义的强大和已有方法的惯性，当前小学科学课程开发和课程实施中仍然在强化单一科学方法的绝对性和唯一性，课程中对于科学方法的处理，仍然抱着一元论的思想，不够开放，排斥其他的科学研究方法。这种处理方式始终传递着这样一种信念——实验是产生科学知识的唯一途径，这其实是一种错误的观点和信念。纵观不同领域科学家的研究就会发现，不同领域的科学家看重的方法是不一样的，比如化学家注重实验，物理学家虽然也注重实验，但是也不排斥理论研究等。

实际上，科学研究的方法包含多种成分，包括观察、分类、时间和空间的关系、测量、预测、推论、沟通等基本的科学技能，以及操作性定义、控制变量、形成模型、解释资料、形成假设、实验等过程和技能。

此外，科学研究允许研究者运用想象力和发挥创造性，以便产生足够的假设和理论，当然这些假设和理论必须有足够的数据和实施的支持。与此同时，科学方法本身的运用过程中并不能排除研究者的偏见。

反观当前小学科学课程对科学方法的处理，明显没有对科学方法多元趋势作出回应。我国小学科学课程《标准》的课程目标部分的分目标阐述了科学探究的目标，其基本体现的就是逻辑实证主义和波普尔的证伪主义的科学方法："能通过对身边事物的观察，发现和提出问题，能用已有的知识作出自己对问题的假想答案……"但是同时也希望学生了解研究不同的问题需要有不同的方法；科学探究的内容标准中将科学探究划分为提出问题、猜想和假设、制订计划、观察实验制作、搜集整理信息、思考与结论、表达与交流等几个部分，可以看出非常强调观察和假设检验。小学科学课程标准中的科学方法还停留在一元论的阶段，其中并没有关于科学方法本身的内容，似乎科学探究的这些要素和固化了的过程就是科学方法的全部，同时也没有引导学生深入体验甚至批判不同的科学方法。

在小学科学课程实施的过程中，科学方法往往被教师固化为单一的假设检验的实验方法和几个步骤：提出问题—猜想和假设—检验和验证—表达和交

流，这些步骤的顺序不能随意调整，而这些步骤中涉及的具体研究技术和方法也很少能够展开并教给学生。更为严重的是很多教师将科学方法简单化为解题的方法，试图通过训练学生的解题能力来提高学生对科学研究方法的掌握程度，这无异于缘木求鱼。此外，科学史的内容虽然进入了小学科学课程，但是科学研究方法方面的科学史内容，往往作为调味品，调剂相对枯燥和干涩的科学知识逻辑体系，增强学生学习科学的兴趣，而不是以案例教学的方式让学生体验和理解科学方法在科学研究中的真实面目及其运用过程。

科学方法是多元的、丰富多彩的，“怎么都行”的本意也是强调丰富和完善科学方法体系，而不是固守某一种科学方法。“如果我们要支配我们的物质环境，那么我们一定要使用一切思想、一切方法，而不仅仅使用其中的一部分。”①

作为小学科学课程的开发者和实施者，必须正视科学方法多元化的现实，但是又不能陷入彻底的相对主义和彻底的一元论，必须在坚持一元的基础上寻求多元，这确实存在不少的困难。困难之一在于开发者和实施者都需要打破对传统科学主义方法的迷信，走出追求方法的普遍性和唯一性的迷宫，接纳其余的科学方法，并展开对科学方法的比较分析和批判，充分认识到每一种科学方法都不是万能的，都有其使用范围和局限性；科学方法也在不断地发展和丰富。困难之二在于课程开发如何面对多元化的科学方法。一旦处理不慎，就会陷入相对主义不能自拔，扰乱学生对科学方法的理解和认识。

面对这样的境况，一条相对稳妥的道路就是在坚持科学共同体相对认可的科学方法之余，保持科学方法体系的开放性，不将科学方法固化为某一种方法的几个阶段，同时引入新的非科学主义的科学方法，引导学生正确认识和选择科学方法。困难之三在于科学哲学对于科学方法的研究本身并不能回答这些方法，尤其是新的科学方法是否能被小学生接受和学习，以及接受到什么程度。多元化的思维和多元化的科学方法并不一定能被学生接受。这一问题的回答需要借助科学学习心理学的实证研究，但是目前还缺少这方面的研究成果，这也为小学科学课程的开发和实施带来了一定的困难和障碍，是一个需要进一步研究和探讨的问题。

---

① 转引自刘辉．后现代主义对科学中心主义的颠覆［J］．科学技术与辩证法，1998（4）：23.

三、新科学观下的小学科学课程走向

当前，我国小学科学课程改革似乎尚未重视新的科学观的指导，也没有重视科学哲学中的相对主义兴起对小学科学教育的影响。虽然借鉴了英美等西方发达国家科学课程改革的理念，也注意到了改革的目的是要促进学生对科学本质的理解，帮助学生通过学习科学形成正确的科学观，但忽略了相对主义给小学科学课程改革带来的新变化。

（一）基本理念：走向科学与人文的融合

能否处理好科学与人文的关系直接关系到人才培养的质量。未来小学科学课程改革，既要注重科学知识的传授，又要重视人文精神的培养，必将走向科学与人文的真正融合。

1. 融合的理论基础——科学人文主义。

科学人文主义是在反思科学与人文分裂带来的问题、探索如何实现科学和人文走向现实统一过程中产生的。它既信奉科学，又崇尚人道，它以科学为基础和手段，以人文为价值和目的，促进人和社会在物质与精神两方面的和谐发展，并在此基础上不断实现人的自身解放，达到人、自然、社会的和谐共存。

1937 年，美国科学史学家乔治·萨顿在《科学史与新人文主义》一书中提出了“科学人性化”的目标，呼吁建立一种新的科学人文主义的文化，使科学成为文化中的一个基础的部分，在科学和人道主义之间建起一座桥梁。科学人文主义教育就是用科学人文主义的理念和追求，来塑造、养育内心和谐，与他人、社会、自然和谐的人。它既进行科学教育，又进行人文教育，它把两者融合在一起，同时引导和满足人的两种需要和追求，促进人的身心和谐并全面发展。

《学会生存——教育世界的今天和明天》一书中指出，“要使科学和技术成为任何教育事业中基本的、贯彻始终的因素，要使科学和技术成为儿童、青年和成人设计的一切教育活动的组成部分，以帮助个人不仅控制自然力和生产力，而且也控制社会力，从而控制他自己、他的抉择和他的行为；最后，要使科学和技术有助于建立一种科学的世界观，以促进科学发展而不致为科学所奴役。"[①] 书中还指出，任何教育行动都必须把重点放在两个方面：一是科学的人道主义；二是把科学运用于实践和具体工作。

科学人文主义教育将给教育带来新的希望，成为指导科学教育和人文教育融合的新的实践模式。它既不同于那些偏激的人文主义者所倡导的唯人性论，也不同于科学主义者的科学至上的价值理念，避免了因轻视实际而造成的空虚无用，或因轻人文而造成的道德、价值、人性的失落。它把科学教育和人文教育有机地结合起来，在科学教育中自然贴切地渗透人文精神，在人文教育中恰当合理地渗透科学精神。它根本的出发点就是人的全面和谐发展，它根本的目的就是人的幸福，这也正是当今素质教育的价值追求所在。在科学人文主义教育中，人将作为一个真正的人，而不是单纯作为抽象的人和单纯作为现实的劳动者而得到发展和满足。

科学与人文的融合不能简单地理解为增加科学教育和人文教育课程的数量，使课程中又见科学，又见人文。科学与人文的融合要使科学教育和人文教育内在地有机融合。不是要现代人都成为百科全书式的人，而是要让现代人具备起码的现代科学和人文素养，成为在现实条件下全面发展的人。

2. 走向科学与人文融合的小学科学课程。

自20世纪90年代末，我国新一轮的课程改革在小学科学教育领域以与国际接轨的"科学"课程取代开设了近20年的"自然"课程。这次改革充分体现了"科学课程面向全体学生"的理念。这既体现了义务教育的公平性原则，保证每个学生有平等地接受教育的权利，又反映了现代科学教育面向全体学生的思想，预示着未来的小学科学课程必将走向科学教育与人文教育的真正融合。走向科学与人文融合的小学科学课程，不仅应注重学生对科学知识的学习，而且更应注重学生科学学习的过程。在科学学习的过程中，促使学生形成科学的情感态度与价值观，提高科学素养。

（二）课程目标：提高学生科学文化素养

回眸20世纪中小学的科学教育，不难发现，它大体经历了如下发展轨迹：

---

① 联合国教科文组织国际教育发展委员会. 学会生存——教育世界的今天和明天［M］. 华东师范大学比较教育研究所，译. 上海：上海译文出版社，1982：120.

科学知识→科学方法→科学素养。20世纪初的科学教育等同于科学知识教育，它关注科学事实、科学概念、科学定律、科学原理的传递，因为这些知识符合斯宾塞“为完满生活做准备”的价值标准。

20世纪60年代后对科学方法的重视日益凸显，出现这一变化的背景首先是科学方法在科学知识形成中的重要意义日益被人们所认识。从某种意义上讲，一部自然科学史就是自然科学研究方法的发展史。“任何一门学科走向的过程都是形式化、符号化、建立数学模型和实验模型的过程。不同学科构建符合自身研究对象特性的形式、符号和数学模型的方法，就是这门学科特有的思想方法和工作方法。”① 其次是科学知识的陈旧率加速，与其掌握各种具体知识毋宁掌握生命力更持久的科学。正如施瓦布所言：“不要把科学当做证明或证实某些概念、原理的过程，而要把它当做一个发现的过程，一个揭示自然事物的过程和一种提高我们理解力的方法来发现这些事实之间如何联系起来的过程。”于是小学科学教育便出现了侧重于科学加工过程的课程方案，这种课程方案，十分重视科学探索的一般程序技能的概括与传授。在教学方法上，则采取类似于科学家探究事物过程的方法。“方法比知识更重要”成为科学教育中的新格言。

20世纪末，科学教育出现了以科学素养的培养为科学教育最高宗旨的发展趋势。美国《国家科学教育标准》指出：“科学素养就是对个人决策、参与公共和文化事务以及经济生产所需要的科学概念和过程的知识和理解。具有科学素养的人能够提出、发现和解答与日常体验有关的问题。”② 我国学者也对科学素养的概念进行了深入的研究，其内涵可以归纳为四个核心因素：①对科学技术的理解，包括理解科学技术的性质、概念、原理和过程；②对科学、技术、社会三者关系的理解；③科学精神和科学态度；④运用科学技术解决日常生活及社会问题的能力，包括运用科学方法的能力、判断和决策的能力、与他人合作交流的能力、自我补充和继续学习的能力。在这四个因素中，运用科学技术解决日常生活及社会问题是要达到的结果，而前三个因素是达到这一结果

① 袁振国. 反思科学教育［J］. 中小学管理，1999（12）：2-4.

② ［美］美国国家研究理事会. 国家科学教育标准［M］. 戢守志，等，译. 北京：科学技术文献出版社，1999：28.

的必要条件。①

科学素养有不同的程度和形式，人的一生中科学素养都在不断发展和深化，而不仅仅局限于在校期间。科学素养不是一个封闭、静止的体系，它具有开放的特征，其内涵随着人们对科学本质认识的深化，以及随着社会环境的变迁而发生变化，变得更加丰富。为此，我们在实现小学科学教育目标的同时，通过对小学生进行科学启蒙教育，应更加注重学生科学素养的培养，在教学实践中不断丰富和发展科学素养的内涵。

（三）课程内容："科学—技术—社会"的融合

目前，学科发展出现了高度分化与高度综合的趋势，社会生活面临越来越复杂的问题，需要综合地运用自然科学、社会科学和人文学科的知识和方法去解决，以及知识激增的无限性与学校课程容量的有限性之间的矛盾，使人们越来越清楚地意识到分科课程的弊端。②

科学课程改革应更加注重将"科学—技术—社会"三者紧密结合起来。一方面课程内容要充分反映出科学、技术和社会的互动关系；另一方面要强调科学、技术和社会的整合对中小学生的重要教育意义。要选择与学生生活有关的科学问题组织实施科学课程教学，把关于自然、社会和人的知识作为一个有机整体，以培养学生作为合格公民所必需的科学素养。以这种方式编制的科学课程的优点在于，它既与学生的生活经验密切联系，能够激发学生的学习热情和探究欲望，又有较强的现实性、时代性乃至地区差异性，有利于学生了解科学受时代乃至地区条件的影响，从而更好地理解科学的性质。

与此同时，科学课程要以现代化、综合化、生活化为课程内容价值取向。一方面，课程内容必须反映现代科学技术的发展趋势，并把现代科学技术研究的最新成果及时地纳入课程内容，尽量缩小课程内容与科学技术最新发展的差距；另一方面，当今科学技术发展进一步交叉融合，既高度分化又高度综合化。为此，为了适应现代科学技术的飞速发展和解决人类社会所面临的种种问题，应重新整合学科知识，加强课程内容的综合性。回归生活意味着科学课程

---

① 王素. 科学素养与科学教育目标比较——以英、美、加、泰、中等五国为中心 [J]. 外国教育研究，1999 (2)：5–9.

② 杨晓微. 中小学科学课程改革：理念、趋势、困难和代价 [J]. 课程·教材·教法，2000 (11)：13.

内容直接面向社会，与学生实际生活融为一体，既使科学课程内容与学生生活和现实社会实际之间保持密切的联系，又使实践和生活成为科学课程内容的基本来源。新的科学课程改革在理念上应该强调用整体的观念看世界。我国传统的科学教育中对“科学—技术—社会”三者关系的认识是一个比较薄弱的环节。然而新的小学科学课程《标准》突出了“科学—技术—社会”一体化的重要性，力图实现科学课程的整合。与此同时，我们还必须适时增加最新的科学技术知识，丰富科学课程内容。要重视科学与技术间的联系与区别，以利于他们认识科学与真实世界的相关性；注重知识整体的学习……在科学学习中促进所有科学学科间、科学与其他学科间的相关性和综合性；帮助学生树立环境和健康意识，了解科学对社会和生活质量提高所作出的贡献；让学生认识科学教育对培养“完整的人”的重要价值。并力求更加紧密地将科学教育与人类的生活联系起来，以解决现实生活中的问题，从而提高学生学习科学的积极性和主动性。

（四）教学方式：在文化和相对中探究科学

科学探究是科学课程实施的价值取向之一。“科学探究是指科学家用以研究自然界并基于此种研究所获得的事实证据提出种种解释的多种不同途径。科学探究也是指学生获得知识、形成科学观念、领悟科学研究方法而进行的各种活动。”① 美国1994年出版的《中小学课程与教学方法》指出，中小学科学教育宗旨是为学生提供如下机会：批判地思考和探究的实践能力；发展有助于理解生物和物质的环境的概念；发展作为民主所必需的态度与技能。书中还引用杰卡（Gega）的观点：当我们谈到科学态度时，实际上指的是发展批判思维。……这涉及四个态度领域，即好奇心、创造力、批判思维和坚持性。在科学教学中教师有很多机会鼓励学生的好奇心并以他们感兴趣的问题激励他们去研究。由于各国在科学课程宗旨和目标上都关注科学态度、科学思维以及科学知识和技能，着眼于科学素养的培养，从而在课程实施上表现出关注科学学习过程中的探究与体验的共性，因而在教学方法与策略上也有诸多相似之处。如美国《国家科学教育标准》要求：“贯彻实施这部标准的学校将引导学生们通

---

① ［美］美国国家研究理事会．国家科学教育标准．戢守志，等，译．北京：科学技术文献出版社，1999：30.

过积极探究地参加对他们而言既饶有趣味又十分重要的科学探究活动来学习科学。”德国《家乡常识》提倡“项目设计”和“自由学习”，我国香港地区小学《常识纲要》要求教师采用以学生为中心的启发式教学。总之，观察、访问、案例研究、小组讨论、角色扮演、报告、实验、专题设计、游戏、实地考察、探访和资料搜集等方法越来越成为小学科学教学中激发和引导学生主动学习、自行求知的基本方法。各国在科学课程的实施上更强调探究式、体验式学习。

当前，我国小学科学教学更多的是将科学探究看成一种教学方式，这既体现了科学作为人类探究自然活动的本质，又反映了人类与生俱来的探究本能，同时也是学生发展终身学习能力的最佳途径。事实上，探究是儿童与生俱来的一种本能。这种本能提供了学习活动的心理基础和动力，重视探究就是尊重儿童的本能并使之在广度和深度上加以拓展。从科学的产生和发展过程中我们可以看出，科学的核心是探究。探究是一种复杂的学习活动，需要进行观察，提出问题，查阅书刊及其他信息源以便了解已有的知识，设计调查方案和制订研究方案，根据实验证据来核查已有结论，应用各种手段来收集、分析和解释数据，提出答案、解释和预测，把结果告之于人。在探究过程中，首先要有明确的假设，同时要运用判断思维和逻辑思维，还要考虑可能的其他解释。

探究既是科学学习的目标，又是科学学习的重要方式。亲身经历以探究为主的学习活动是学生学习科学的主要途径。科学课程应向学生提供充分的科学探究机会，使他们在像科学家那样进行科学探究的过程中，充分体验学习科学的乐趣，增长科学探究的能力（包括观察能力、操作能力、思维能力和创新能力等），获取科学知识，形成尊重事实、善于质疑的科学态度，了解科学发展的历史。同时，科学探究在很大程度上还依赖于实验，通过动手设计实验，学生可以亲身经历科学研究的一般过程：查阅文献资料—设计实验方案—论证实验方案—实施实验方案，从而充分发挥学生学习的积极性和主动性，切实感受到实事求是的科学态度在科学研究中的意义。

长期以来，我国小学科学教育缺乏科学实验，轻视科学方法，忽视科学精神教育，科学知识教育效果也不理想。袁振国教授指出，“虽然我国的科学教育把主要精力放在传授科学知识上，但传授什么知识和怎样传授知识值得反思。"① 要努力改变长期以来小学科学课堂以教师为中心的状况，科学课堂要以学生为中心，要将科学哲学的方法论运用在小学科学课程的实际教学中，使用归纳推理方法，注重演示、实验及动手操作活动，突出学生主动学习，从而激发学生学习的主动性和创造性。要让学生动手"做科学"，不能让学生"读科学"，要更加重视学生学习科学的过程，在科学学习的过程中提高学生的科学探究能力，增长科学知识，培养他们的科学情感态度与价值观，促进科学素养的培养与发展。

① 袁振国. 反思科学教育［J］. 中小学管理，1999（12）：2-4.

结束语

科学哲学主要是通过对科学本质、科学结构、科学知识、科学发现、科学辩护、科学真理等一系列与科学有关的问题，来研究科学的认识论和方法论。科学哲学的演变，深刻地影响着科学教育的改革，影响着小学科学课程的发展。从认识论上搞清楚科学的本质是什么，科学的价值是什么，科学知识的产生与形成过程以及科学与人文的相互关系，等等。从科学哲学的视角去认识小学科学课程的改革和发展，探讨小学科学课程的科学哲学思想，对当今小学科学课程进行科学哲学检讨，多视角、深层次审视当今小学科学课程的改革，建构科学合理的小学科学课程体系，探讨在科学哲学指引下，未来小学科学课程面临的挑战与改革走向，为我国小学科学课程的建设与发展进言献策，促进小学科学教育的进一步改革与创新。

本研究首先详细梳理了科学哲学的基本问题和特征，沿着科学哲学的发展与演变历程，深刻理解逻辑实证主义、逻辑经验主义、批判理性主义、历史主义、后现代主义等对科学本质的认识所产生的影响，阐述导致对科学本质的认识改变的根本原因，并对小学科学课程进行科学哲学解读。然后从科学文化的视角，审视世界及我国小学科学课程改革。对小学科学课程的目标、内容、实施、评价等方面进行科学哲学检讨。探讨由科学哲学的“文化的转向”所导致的小学科学课程目标、内容、实施、评价等方面的改变。并运用科学哲学的最新理念，即科学文化哲学，建构小学科学课程体系。最后探讨科学哲学的相对主义和科学方法的多元化给小学科学课程带来的新挑战，并预示未来小学科学课程改革的走向。

在研究过程中，我深感对科学哲学理论及其演变历程的认识还比较肤浅，对科学哲学对科学教育的影响的研究略显粗浅，对小学科学课程的科学哲学研究还局限于宏观或者说中观层面上，没有进行更加深入的微观层面上的研究，没有深入地挖掘小学科学课程的哲学思想，对科学哲学中的相对主义可能给小学科学课程带来的影响研究得不透彻，把握得不太准确。鉴于此，有必要对本成果的主张进行简要的归纳总结，以进一步阐明研究的主要观点，发现研究中存在的不足或有待继续研究的问题，促进本研究工作的深化和完善，丰富其理论与实践价值。同时，也有利于读者理解和把握主要观点。

一、科学的本质在于“探究”

科学是人们认识自然的过程，是不断观察、思考、发现真理的过程，“追求真理”曾被认为是科学活动的“唯一”价值。科学是以解决问题为宗旨，科学的目标是探知自然，科学家们所进行的一切活动都尽可能地追求对客观现象的真实反映，获取真理性的知识。科学通常具有客观性、精确性、实证性、效用性等特点。随着科学与技术的发展，人们对科学的认识也在不断深化，科学本质观走过了实证主义、经验主义、理性主义、证伪主义、历史主义和建构主义的发展历程。后现代科学观主要表现为建构主义，它认为科学知识是科学家根据现有的理论（原有知识）来建构的，科学知识是暂时性、主观性、建构性的。科学知识是可错的，科学过程是证伪的过程，是在寻找错误的过程中，不断逼近真理的过程。科学知识在本质上是一种猜想的知识，它是大胆的假设。科学的本质即科学探究。

因此，小学科学课程应该实施以“探究”为中心的科学教学。“探究”作为科学的本质其内涵十分丰富，不只局限于实验室的探究，而应该是探究自然的一切活动，只有通过这些有目的的探究活动，才能获取对科学的认识，获得科学知识，并在探究中验证和发展科学知识，形成科学技能，培养科学情感态度与价值观。

二、科学哲学的发展促进了小学科学课程的改革

科学哲学的发展促进了科学文化的发展，科学文化的发展推动了科学课程

文化的进步，科学课程文化的进步促进了科学教育及小学科学课程的深入改革。科学文化促进了科学教育的诞生，推动了科学教育改革，引领科学教育的发展方向，对近代小学科学课程的建立产生了重要而深远的影响。科学文化的发展使科学课程内容超越了知识与过程，使人们的科学知识观发生了深刻的变化，确定了科学知识的社会建构观，树立了相对主义的知识观，追求多元的科学教育目标，倡导综合的科学课程观，实施建构与对话的科学教学过程观。小学科学课程改革的过程是科学课程文化的发展过程，必将促进科学课程文化的丰富和完善，从而促进科学与技术的进步，推动社会的发展，实现科学与人文的融合，为提高全民的科学素养作出贡献。

三、科学文化哲学是小学科学课程建构的重要理论基石

从科学哲学的演变与发展历程审视科学教育及科学课程改革，不难发现科学课程改革是科学课程文化发展的产物，科学课程文化源自于科学文化，科学文化源于科学哲学。因此，就课程改革的理论基础来看，广义的科学哲学，即科学文化哲学应是小学科学课程建构最重要的理论。遵循科学文化哲学的基本理论，以及它对小学科学课程所产生的影响，本研究将小学科学课程的性质确定为以培养学生科学素养为宗旨的科学启蒙课程，提出了科学课程内容的建构需要融入 HPS 教育理念，即将科学史、科学哲学和科学社会学的相关知识融入科学课程中，让学生充分感受到科学知识的产生与形成过程。强调以“探究”为中心的科学教学，提倡学生在科学学习过程中自主探究，获取科学知识、掌握科学技能、形成科学情感态度与价值观。科学课程评价要立足于科学文化的情境，科学课程评价的目的是促进教师、学生和学校的发展，强调评价内容的多元性、评价过程的开放性、评价方式的多样性。要注重课程资源的开发与利用，充分认识小学科学课程资源的开发对丰富科学课程文化、提高科学教师的能力、培养学生的科学素养的重要意义。要从整个科学文化领域去开发科学课程资源，充分利用社会、学校、家庭中的各种科学课程资源，从而促进小学科学课程的建设与发展。

四、科学哲学中的相对主义对小学科学课程提出了挑战

20 世纪科学哲学的发展表现出：绝对主义式微，相对主义兴起。相对主义主张多元的方法，反对唯一的普遍方法。相对主义的兴起对小学科学教育产生了深刻的影响，也对小学科学课程提出了挑战。本研究从科学哲学的文化转向视角分析了小学科学课程改革中的一些哲学问题，所持的观点并非是绝对的相对主义，而是一种温和的相对主义。在未来的小学科学课程改革中需要正确处理科学真理的绝对性与相对性、科学发展的阶段性与连续性、个体的科学与公开的科学的关系。同时指出，相对主义强调科学方法的多样性，这也给小学科学课程带来了不小的冲击。必须坚持科学方法的多元化，运用新的科学哲学理念推进小学科学课程改革的深入开展，努力促进科学教育与人文教育走向融合，从而全面提高学生的科学素养。

本研究的初始目的是希望从宏观、中观、微观三个层面去分析小学科学课程改革中的科学哲学思想，探讨科学哲学的演变对科学教育的影响，对推动小学科学课程改革产生的直接或间接作用，分析我国小学科学课程改革中科学哲学思想的表现形态，并运用现代科学哲学理论建构小学科学课程体系。但在具体的研究过程中，仅对小学科学课程进行了一般的科学哲学解读和科学哲学检讨，发现了改革中存在的部分问题。运用科学文化哲学理念建构了科学合理的小学科学课程体系。对科学哲学中相对主义可能对小学科学课程产生的挑战，挖掘得不够深入。我深深地认识到完成这项研究工作需要具有扎实的科学哲学功底、课程理论知识和学科研究背景，需要不断学习、深入研究才能完善这项富有哲理和实际意义的研究任务。

参考文献

[1] 中华人民共和国教育部制订. 全日制义务教育科学（3~6年级）课程标准（实验稿）[M]. 北京：北京师范大学出版社，2001.

[2] 教育部基础教育司组织，科学（3~6年级）课程标准研制组编写. 全日制义务教育科学（3~6年级）课程标准（实验稿）解读 [M]. 武汉：湖北教育出版社，2002.

[3] 教育部基础教育司组织，科学（7~9年级）课程标准研制组编写. 全日制义务教育科学（7~9年级）课程标准（实验稿）解读 [M]. 武汉：湖北教育出版社，2002.

[4] [美] 美国国家研究理事会. 国家科学教育标准 [M]. 戢守志，等，译. 北京：科学技术文献出版社，1999.

[5] [美] 美国科学促进会. 科学教育改革的蓝本 [M]. 中国科学技术协会，译. 北京：科学普及出版社，2001.

[6] [美] 美国国家研究理事会，数学及技术教育中心，《国家科学教育标准》科学探究附属读物编委会. 科学探究与国家科学教育标准——教与学的指南 [M]. 罗星凯，等，译. 北京：科学普及出版社，2004.

[7] [美] 美国国家研究理事会，大学科学教育委员会. 科学教学创新手册 [M]. 熊作勇，译. 北京：科学普及出版社，2005.

[8] [美] M. W. 瓦托夫斯基. 科学思想的概念基础——科学哲学导论 [M]. 范岱年，等，译. 北京：求实出版社，1982.

[9] [美] 布鲁纳. 教育过程 [M]. 邵瑞珍，译. 北京：人民教育出版社，1982.

[10] [美] 马修斯. 哲学与儿童 [M]. 陈国荣，译. 北京：生活·读书·新知三联书店，1989.

[11] [美] 乔治·萨顿. 科学史和新人文主义 [M]. 陈恒六，等，译. 北京：华夏出版社，1989.

[12]［美］斯图亚特·里查德. 科学哲学与科学社会学［M］. 姚尔强，邓斌祥，译. 北京：中国人民大学出版社，1989.

[13]［美］保罗·费耶阿本德. 反对方法——无政府主义知识论纲［M］. 周昌忠，译. 上海：上海译文出版社，1992.

[14]［美］拉尔夫·泰勒. 课程与教学的基本原理［M］. 施良方，译. 北京：人民教育出版社，1994.

[15]［美］大卫·雷·格里芬. 后现代科学——科学魅力的再现［M］. 马季方，译. 北京：中央编译出版社，1995.

[16]［美］多尔. 后现代科学观［M］. 王红宇，译. 北京：教育科学出版社，2000.

[17]［美］史蒂芬·科尔. 科学的制造——在自然科学与社会之间［M］. 林建诚，王毅，译. 上海：上海人民出版社，2001.

[18]［美］库恩·托马斯. 科学革命的结构［M］. 金吾伦，胡新和，译. 北京：北京大学出版社，2003.

[19]［美］杜威. 经验与教育［M］. 姜文闵，译. 北京：人民教育出版社，2005.

[20]［英］牛顿. 牛顿自然哲学著作选［M］.［美］H. S. 塞耶，编. 上海外国自然科学哲学著作编译组，译. 上海：上海人民出版社，1974.

[21]［英］J. D. 贝尔纳. 历史上的科学［M］. 伍况甫，译. 北京：科学出版社，1981.

[22]［英］罗素. 宗教与科学［M］. 徐奕春，林国夫，译. 北京：商务印书馆，1982.

[23]［英］波普尔. 科学发现的逻辑［M］. 查汝强，邱仁宗，译. 北京：科学出版社，1986.

[24]［英］波普尔. 科学知识进化论：波普尔科学哲学选集［M］. 周煦良，等，译. 北京：生活·读书·新知三联书店，1987.

[25]［英］罗素. 人类的知识［M］. 张金言，译. 北京：商务印书馆，1989.

[26]［英］爱德华·泰勒. 原始文化——神话、哲学、宗教、语言、艺术和习俗发展之研究［M］. 连树声，译. 上海：上海文艺出版社，1992.

[27]［英］罗素. 哲学问题［M］. 何兆武，译. 北京：商务印书馆，1999.

[28]［英］巴里·巴恩斯. 科学知识与社会学理论［M］. 鲁旭东，译. 北京：东方出版社，2001.

[29]［英］马凌诺斯基. 文化论［M］. 费孝通，译. 北京：华夏出版社，2002.

[30]［英］伊姆雷·拉卡托斯. 科学研究纲领方法论［M］. 兰征，译. 上海：上海译文出版社，2005.

[31]［法］H. 彭加勒．科学的价值［M］．李醒民，译．北京：光明日报出版社，1988.

[32]［德］尤尔根·哈贝马斯．作为“意识形态”的技术与科学［M］．李黎，等，译．北京：学林出版社，1999.

[33]［奥］卡林·诺尔-塞蒂纳．制造知识：建构主义与科学的与境性［M］．王善博，等，译．北京：东方出版社，2001.

[34]［德］恩格斯．自然辩证法［M］．北京：人民教育出版社，1971.

[35] 联合国教科文组织国际教育发展委员会．学会生存——教育世界的今天和明天［M］．华东师范大学比较教育研究所，译．上海：上海译文出版社，1982.

[36] 夏禹龙．科学学基础［M］．北京：科学出版社，1983.

[37] 江天骥．当代西方科学哲学［M］．北京：中国社会科学出版社，1984.

[38] 纪树立．科学知识进化论——波普尔科学哲学选集［M］．北京：生活·读书·新知三联书店，1987.

[39] 钟启泉．现代教学论发展［M］．北京：教育科学出版社，1988.

[40] 钟启泉．现代课程论［M］．上海：上海教育出版社，1989.

[41] 李克特．科学是一种文化过程［M］．北京：生活·读书·新知三联书店，1989.

[42] 李秉德，李定仁．教学论［M］．北京：人民教育出版社，1991.

[43] 国家教育发展研究中心．发达国家教育改革动向和趋势（第四辑）［M］．北京：人民教育出版社，1992.

[44] 单中惠．西方教育思想史［M］．济南：山东人民出版社，1996.

[45] 陈建．科学划界——论科学与非科学及其伪科学的区分［M］．北京：东方出版社，1997.

[46] 皮连生．知识分类与目标导向教学［M］．上海：华东师范大学出版社，1998.

[47] 洪廉．论逻辑经验主义［M］．北京：商务印书馆，1999.

[48] 黄瑞雄．科学与人文的融合［M］．桂林：广西师范大学出版社，2000.

[49] 张华．课程与教学论［M］．上海：上海教育出版社，2000.

[50] 项贤明．泛教育论——广义教育学的初步探索［M］．太原：山西教育出版社，2000.

[51] 瞿葆奎．中国教育研究新进展：2000［M］．上海：华东师范大学出版社，2001.

[52] 郑祥福，洪伟．科学的精神——当代西方科学哲学中的认识论问题研究［M］．上海：上海三联书店，2001.

[53] 孙可平．STS 教育论［M］．上海：上海教育出版社，2001.

[54] 肖峰．论科学与人文的当代融通［M］．南京：江苏人民出版社，2001.

[55] 钟启泉，等. 为了中华民族的复兴，为了每位学生的发展——《基础教育课程改革纲要（试行）》解读［M］. 上海：华东师范大学出版社，2001.

[56] 石中英. 知识转型与教育改革［M］. 上海：华东师范大学出版社，2001.

[57] 丁邦平. 国际科学教育导论［M］. 太原：山西教育出版社，2002.

[58] 赵万里. 科学的社会建构［M］. 天津：天津人民出版社，2002.

[59] 孙可平，邓小丽. 理科教育展望［M］. 上海：华东师范大学出版社，2002.

[60] 郝德永. 课程与文化：一个后现代的检视［M］. 北京：教育科学出版社，2002.

[61] 汪霞. 课程研究：现代与后现代［M］. 上海：上海科技教育出版社，2003.

[62] 丁朝蓬. 新课程评价的理念与方法［M］. 北京：人民教育出版社，2003.

[63] 刘德华. 科学教育的人文价值［M］. 成都：四川教育出版社，2003.

[64] 张红霞. 科学究竟是什么［M］. 北京：教育科学出版社，2003.

[65] 王续琨. 交叉学科结构论［M］. 大连：大连理工大学出版社，2003.

[66] 刘旭东. 校本课程与课程资源的开发［M］. 北京：中国人事出版社，2003.

[67] 联合国教科文组织. 教育——财富蕴藏其中［M］. 教科文组织总部中文科，译. 北京：教育科学出版社，2004.

[68] 王巍. 科学哲学问题研究［M］. 北京：清华大学出版社，2004.

[69] 萧俊明. 文化转向的由来［M］. 北京：社会科学文献出版社，2004.

[70] 冯生尧. 课程改革：世界与中国［M］. 广州：广东教育出版社，2004.

[71] 蔡其勇. 综合实践活动理论与实践［M］. 成都：电子科技大学出版社，2005.

[72] 蔡其勇. 小学科学探究与教学设计［M］. 成都：电子科技大学出版社，2005.

[73] 胡定荣. 课程改革的文化研究［M］. 北京：教育科学出版社，2005.

[74] 王书明，万丹. 从科学哲学走向文化哲学——库恩与费耶阿本德思想的后现代转型［M］. 北京：社会科学文献出版社，2006.

[75] 郑毓信. 科学教育哲学［M］. 成都：四川教育出版社，2006.

[76] 周青. 科学课程教学论［M］. 北京：科学出版社，2007.

[77] 蔡其勇，蔡万玲. 科学教育论［M］. 乌鲁木齐：新疆电子出版社，2007.

[78] 于海波. 科学课程的文化阐释与时代建构［D］. 兰州：西北师范大学，2003.

[79] 范兆雄. 课程文化发展研究［D］. 兰州：西北师范大学，2004.

[80] 常春兰. 科学哲学中的相对主义及其超越［D］. 上海：复旦大学，2006.

[81] 殷正坤. 科学哲学中的理性主义和非理性主义［J］. 哲学研究，1987（10）.

[82] 郑斌祥. 科学文化观的兴起［J］. 自然辩证法通讯，1989（5）.

[83] 郭重吉，许玫理. 从科学哲学观点的演变探讨科学教育的过去与未来［J］. 台湾彰化师范大学学报，1992（3）.

[84] 宋宁娜. 科学文化与教育 [J]. 苏州大学学报（哲社版），1998 (2).

[85] 丁邦平. 国际小学科学教育的发展趋势 [J]. 教育研究与实验，1998 (3).

[86] 孟建伟. 论科学的人文价值 [J]. 自然辩证法研究，1998 (8).

[87] 李臣之. 后现代课程理论试探 [J]. 教育科学，1999 (1).

[88] 洪晓楠. 20 世纪西方科学哲学的文化转向 [J]. 求是学刊，1999 (6).

[89] 袁振国. 反思科学教育 [J]. 中小学管理，1999 (12).

[90] 张华. 体验课程论——一种整体主义的课程观（下） [J]. 教育理论与实践，1999 (12).

[91] 钟启泉. "学校知识" 与课程标准 [J]. 教育研究，2000 (11).

[92] 浦根祥. 知识属性、动因及增长方式的演变 [J]. 科学学研究，2000 (1).

[93] 赵树峰. 论后现代主义科学观的合理性及其现实意义 [J]. 武汉大学学报（人文社科版），2000 (4).

[94] 丁邦平. HPS 教育与科学课程改革 [J]. 比较教育研究，2000 (6).

[95] 杨晓微. 中小学科学课程改革：理念、趋势、困难和代价 [J]. 课程·教材·教法，2000 (11).

[96] 李春密，李会容. 就科学教育的问题 "采访" 约翰·杜威（摘译） [J]. 学科教育，2000 (12).

[97] 翟玉章. 蒯因的科学哲学 [J]. 自然辩证法通讯，2001 (3).

[98] 姜德刚，郝德永. 当代课程的文化建构使命 [J]. 高等教育研究，2001 (6).

[99] 叶继红. 科学知识：属性、增长及其社会控制 [J]. 自然辩证法研究，2001 (6).

[100] 徐学福. 科学的相对性及其在课程和教学中的渗透 [J]. 比较教育研究，2001 (8).

[101] 吴刚平. 课程资源的开发与利用 [J]. 全球教育展望，2001 (8).

[102] 丁邦平. 科学观与科学教育改革：跨学科的视角 [J]. 教育研究，2002 (1).

[103] 吕达，张廷凯. 试论我国基础教育课程改革的趋势 [J]. 课程·教材·教法，2002 (2).

[104] 范蔚. 实施综合实践活动对课程资源的开发与利用 [J]. 教育科学研究，2002 (3).

[105] 徐学福. 探究学习的内涵辨析 [J]. 教育科学，2002 (3).

[106] 唐斌. 论 STS 教育的后现代意蕴 [J]. 教育研究，2002 (5).

[107] 李亦菲，杨宝山. 如何认识探究学习与研究性学习的关系 [J]. 学科教育，2002 (12).

[108] 袁桂林. 派纳论“概念重构”和“理解课程”[J]. 外国教育研究，2003 (1).

[109] 丁钢. 价值取向：课程文化的观点 [J]. 北京大学教育评论，2003 (1).

[110] 胡存之，郑广永. 从科学哲学到文化哲学——21 世纪哲学观的新变革 [J]. 自然辩证法研究，2003 (2).

[111] 段兆兵. 课程资源的内涵与有效开发 [J]. 课程·教材·教法，2003 (3).

[112] 孟建伟. 从科学哲学走向科学文化哲学 [J]. 自然辩证法研究，2003 (6).

[113] 母小勇. 科学课程理想与理想科学课程 [J]. 教育理论与实践，2003 (9).

[114] 邬焜. 试论科学与哲学的关系 [J]. 科学技术与辩证法，2004 (2).

[115] 周险峰，李丽. 中小学科学教育课程改革的观念性支持 [J]. 中国教育学刊，2005 (2).

[116] 袁维新. 科学知识社会学视野中的科学教育观 [J]. 外国教育研究，2005 (7).

[117] 赵长林. 科学课程知识观的重建与发展 [J]. 中国教育学刊，2005 (8).

[118] 郝志军. 探究性教学的实质：一种复杂性思维视角 [J]. 教育研究，2005 (11).

[119] 袁维新. 简论科学本质观的类型与特征 [J]. 科学技术与辩证法，2006 (2).

[120] 郭元婕. 科学文化及其对科学教育的影响 [J]. 教育研究，2006 (6).

[121] 高潇怡. 科学教育中的探究教学模式发展述评 [J]. 外国教育研究，2007 (3).

[122] 刘克文. 我国中小学科学教育的价值取向 [J]. 教育研究，2007 (6).

[123] Abimbola I. O. The Relevance of the “New” Philosophy of Science for the Science Curriculum[J]. School Science and Mathematics, 1983(3).

[124] Atkin J. M., Karplus R. Discovery or Invention[J]. The Science Teacher, 1962:29.

[125] Brock W. H. History of Science in British School Past, Present & Future[J]. In: M. Scotland, A. Warwick (Ed.), Teaching the History of Science [M]. Oxford: Oxford Basil Blackwell, 1989.

[126] Collette A. T., Chiapetta E. C. Science Instruction in the Middle and Science School [M]. 3rd ed. Columbae: Merrill, 1994.

[127] Collins H., Pinch T. The Golem: What Everyone should Know about Science[M]. Cambridge: Cambridge University Press, 1993.

[128] Cremin L. The Origins and Development of Elementary School Science[M]. Chicogo: Scott, Foresman, 1964.

[129] David Bloor. Knowledge and Social Imagery[M]. Chicago: The University of Chicago Press, 1991.

[130] DFEE, DCA. Science in the National Curriculum[R]. 2000.

[131] Driver R. , Bell B. Students' Thinking and the Learning of Science: a Constructivist view[J]. School Science Review, 1986,67.

[132] Egan K. Teaching as Story Telling[M]. London: Rout-ledge,1988.

[133] G. Kelly. Science Education in Sociocultural Context: Perspectives from the Sociology of Science[J]. Science Education, 1993(2).

[134] Hewson P. W. A Conceptual Change Approach to Learning Science[J]. European Journal of Science Education, 1981(3).

[135] Hurd P. D. Inventing Science Education for the New Millennium[M]. New York: Teacher College Press,1997.

[136] J. Dewey. Science as Subject Matter and as Method[J]. Science,1910,31.

[137] J. Golinski. Making Natural Knowledge: Constructivism and the History of Science[M]. Cambridge: Cambridge University Press,1998.

[138] Klemke E. D. , et al. Introductory Readings in the Philosophy of Science[M]. 3rd ed. New York: Promtheus Books,1998.

[139] Kuhn T. S. The Structure of Scientific Revolution[M]. 2nd ed. Chicago: The University of Chicago Press,1970.

[140] Leach J. Students' Understanding of the Nature of Science. In: G. Welford, J. Osborne, P. Scott(Ed.). Research in Science Education in Europe. Current Issues and Themes[M]. London: Falmer Press,1997.

[141] P. K. Feyerabend. Knowledge without Foundations [M]. Ohio: Oberlin Printing Co. ,1962.

[142] P. K. Feyerabend. How to Defend Society against Science. In: Klemke E. D, et al.. Introductory Reading in the Philosophy of Science[M]. 3rd ed. New York: Prometheus Books,1998.

[143] Lederman N. G. Students' and Teachers' Conceptions of the Nature of Science: a Review of the Research[J]. Journal of Research in Science Teaching, 1992(4).

[144] Lind K. K. Exploring Science in Early Childhood[J]. Delmar Thomson Learning,2000.

[145] Martin, Ralph E. ,et al.. Teaching Science for all Children[M]. ASIN: Allyn & Bacon,1996.

[146] Matthews M. R. Science Teaching: The Role of History and Philosophy of Science[M]. New York: Rout-ledge,1994.

[147] Matthews M. R. In Defense of Modest Goals when Teaching about the Nature of Science [J]. Journal of Research in Science Teaching,1998,35.

[148] Meichtry Y. J. The Impact of Science Curricula on Student Views about Nature of Sci-

ence[J]. Journal of Research in Science Teaching,1993,30.

[149] Mohr H. Structure & Significance of Science[M]. New York: Spring-Verlay,1977.

[150] Monk M. ,Osborne J. Placing the History and Philosophy of Science on the Curriculum: A Model for the Development of Pedagogy[J]. Science Education,1997,81.

[151] National Research Council. Inquiry and the National Science Education Standards[M]. Washington D. C: National Academy Press,2000.

[152] Novak J. D. A Theory of Education[M]. Ithaca:NY Cornell University Press,1986.

[153] Pickering A. The Mangle of Practice, Time, Agency, and Science[M]. Chicago and London: The University of Chicago,1995.

[154] Restivo S. When Science Becomes Culture, World Survey of Scientific Culture[M]. Ottawa: University of Ottawa Press,1994.

[155] Schwab J. J. Inquiry, the Science Teacher, and the Educator. School Review[J]. 1960, 68(2).

[156] W. W. Coben. Socio-Cultural Perspective on Science Education: An International Dialogue[M]. Kluwer Academic Publishers,1998.

[157] Ruiz-Primo M. A,Schultz S. E, Li M. , et al.. Comparison of the Reliability and Validity of Scores from Two Concept-mapping Techniques[J]. Journal of Research in Science Teaching, 2001(2).

后　记

本书是在我完成的博士论文的基础上修改而成的。2009 年，我获得了重庆市首批高等学校优秀人才资助计划项目“基于科学文化哲学的小学科学课程改革研究”。为此，我结合博士期间的研究成果，进一步深化了小学科学课程的科学哲学研究，并将此研究的最终成果定名为《小学科学课程的科学哲学研究》。

本书从选题、立意、构思，到成文、修改、定稿，都得到了我的导师靳玉乐教授的指导和教诲。在我博士论文的开题、写作和答辩过程中，西南大学教育学院周鸿教授、徐辉教授、崔延强教授、李森教授、刘义兵教授、朱德全教授、易连云教授、徐学福教授、范蔚教授等提出了许多宝贵意见。中国教育科学研究院院长袁振国教授，人民教育出版社课程教材研究所吕达教授、陈晨编审、刘立德编审、刘捷博士，华东师范大学杨小微教授、华中师范大学郭元祥教授、首都师范大学丁邦平教授、四川师范大学彭蜀晋教授、重庆师范大学林长春教授也给予我许多鼓励和帮助。2007 年 10 月至 2008 年 9 月，我获得国家西部留学基金资助，到英国剑桥大学教育系学习进修期间，Mike Younger，Gray John，Dr. Keith S. Taber，Dr. Elaine Wilson，Dr. Julia Fluter 及其他研究人员，为我提供了许多有价值的文献资料，并对研究工作提出了宝贵的建议，博士生郑鸿颖、刘永灿、Fatin Aliab Phange、Fran Riga 等也给予了许多帮助。我的博士同学黄腾蛟、艾兴、刘茜、金玉梅、苏贵民、罗生全、周先进等也给予许多关心和帮助。各位老师和同学的指导、关心、帮助、鼓励，是我完成本研究的根基。

我曾经工作过的重庆教育学院各级领导也为我的学习和研究工作创造了条件，给予我许多关心、支持和帮助。长江师范学院的各级领导也对此书的出版给予了大力支持和帮助。我的家人长期支持我的学习和研究工作，这些都是本书得以完成的保障。本书的出版得到了重庆市首届高等学校优秀人才资助计划项目经费的支持。

一切都在感激之中，仅仅是“感激”二字难以容纳。真心地向给予我支持、关心、帮助和鼓励的所有人表示最诚挚的谢意。

小学科学课程的科学哲学研究的确是一个比较深邃的问题，研究起来问题很多，它涉及教育学、哲学、社会学、心理学等学科领域，仅凭我的学识难以完善这项富有哲理和实际意义的研究任务。我深深意识到，小学科学课程的科学哲学研究，对我来说才刚刚起步。

蔡其勇

二〇一一年八月

出 版 人　所广一
责任编辑　李　伟
版式设计　孙欢欢
责任校对　曲凤玲
责任印制　曲凤玲

图书在版编目（CIP）数据

小学科学课程的科学哲学研究/蔡其勇著．—北京：教育科学出版社，2011.10
ISBN 978－7－5041－6077－5

Ⅰ.①小…　Ⅱ.①蔡…　Ⅲ.①科学知识—课程改革—教学研究—小学　Ⅳ.①G623.62

中国版本图书馆 CIP 数据核字（2011）第 211169 号

小学科学课程的科学哲学研究
XIAOXUE KEXUE KECHENG DE KEXUE ZHEXUE YANJIU

出版发行	教育科学出版社		
社　　址	北京·朝阳区安慧北里安园甲 9 号	**市场部电话**	010－64989009
邮　　编	100101	**编辑部电话**	010－64989523
传　　真	010－64891796	**网　　址**	http://www.esph.com.cn
经　　销	各地新华书店		
制　　作	北京金奥都图文制作中心		
印　　刷	保定市中画美凯印刷有限公司		
开　　本	169 毫米×239 毫米　16 开	**版　　次**	2011 年 10 月第 1 版
印　　张	12.75	**印　　次**	2011 年 10 月第 1 次印刷
字　　数	194 千	**定　　价**	28.00 元
